中国医师协会－北京大学
患者安全与医患关系研究中心 论丛

医院法律实务札记

Reading Notes of Hospital Legal Affair

樊 荣 著

北京大学医学出版社

YIYUAN FALV SHIWU ZHAJI

图书在版编目（CIP）数据

医院法律实务札记 / 樊荣著 . —北京：
北京大学医学出版社，2017. 1
ISBN 978-7-5659-1475-1

Ⅰ . ①医… Ⅱ . ①樊… Ⅲ . ①医药卫生管理 - 法规 - 研究 - 中国 Ⅳ . ① D922.164
中国版本图书馆 CIP 数据核字（2016）第 229350 号

医院法律实务札记

著：樊　荣
出版发行：北京大学医学出版社
地　　址：（100191）北京市海淀区学院路 38 号　北京大学医学部院内
电　　话：发行部 010-82802230；图书邮购 010-82802495
网　　址：http://www.pumpress.com.cn
E-mail：booksale@bjmu.edu.cn
印　　刷：中煤（北京）印务有限公司
经　　销：新华书店
责任编辑：刘　燕　　责任校对：金彤文　　责任印制：李　啸
开　　本：710mm × 1000mm　1/16　　印张：24.25　　字数：300 千字
版　　次：2017 年 1 月第 1 版　2017 年 1 月第 1 次印刷
书　　号：ISBN 978-7-5659-1475-1
定　　价：68.00 元

中国医师协会-北京大学
患者安全与医患关系研究中心
论丛编委会

序

在中国的历史上，医生以“视病如亲”的心态悬壶济世，而患者也常以“华佗再世”“仁心仁术”的感恩之心回报，医患关系极为融洽。然而，随着我国市场经济的发展及社会进步步伐的加快，医患关系之间出现了一些不协调的因素，“患者权利意识”开始不断觉醒并快速膨胀。这就自然地使“法学”开始在医疗行业中成为一门颇受重视的“显学”。

我国的医院管理者开始逐渐意识到，医院法律事务已经成为医院管理的一个重要模块，不可或缺。而医院法律事务的内容确实非常庞杂，涵盖了各个临床科室和行政科室。虽然，法律开始越来越被医学界所重视，但是我们会发现，法律与医学经常发生着冲突与摩擦。

1959 年，英国学者斯诺（Charles Snow）在剑桥大学做了一场著名的“瑞德演讲”(Rede Lecture)，并以“两种文化与科学革命”（The Two Cultures and the Scientific Revolution）为题正式出版。“瑞德演讲”的核心在于提出了一种关于学科研究的新观点，即认为存在两种不同的文化：由于科学家和人文（社会）学家在教育背景、学科训练、研究对象、基本素养以及使用的研究工具等诸多方面存在差异，使他们在关于文化的基本理念和价值判断上经常处于相互对立的局面。而这两个阵营的学者常常相互鄙视，相互看不起，甚至不屑于去理解对方在说什么话，各自在自己的圈子里玩得不亦乐乎。这种自然学科与人文（社会）学科之间发生的冲突现象被称为“斯诺命题”。从本质上来讲，“斯诺命题”是人类科学发展经历了人文（社会）和自然科学分野之后重新走向融合的一种反思，也是对学者过于关注本学科而忽略了其他学科发展的一种批判，对学者认识问题的严谨性或者说是学科偏见提出的质疑。

由于我国传统的医学教育恰恰是用培养科学家的方式培养临床医师，这就使得我国医学界的“斯诺命题”尤为突出。传统医学理念（几乎就是自然科学理念）与法学理念（典型的社会学科理念）之间必然会发生冲突与摩擦。这也给从事医院法律实务的工作者提出了严峻的挑战。如何让临床专家接受和认可法律规则，适应法学特有的思维模式，最终养成信仰法律的职业素质，可谓任重道远。

随着法学在医学界被重视，越来越多的医务人员开始学法、用法，这是好事。但是，在一起起轰动全国的医疗纠纷事件中，我们会发现医学界在对法律的理解和运用上似乎出现了问题。这就使临床医务人员，包括医院法律事务管理者成了机械的“法条主义者”。我们经常会发现，医院法律事务管理者将法律条文烂熟于胸，却总是在抉择时左右为难。因为法律条文往往与复杂的临床实例并不严丝合缝，很难对号入座。

社会法学派的代表人物霍姆斯（Oliver Wendell Holmes）大法官曾说：“法律的生命不在于逻辑，而在于经验。”把经验定位为法律的生命，说明对于关注法律的目光更多地投向法律的社会实效，而不是法律本身的逻辑自洽和周延。把法律的生命定位于经验，并不等于可以忽略逻辑的重要性。例如典型的逻辑推演的“三段论”推理，此外还有归纳推理和设证推理等。唯有借助逻辑，法律才能有效地适用于所发生的事实，才能将纸面上的法蜕化为活生生的法。但是法律的生命力的获得需要借助于逻辑的力量，却取决于在多大程度上解决了实际问题以及产生的实际效果。

立法活动旨在向社会输入法律规则。如果我们仅从立法学的角度看，法律确实是明确的行为规范。但是，当明确的法律行为规范与复杂的法律事实相结合时，它的不确定性和模糊性就会显示出来。对这种不周延性和模糊性，医院的法律事务管理者往往要担当起解释与澄清的任务。试问，我们必须弄清的究竟是立法者所赋予法律的意义和精神呢？还是法律条文字里行间所载明的要求呢？我想，我们不仅要注意到法律文本所释放的意义，而且还要去理解和接近立法的精神，并提出之所以这样理解和解释的根据（使其正当化）。

医院法律事务的良好实施离不开医院法律事务职业者对于“法律精神”的良好把握、法律思维的建立和运用以及法律技巧的妥当施展。我曾经不止一次在课堂上告诉学生：“法律不仅仅是文字和条款，更重要的是文字和条款下所要表达的价值判断，即法律之精神。”医院法律事务的职业者在日常工作中一定会遇到五花八门、千奇百怪的实例。但是切记，您不是单纯法条的查询者或法条的推理者，而是一个需秉承“法律之精神”，敢于捍卫医患双方合法权益的职业者。

我们可以将所有的医院法律事务概括为“问题”。我经常在思考，为什么两所医院遇到了同一个问题，往往会产生两种完全不同的解决问题方法呢？实际上，最重要的不是因为两者在法律知识掌握程度上的差异，也不是两者在法律实务技能上的差异，而是源于双方对“法律之精神”的理解和把握。例如，这些年，一些医院对医患纠纷往往只是简单地“对症下药”，一赔了事。我在某三级医院发现，“手术同意书”已经被改名为“手术志愿书”。再仔细看看患者签字栏，几乎都以“要求”二字开头，“要求切除双侧卵巢”“要求输血小板”……这让我不由得想起某位著名医学专家在一次学术会议上义愤填膺的评论：“今天，我们的医师已经不会给患者看病了，因为为了减少纠纷，他们只记得两句话：可查可不查的一定要查，可救可不救的一定别救。”话音刚落，下面居然掌声一片。医师们为什么会鼓掌？我估计是因为他们觉得这样说很解气。尤其是在医患纠纷频发的当下，这种“看病”方式似乎可以对医师起到一种“消极保护”的作用。但是，很快，你会发现“手术志愿书”和“要求”并不能减轻一丝医务人员对患者应尽的法律责任，反而会令医患关系变得对立、疏远甚至冷漠。你会发现，这种“消极保护”的思想将会造成滥开检查、推诿急危患者的现象屡禁不止，并最终导致医患双方两败俱伤。试想，当您年近九旬，患有一身疾病的时候，在这种可怕的“消极保护”思想下，您将很难找到愿意接收您的医院。已经成为“易碎品”的您，稍有闪失万一说不定就会死在医院里。医师和护士会想：那可是会发生纠纷哦，所以建议他还是到其他医院试试吧。试问，长此以往，我们的医务人员真的能感受到身为医师或护士的尊严和幸福吗？我们真的可以重构和谐的医患关系吗？

如果问问现在临床上的医务人员，他们平时最不喜欢从事什么职业的患者。他们会异口同声地告诉你：是老师、律师、记者、公务员和医师。没错，正是这五类“学习型患者”经常惹医务人员生气，因为他们不仅有强烈的求知欲望，更有极强的求知能力。我们不应该抱怨和责备，因为抱怨和责备又有什么用呢？随着社会的发展，您会发现越来越多的患者开始加入到学习型患者的队伍中，“依从性”好的患者很可能会越来越少，因为他们不再希望任由医师摆布，而是强烈希望参与到临床决策中，甚至于在诊室外用手机“百度”相关的医学知识。互联网使医务人员对专业知识垄断的年代结束了。但是我们今天的医务人员仍然习惯于“父权式医患关系”（形式是“我为你好，你听我的，不要问那么多问题，按我说的做就是了”。）。而实际上“父权式医患关系”已经不能满足今天中国患者的要求了，唯有“朋友式医患关系”（基于共同参与的学习与讨论）可以令越来越多的“学习型患者”满意。医患之间就手术和特殊检查与治疗达成共识越来越重要。

在法律上，“知情同意”制度完全没有豁免医务人员过错的作用，而今天还有医师将其理解为“免责”“保护医师”，或“走个程序”“减轻负担”，很少有医务人员将“知情同意”上升到“教育患者”的高度去看待和重视，这也正是为什么这些年我们让患者签字越来越多，但纠纷没有减少的原因。展望国际上医学的发展方向，面对“学习型患者”，国外医务人员选择的是主动改变：他们运用多媒体课件、录像或软件对患者进行健康宣教，采用这种方式，在大幅度降低工作量的同时提高了教育患者的效果。他们还在病区开设学习角，帮助患者筛选有价值的网站，以避免患者自行检索而被错误的信息误导。

本书作者樊荣是我的学生。他在北京大学攻读研究生期间恰巧选修了我给研究生开设的课程“临床医事法”。樊荣每次上课时会坐在右手第一排的座位上，认真地记笔记。对老师来说，最开心的莫过于遇到好学的学生了。课程结束后，我也经常通过微信关注樊荣发表的一些有关医院法律事务的文章。2015 年，中国医师协会与北京大学联合成立了“患者安全与医患关系研究中心”，樊荣也被聘为中心第一届专家委员会委员。樊荣可以算作北京地区从事医院法律事务管理者中的后起之秀。他的文章内容很实用。作为国内综合性公立医院的医务部门管理者，他积累了大量真实的医院法律实务案例，并已经总结了不少可贵的医院法律实务经验，相信一定会对从事医院法律事务的同道以及广大医务人员有所帮助。

王岳　北医逸夫楼

2017 年元旦

前　言

我是一名医师，所学的专业是临床医学，但工作第一天报到的部门却是医教科。虽然我一直没有放弃临床，却在医院管理的路上越走越远，越走越坚定，这份工作也越来越热爱。对于医院管理，由懵懂到钟情，转眼已过了十年。回首十年，作为一名年轻的管理者，我有幸先后经历了医教科、门诊办公室、医疗保险办公室、医院评审办公室、医务部和医患关系协调办公室等多个部门。一路走来，有挑战，更有收获。时至今日，我几乎全身心地投入了医院管理工作。日子虽然繁忙，但做自己喜欢的事，实为一种幸福。我总是在想，做医师只能看好自己患者的病，但做管理却能看好一个医疗机构的病，能造福更多的患者。在工作中，我常常用临床的思维来思考管理，同时也用管理的思维来思考临床，并尝试开拓了一些思路和做法，提出了一些反思与建议，幸而获得了医师和管理者双方的认可。对于我这样年轻的管理从业者而言，实为莫大的鼓舞。

十年里，我亲眼目睹了我国的医患关系迅速恶化。不知从何时起，医患双方的心中筑起了厚厚的墙。猜忌的眼神、无休止的怨言、高额的费用、间断的暴力逐步代替了过去的互信、感激、公益和协作。我常常在思考：究竟是什么导致了今天的这个局面？我们又应该如何去应对和使其改善？

算起来，我应该是家中的第三代医务人员了，祖孙三代的六口人中有五个都在医疗机构工作。我从小就耳濡目染，感受到的更多的是从医的辛苦。记得祖母常常深夜还要拿着手电出诊，去为难产的产妇接生，根本没有休息日可言。从家人的日常聊天中，我很早就对“肩先露”和“臀先露”等医学术语耳熟能详。儿时最喜欢做的事便是看祖父拿着一个精致的杆秤，把一大包花花草草、枝枝杈杈的中草药分成一个个小包，再去熬药。另外，让我感受很深的就是那个年代的医患关系。根本就没听说过对医师的辱骂，对伤医或杀医更是闻所未闻。医师走到哪里都备受尊敬。祖母也总是慈眉善目的样子。有时遇到贫穷的患者，祖母就直接把药送给他们。因此，家里时常收到患者专程送来的自家地里新收的花生或玉米。在患者的心中，医师真的如同他们口中所称的“活菩萨”。当年我对这个职业的认知，就是满满的荣誉感和成就感。那时候我认为，要做一名好医师，最根本的就是“仁”。

在以后的临床工作中，我用最大的耐心和关爱去对待患者，给患者留出最多的时间，使自己做一名真正的临床医师。2009 年甲型流感肆虐时，我主动请缨进入感染病区一线工作。我每天穿着医用防护服穿梭在隔离病区内，看着患者一个个最终走出隔离区，医师心中的那份快乐是别人无法体会的。医患关系本应如此。但同时，在工作中我们发现，尽管很多时候医师付出了真心，用尽了全力，可有时还是会犯错。医师也是人。“人非圣贤，孰能无过。”因此，就必须要通过管理来避免过错。可见，医务人员仅仅做到“仁”是不够的，必须对医院管理进行改善。

走上管理岗位后，因自己年轻、缺乏经验，于是我便四处虚心求教。前辈们也无私地与我分享了很多实用的经验。但经验毕竟是经验，因人而异、因时而异、因事而异，缺乏普适性和共通性。因此，我选择了去北京大学医学部就读公共卫生管理研究生。这两年是我收获最大的时光。我如饥似渴地吸收知识，所修的学分远远超过了所要求的分数。工作之后读研最大的好处是能够紧密地把工作实践和理论学习相结合，这对学习和工作都是极大的促进。在那段时间里，我认识到，必须将经验式的管理转化为科学式的管理，将人为的管理转化为制度，由人治转变为法治，才能使医疗机构的管理适宜、稳定及可控。用临床的思维思考管理，这样的管理制度才能更好地落地执行；用管理的思维思考临床，这样的临床工作才能更加规范、安全。好的管理能够使医疗服务优质高效，好的规范能够使诊疗行为合理安全。以患者为中心，保障患者安全，应始终是加强医院管理、改善医患关系的出发点和着眼点。

我感到，要完善工作制度及日常处理医患纠纷，必然需要掌握大量的法律法规作为依据，于是读研期间我选修了王岳老师的“临床医事法”。正是这门课程，成了我人生道路上的一个重要转折点。王岳老师是我在医事法学上的启蒙老师。这门课不仅仅讲授医事法学，还涉及医学人文和医学伦理。她似乎给我打开了一扇窗，让我醒悟，究竟应该如何面对患者、疾病、医学、法律、死亡和人生。上完课后，我写下了人生中的第一份遗嘱，从此放下了对死亡的恐惧。我还撰写了人生中的第一篇论文，从此开启了在医事法方向上的征程。

随着新媒体的快速兴起，微信逐渐成为了我获取知识信息的主要来源。当时有一个很有影响力的专门做医事法领域的微信公众号——“海坛特哥”。这个公众号是我在临床医事法课程结束之后的第二位老师。这个微信号推送的文章的质量都非常高，每天所发送的帖子我都会认真学习。在一次会议上，我有幸结识了这个公众号的创办者——一名北京高级人民法院的法官。他鼓励我向公众号投稿。可我当时仅仅是一名刚走进这个领域的学生，对发稿一事还尚无底气，思来想去，我鼓起勇气，把之前在临床医事法课程上所写的那篇论文发了过去，没想到很快就刊登了。那天是 2014 年 7 月 1 日，至今已有两年多了。自那天开始，我便一发不可收拾。在“海坛特哥”的指导与鼓励之下，我不断地学习、思考和写作，试图通过勤奋学习去追赶上前辈的脚步。在七百多个深夜，我用文字书写着对这份事业的热爱。

我所思考的问题并不仅局限于医事法律，还涉及临床实务、医院管理、医学发展和医学人文等多个方面。法律只能处理医疗纠纷，但无法预防医疗纠纷的发生。要想从源头上预防纠纷发生和改善医患关系，就必须深入做好临床实务和医院管理；而要想做好临床实务和医院管理，就必须把“以患者为中心”的医学人文理念作为前提，同时需要法律法规和规章制度进行规范。由此就形成了一个闭环，其中任何一个环节都不可偏废。也许有人会说，导致医患关系恶化的原因是国家对医药卫生投入不足、卫生体制不完善、卫生法制不健全、社会转型期矛盾的转嫁以及部分媒体报道偏颇等，但这些都是外部环境因素。外部因素的改变不是一朝一夕就可以完成的。但在外部环境发生改变之前，我们不能只是等待。医患关系的恶化并不全是由外部因素导致的，我们必须承认，我们的医疗体系也出了问题。我们无法直接改变环境，只能去适应环境。但我们可以通过改变自身去促进环境的改变，用“内因”去影响“外因”。这就是促进我不断反思的原因。

尽管这两年来，我的努力得到了一些业内人士的认可，但深知自己还不足以著书立说，至今仍在坚持不断地学习，所以把这本书叫作“札记”。这本书汇集了这两年来我所有的学习笔记和反思，希望能引起读者的思考。文中的不足之处还请读者多加指正。

借以此书，我衷心地感谢我的家人，是你们影响并鼓励我走上从医路，是你们的支持才让我全身心地投入所热爱的事业，家庭是我努力向前的坚实后盾。感谢我的各位领导，是你们的鼓励与信任让我年纪轻轻便担当重任，是你们的支持让我在短时间内得到历练和成长。机遇是人生最宝贵的礼物。感谢王岳老师，是您的谆谆教诲让我明确了未来努力的方向，是您的理念学识帮助我确立了自己的梦想。感谢“海坛特哥”，是您的帮助和鼓励使我敢于走上台前，是您的指导和推荐让我有机会崭露头角。我还要感谢身边所有关心和帮助过我的朋友们，你们是我坚持前行的最大支持者。

樊荣

2017 年 1 月

目　录

医师在院外突发事件中注意义务的浅析与启示

樊　荣

生命权是公民权利中的重要权利之一。同样，为了保证生命权，在危急情况下获取救助的权利也需要法律的保护。与获取救助的权利相对应的是提供救助的义务，对于院内的急救行为，针对医疗机构与医务人员的救助义务，《中华人民共和国执业医师法》第二十四条和《医疗机构管理条例》第三十一条均有明确的法律规定。对于院前急救，2013 年 10 月 22 日国家卫生与计划生育委员会（简称“卫计委”）讨论通过了《院前医疗急救管理办法》，对其管理进行了详细的定义和说明，明确了在急救中心和急救网络医院从事院前医疗急救的专业人员具有救助义务，包括医师、护士和医疗救护员[1]。而院外突发事件中的急救行为不同于院内急救和院前急救，医师与患者之间并不存在明确的医疗服务合同关系，所以在医患法律关系成立之始，医师对于患者不存在法定义务或约定义务。本文拟对院外突发事件中医患法律关系成立之后的医师注意义务与法律影响因素进行浅析，以期对目前的医师行为抉择给予参考。

一、院外突发事件中的医疗法律关系

主流观点认为，医疗法律关系分为医疗合同关系、强制医疗关系和无因管理关系三种。其中，无因管理关系是指医师在没有约定义务或法定义务的前提下，为了避免患者的生命健康利益受到损害，自愿为患者提供医疗服务的行为。形成无因管理关系主要有三种典型情形：①医师在医院外发现昏迷患者时，对其加以治疗。②对自杀未遂而不愿就诊者予以救治。③特定的第三人将意识不清或不能作出意思表示的患者送往医院诊疗时，此第三人不能支付费用[2]。

在院外突发事件中，医师并不是在院内或院前与患者具有合同或法定义务的职业人群，而是具有特殊专业技能的社会公民。医师与患者之间的关系就属于无因管理关系。

二、医生在院外突发事件中的注意义务

注意义务指行为人在特定情形下所必须遵循的行为准则以及依该准则而应当采取的合理措施[3]。注意义务分为一般注意义务和特殊注意义务。在院内或院前急救中，医师对于患者的注意义务属于法律或社会对于特殊之个人要求遵守之特别注意义务。对此，《中华人民共和国侵权责任法》第五十七条明确规定："医务人员在诊疗活动中未尽到与当时的医疗水平相应的诊疗义务，造成患者损害的，医疗机构应当承担赔偿责任。"该条款要求医务人员要对患者提供合理的特殊注意义务。注意义务包含两个层次的内容：一是要求行为人应当预见其行为可能会导致损害他人的后果；二是要求行为人对这种可能发生的损害后果采取必要的预防措施[4]。

在院外突发事件中，医师和患者并无明确的医疗服务合同关系。而且，《关于医师执业注册中执业范围的暂行规定》第五条规定："医师注册后有下列情况之一的，不属于超范围执业：（一）对病人实施紧急医疗救护的；（二）临床医师依据《住院医师规范化培训规定》和《全科医师规范化培训试行办法》等，进行临床转科的……"因此，医师在院外突发事件中对患者的急救行为并不

是一种超执业范围的执业行为，而是医师作为具有特殊专业技能的社会公民对其他处于危急状况下社会公民所践行的见义勇为行为，是从道德层面驱使的对他人实施的一种救助行为。医师虽然具有特殊身份，但其见义勇为行为完全适用无因管理的相关规定。

三、行为与道德、法律后果

医师在院外突发事件中的处理方法包括救助和拒绝救助。救助行为包括亲自施救和呼叫寻求救助两种。而拒绝救助也分为主动否认医师身份、避免承认医师身份和承认医师身份但拒绝施救三种[5]。

医师亲自施救，无论从道德层面还是从法律层面来看，都是相对推崇的。尤其是自古以来，医师作为一种特殊职业被赋予了一种更高的道德标准。我国自古将“大医精诚”作为医师的至高标准，西方的“希波克拉底誓言”则是每一位医师的从业誓言。中科院院士裘法祖更有“德不近佛者不可以为医，才不近仙者不可以为医”的名言。在无因管理中，为了保证患者的生命权得到保障，医师可采取必要的急救行为，甚至包括采取有创性的急救行为。行为本身可能会对患者造成损害后果或者使病情无明显好转，然而，除非出于故意或重大过失，医师对该损害后果不承担法律责任。这是法律对于无因管理关系中管理者的有限豁免权。同时，一旦形成了无因管理关系，管理人就具有了行为适当的义务、及时通知的义务和全程负责的义务。医师在基于无因管理关系而向患者进行救助活动时，必须以有利于患者的生命健康权为原则，并且诊疗行为要与医师的能力水平相适应。

呼叫寻求救助虽然也是救助行为，但这是任何一名公民均能够提供的行为。医师作为具有特殊专业技能的公民，在院外突发事件中放弃自身的专业技能，放弃道德上的救助义务，而仅将自身当作普通公民去呼叫寻求救助。从道德层面上看，这种行为与避免承认医师身份拒绝救助并无本质上的区别，对医师这个特殊群体而言，应均属于拒绝救助。

由于我国并未对院外突发事件中医师的救治义务作出强制性的法律规定，因此，这几种拒绝救助的行为在我国均只能认定为违反医德的行为。做出此类行为的医师仅能受到道德上的谴责，而无法追溯其法律责任。这与我国保障公民生命健康权，创建和谐社会的发展目标明显相悖。

四、影响因素

当然，在谴责拒绝救助的医师的同时，要分析导致其作出此类抉择的原因。2007 年，一项针对杭州医学院校大学生开展的实施急救技能意愿的调查显示：仅有 48.1% 的人愿意对陌生人进行口对口人工呼吸，62.9% 的人愿意对陌生人进行胸外按压。而在拒绝施救的统计中，怕被人误解而“背黑锅”以及觉得跟自己没有关系的人占到 10%。觉得自身急救技能不够的人占 40%[6]。据此可见，对于拥有急救技能的医师而言，有关道德义务和法定义务的制定对院外突发事件急救的实施有着重要影响。从 2003 年“非典”开始，急救立法的呼声再次被提上日程，并且在 2011 年广东的“小悦悦”事件发生后达到了呼声的最高点。只有明确法定注意义务标准以及保护施救者的权益，医师才能在危急时刻彻底甩掉思想包袱，排除杂念，义无反顾地投入救治。

五、讨论与启示

针对以上法律盲区，可以借鉴国外广泛施行的“恶撒玛利亚人法”和“好撒玛利亚人法”。“恶撒玛利亚人法”指通过法律明确公民的救助义务，若公民出现见危不救的行为，将被处以“见危不救罪”。这种观点首先出现于 19 世纪 90 年代的《俄国刑法典》第九百八十八条。随后，在《泰国刑法典》第三百七十四条、《越南刑法典》第一百零二条均对“见危不救罪”进行了明确规定[7]。而“好撒玛利亚人法”是关于在紧急状态下施救者因其无偿的救助行为给被救助者造成损害时免除责任的法律制度。其目的在于使人在见义勇为时没有后顾之忧，不用担心因存在过失而受到追究，从而鼓励旁观者积极主动地对伤者和患者给予帮助[8]。除非源于故意或重大过失导致被救者损害，否则施救者一律不承担赔偿责任。我国虽然将院外突发事件纳入无因管理关系，但对责任豁免权仅是法理推定，并无直接的法律条文明确规定。“好撒玛利亚人法”在其他国家应用广泛，已成为目前主流的用于保障见义勇为者利益的法律依据。例如，《葡萄牙民法典》、加拿大《魁北克民法典》、澳大利亚民法及美国部分州民法等。

但是，对于原本是道德层面的义务，是否需要靠法律规定而使其转化成法定义务呢？法律本应以最低层次的道德为限度。若是将所有的道德义务均转化为法定义务，那么很难说这个社会的道德水准是进步了还是退步了。2013 年我国实施了《中华人民共和国老年人权益保障法》，但实施后是否提高了赡养人对老年人的赡养水平，恐怕很难给出确切的答案。将道德法律化有利有弊，不可简单处理。道德调整的范围要远远大于法律调整的范围[9]。“见死不救”并不是最低层次的道德基准。只有当明确意识到别人的生命和身体健康正遭受紧急威胁或重大伤害时，经自己判断认为有能力救助，并且施救不会给自身或他人造成显著危险时，才会产生道德上的救助义务[10]。因此，“好撒玛利亚人法”更强调救助者的过失责任免除，与“恶撒玛利亚人法”相比，更适合在我国推行实施。

2012 年 7 月 19 日，国务院办公厅颁布了《关于加强见义勇为人员权益保护的意见》，但其仅对见义勇为者的权益保护进行了明确，仍未对见义勇为的法律豁免权进行明确。国家需要制定出一部专门的见义勇为法律，一方面，在全国范围内有利于公民对该问题有统一的定性认识，尤其是医务人员、医疗救护员、警察及消防队员等特殊职业群体，有利于保障救助者的合法权益，另一方面，也是将道德义务逐步上升为法定义务的体现，是构建公民道德文化体系和弘扬中华优良传统的必然要求[11]。

参考文献和注释

1.《院前医疗急救管理办法》第十九条："从事院前医疗急救的专业人员包括医师、护士和医疗救护员。"

2. 龚赛红．医疗损害赔偿立法研究．北京，法律出版社，2001：52-53.

3. 廖焕国．注意义务与大陆法系侵权法的嬗变．法学，2006，20（6）：28-33.

4. 林小波，魏亮瑜．患者家属要求自动出院时医方注意义务的探讨．中华医院管理杂志，2012，28（3）：231-234.

5. Dean J，Mahar P. Duty of care or a matter of conduct：Can a doctor refuse a person in need of urgent medical attention? Australian Family Physician，2013，10（42）：746-748.

6. 张军根，王红妹，章天乔，等．大学生实施急救技能的意愿和影响因素分析．中国健康教育，2008，24（5）：350-352.

7. 陈清．大陆法系侵权法上救助义务研究．北方法学，2012，6（3）：30-36.

8. 殷欣，李文涛，安力彬，等．好撒玛利亚人法对我国院前急救的启示．医学与哲学，2010，31（3）：53-54.

9. 梅云露．见死不救入罪不当的三维探析．重庆：重庆大学，2013，5（2）：35-38.

10. 陈清．侵权法上救助义务研究．重庆：西南政法大学，2012.

11. 马锦程，武月峰．助人行为的法律保障制度探析．安徽警官职业学院学报，2012，11（4）：9-11.

转院注意义务浅析

樊　荣　匡莉萍*

一、案例经过

据媒体报道[1]，2012年10月，云南省某村一名28岁孕8个月的赵女士近2日感觉肚子不适，察觉不到胎动。然而她住在山坡上，交通不便，且1周前刚进行过产检，提示一切正常，便计划25日时再行产检。25日早上8点半，赵女士在当地中心医院做产检的过程中，B超检查发现胎儿胎心已停止跳动。该院医师认为本院条件有限，建议其去上级医院进一步确诊。如果胎死宫内，则要做引产手术。另外，因引产手术具有一定的危险性，因此，同样建议其至上级医院就诊。

当日下午1点多，赵女士的亲友开车将其送到市某医院。由该医院的急诊医师接诊。医师对其进行检查后，说由于医院没有做引产的药物，已经停止做引产手术了，建议其到市某妇幼保健院就诊。

下午2点20分，赵女士到达该市妇幼保健院急诊。医师看过患者的病历，并简单地在患者的腹部触诊后，同样说本院没有引产的药物，不能做手术，而让其转至省某人民医院。

下午3点半，赵女士到达了该人民医院急诊。B超医师检查胎心后，确诊胎儿已停止胎动2天。医师也说没有引产的药物，不能进行手术。赵女士请求医师直接手术取出死胎。医师说医院没

匡莉萍，北京市第二医院。

有床位，不能进行手术。

而后，赵女士向市电视台求助。在记者的多方联系下，最后武警云南总队某医院同意收治赵女士。下午7点40分，赵女士一家到达该医院，再次检查的结果依然是“8个月大的胎儿没有胎心，已经死亡”。

当晚9点50分，赵女士签署了手术同意书，并被推进了手术室。直到晚上12点，手术顺利结束。术后医师分析病因时，认为带环妊娠是导致胎儿死亡的主要原因。

此案例中，这名高危孕妇辗转5家医疗机构才最终获得手术治疗。技术、药物和床位的限制成为之前4家医疗机构建议转院的理由。但事实上，部分业内人士认为，恐怕医疗机构更多的是考虑存在医疗纠纷的风险。他们担心胎死宫内达2天之久，胎儿有可能已经腐烂。胎儿腐烂可引发各种感染，很有可能引起脓毒血症。产妇一旦患上脓毒血症，则死亡率非常高。那么，该案例中的患者是否适合作为转院对象？这些医院提及的限制因素是否可以作为转院的理由？转院的流程是否规范？转院的注意义务都有哪些？医师的行为是否违反了转院中的合理注意义务？

二、转院的定义

转院是指医疗预防机构根据病情需要，将在本单位诊疗的患者转到另一个医疗预防机构诊疗或处理的一种制度。转院是医疗机构间的转运，不包括科室之间的转科。

转院是保护患者的生命权和健康权的一种方式，同样也是医疗机构的强制义务，目的在于让患者及时获取有效的医疗救治。医疗机构在转院的过程中，因其具有强制义务性、有限性和医学裁量性，起着相对主导的地位[2]，因此，医疗机构及其医务人员应在转院执业活动中履行相应的合理注意义务。而因未尽到相应的注意义务，造成患者损害的，则应承担赔偿责任。情节严重的，可能被追究刑事责任。

三、转院相关的法律依据

1986年，原卫生部制定了《关于进一步加强急诊抢救工作的补充规定》，该规定对转院提出了明确的要求："抢救急、危、重患者，在病情稳定以前不许转院。因首诊医院病床、设备和技术条件所限，需要转院而病情又允许转院的患者，必须由首诊医院同有关方面联系获允，对病情记录、途中注意事项、护送等，都要做好交待和妥善安排。"

1994年颁布的《医疗机构管理条例》第三十一条规定："医疗机构对危重病人应当立即抢救。对限于设备或者技术条件不能诊治的病人，应当及时转诊。"

1999年颁布的《中华人民共和国执业医师法》第二十四条规定："对急危患者，医师应当采取紧急措施进行诊治；不得拒绝急救处置。"

2011年新版《医院工作制度与人员岗位职责》中的转院、转科制度较1982年版略有简化。"医院因限于技术和设备条件，对不能诊治的病员，由科内讨论或由科主任提出，经医疗管理部门、或主管业务副院长、或医院总值班批准，提前与转入医院联系，征得同意后方可转院。转院前应向患者本人或家属充分告知，如估计途中可能加重病情或死亡者，应留院处置，待病情稳定或危险过后，再行转院。较重病人转院时应派医护人员护送。病员转院时，应将病历摘要随病员转去。"

2012年《医院急诊科规范化流程》中明确要求："部分急诊患者经急诊医师评估后需要转院（如转传染病、精神病专科医院）时，应提请相关区域的主治医师（或主治医师职称以上人员）。主治医师在完整复习患者病历后才能做出转院决定。原则上医疗机构间患者转运应与相关医院联系后由救护车实施……急诊科应为患者提供诊断证明、诊治建议、病情摘要、重要病历资料复印件等。”

四、规范化转院的要点

综上所述，关于转院，应注意以下要点：

1. 转院对象为需要转院且病情允许转院的急、危、重患者。

2. 转院条件为病情稳定，在病情稳定以前不许转院。如估计途中病情可能加重或死亡者，应留院处置，待病情稳定或危险期过后再行转院。如果首诊医院在病床、设备和技术条件方面存在限制，患者需要转院并且病情允许转院，则可以转院。

3. 转院的工作流程

（1）立即进行抢救并评估病情。

（2）对于需要转院且病情允许转院的患者，需上级医师（相关区域的主治医师）评估后同意，经科内讨论或科主任提出，并经管理部门或业务副院长批准。

（3）充分向患者本人或家属告知相关风险，并取得其同意。

（4）提前与转接医院联系，征得对方的同意。

（5）医师应为患者提供诊断证明、诊治建议、病情摘要及重要病历资料复印件等。

（6）原则上应采用救护车进行转院。较重患者转院时应有医护人员陪同。

4. 转院具有强制义务性、有限性和医学裁量性的特点。

（1）强制义务性：是指医疗机构及其医务人员对于因为病床、设备和技术条件所限，应该转院并且病情允许转院的患者，应及时转院。这一义务既是对患者生命健康权的保护，同时也是对医务人员为患者提供最佳医疗服务的明确要求。对于急危重症患者，医务人员应立即抢救，还要根据对病情和自身技术水平的判断为患者建议最佳的医疗服务。

（2）有限性：不仅仅指医院医疗条件的有限性，即“病床、设备、技术条件所限”，也是指对于患者所患疾病的有限性，即“病情稳定允许进行转院，估计途中不会加重病情或死亡者”。此外，有限性也指对转入医疗机构接收的有限性。转出机构要首先联系对方并获得对方允许后，才可转院。不能不经询问许可便进行转院，以避免患者无处接收而在转院路途中增加疾病恶化的风险。

（3）医学裁量性：是指对转院条件的判断要经上级医师完整回顾患者病历，综合评估后同意，经科内讨论或科主任提出，报管理部门或业务副院长或医院总值班批准，方可转院。并且评估过程中还要结合患者病情与转院的必要性、风险性和可及性进行综合判定。

五、医疗机构及其医务人员在转院中的注意义务

根据《中华人民共和国侵权责任法》第五十四条“患者在诊疗活动中受到损害，医疗机构及其医务人员有过错的，由医疗机构承担赔偿责任”，以及第五十七条“医务人员在诊疗活动中未尽到与当时的医疗水平相应的诊疗义务，造成患者损害的，医疗机构应当承担赔偿责任”。医疗机构及其医务人员在转院中要符合相关法律法规并且要尽到与当时的医疗水平相应的诊疗义务。这便是转院中的注意义务。结合实际工作，归纳起来有以下几点：

1．合理的急救处置义务　这项义务是来源于《中华人民共和国执业医师法》第二十四条的具体规定。这里的急救处置包含两个方面。一方面，对于急危重症患者，医疗机构及其医务人员应执行首诊负责制，有在第一时间予以抢救的义务。对于那些应该转院但当时病情不适于转院，估计途中可能加重病情或死亡的患者，可以紧急联系相关医院或上级卫生行政部门组织专家（组）来院进行会诊；另一方面，对医院因技术、设备条件及床位等原因不能诊治，同时病情也允许转院的患者，应将其立即转院以使

其获得及时的急救处置。根据《医院急诊科规范化流程》，患者安置分为住院、离院和转院三种方式。转院本身就是急救处置的环节之一。但在转院前，应完成必需、可行的检查，予以相应的应急处置，并做好相应的记录，从而为转院后的急救处置提供基本的依据，有利于明确诊断，及时治疗，节省急救时间。

2．必要的告知说明义务　根据《中华人民共和国侵权责任法》第五十五条，医务人员在诊疗活动中应当向患者说明病情和医疗措施。需要实施手术、特殊检查和特殊治疗的，医务人员应当及时向患者说明医疗风险和替代医疗方案等情况，并取得其书面同意；不宜向患者说明的，应当向患者的近亲属说明，并取得其书面同意。医务人员未尽到以上义务，造成患者损害的，医疗机构应当承担赔偿责任。而根据《医疗机构管理条例实施细则》，特殊检查和特殊治疗是指具有下列情形之一的诊断和治疗活动：

（1）有一定危险性，可能产生不良后果的检查和治疗。

（2）由于患者体质特殊或者病情危笃，可能对患者产生不良后果和危险的检查和治疗。

（3）临床试验性检查和治疗。

（4）可能对患者造成较大经济负担的检查和治疗。

对急危重症患者实施转院时，由于患者所患疾病以及转运途中的颠簸和不可预见之因素，可能对患者产生不良后果。因此，转院本身就应属于特殊治疗的一种。对患者实施转院时，必须向患者及其家属充分告知转院的必要性与风险性，以取得患者及其家属的书面同意。常见的转院原因有：①患者所患疾病超出了医疗机构的诊疗科目，或超出了医务人员的执业类别或执业范围。②医疗机构或医务人员对患者所患疾病的诊疗能力不足。③医疗机构缺乏必要的对患者所患疾病进行检查或治疗的药品和设备。④存在更适当的诊疗方法，且与不转院相比，该方法会有明显的改善效果。这里要特别注意，对急危重症患者而言，医疗机构没有床位收治不应属于转院理由。

3．安全的转院运送义务　对急危重症患者转院时，医疗机构及其医务人员应尽力保证运送的安全，包括充分评估患者的病情，联系转接医院并取得对方的同意，选择安全、适宜的运送工具并携带相关的病历资料。原则上应采用救护车进行转运。对病情严重患者转院时，应有首诊医护人员的陪同，并对转接医院做好患者及其相关病历资料的交接。如果医疗机构不具备专业的转院运送车辆，可以拨打“120”电话请求转院运送，转出医院的医务人员同样应与“120”急救中心的医务人员做好患者及其相关病历资料的交接。如果没有专业的急救车进行转院，则更要有医务人员随车陪同，不可轻易让患者自行转院。

六、转院中过错的法律责任

根据《中华人民共和国侵权责任法》第五十四条和第五十七条，医疗机构及其医务人员在转院中存在过错，对患者造成伤害的，则应承担相应的责任。

根据过错的客观行为分类，转院中的过错包括错误选择和错误进行两类。错误选择包括：①病情应该转院、允许转院的故意未进行或延误进行转院；②病情不需要转院的故意进行了转院；③疾病应转院，但病情不允许转院的，故意进行了转院。错误进行包括未恰当履行合理的急救处置义务、必要的告知说明义务和安全的转院运送义务。

根据过错的主观故意分类，转院中的过错分为故意和过失两类。故意常见于医疗机构或医务人员出于利害或好恶等因素影响，或者回避矛盾风险等的需要，违背法律法规相关的要求。当医疗机构具备治疗能力，但考虑到患者病情危急，为了规避医疗风险，担心承担医疗责任，而以能力不足为由，让患者转院。如造成损害后果的，医疗机构应承担相应责任，医务人员则可能被追究刑事责任。过失则常见于医疗机构或医务人员由于疏忽大意或过于自信而在转院中未履行合理的注意义务，未尽到与当时的医疗水平相应的诊疗义务。造成损害后果的，医疗机构应承担相应责任。但不能将未履行合理的转院义务一概认为是医疗机构与医务人员的责任。应该分析医方和患方在最终损害后果的原因力，来去判断承担的赔偿比例。根据《中华人民共和国侵权责任法》第六十条，若医院在严格履行告知义务的情况下患者不同意转院或病情不具备转院条件，因未转院而造成医疗损害，对此医疗机构及其医务人员不承担赔偿责任。

本案例中，赵女士被诊断为“胎死宫内”2天，4家医疗机构或是由于担心医疗纠纷而推诿患者，或是确由于技术设备条件所限而让患者转院。但就转院的过程来看，患者所患的疾病属于高风险疾病，转运途中的颠簸则是导致“胎死宫内”脓毒血症发生的高危因素。而多家医院以药品和床位短缺为由拒绝收治，这本身就违反了急救处置义务。实际上，完全可以通过协调解决药品和床位问题。而且转出医院未向患者及其家属充分告知转院的风险，违反了告知说明义务。转院时，转出医院并未事先联系转接医院取得同意，造成患者在多家医院间奔波。同时，医疗机构并未提供专业的急救车辆进行转运，也未安排首诊医务人员进行陪同转院，违反了安全的转院运送义务。

在实际工作中，其他较为常见的转院原因是患有传染性疾病，如肺结核、性病和艾滋病等。综合性医院不是传染病定点收治专科医院，不具备相应的设备和人员，所以通常会让患者转院至专科医院进一步诊治。而一些非定点医疗机构往往以法律法规要求为由，拒绝同时患有传染性疾病的患者住院治疗。更有甚者，有的医疗机构会对需要手术治疗的患者采取保守治疗，而延误了最佳救治时机。对于以上造成患者损害的行为，相关医疗机构应该承担赔偿责任，医务人员则可能被追究刑事责任。通常，传染病定点医疗机构对综合疾病的诊疗能力偏低，相应的药物和设备的配置也不到位。在这种情况下，往往很难邀请到非定点医疗机构的医师会诊。而非定点医疗机构对传染性疾病的诊疗能力较低，相应的药物和设备的配置也不到位。这就造成了制度和实践之间的矛盾。因此，实际上更倾向于以最危及患者生命的疾病作为选择医院或病区的依据。如果传染病患者病情危重，已经不适合进行转院，则应立即采取急救处置，并请相关医院的医务人员来院指导，可在非定点医疗机构先行救治，待患者的病情稳定后再行转院。

参考文献和注释

1. 李佳健，侯玉才 . 孕妇胎死腹中，4 家医院拒收治 . 都市时报 . 2012-10-27
2. 王岳 . 医事法 . 北京：对外经济贸易大学出版社，2010，288.

口头医嘱的正确认识与规范使用

樊　荣　匡莉萍*

2015年4月，一篇《千万不要让“口头医嘱”成为白衣天使的痛》的文章在网络上广为流传。该文章所描述的案例具有典型性，但其中所建议的解决方案却值得商榷。

一、案例与建议

该文章源自于某律师团分享的一个关于口头医嘱的案例。一名儿童疑似严重感冒被送到某医院住院治疗，被诊断为严重肺炎，后在住院期间死亡。家属随即要求查封病历并参与了医院调查，随后了解到以下情况：该儿童在死亡前哭闹不止；最后一次用药记录为“注射某镇静剂”，且病历记录显示护士在注射上述药品时无书面医嘱。

护士解释称当晚小孩哭闹不止，于是按常规向医师报告病情。医师向护士下达的口头医嘱为“注射某镇静剂”。护士称依口头医嘱执行，但事发后该医师否认向护士下达过口头医嘱。

根据此案例，该律师团向护士提出的建议是：

1．具有风险意识，正确认识自己的岗位职责　采取适当的方式拒绝医师的“口头医嘱”，切勿给医师养成下达“口头医嘱”的惰性，采取机会教育的方式督促减少“口头医嘱”的发生（尤其

---

*　匡莉萍，北京市第二医院。

是夜间值班护士）。如果确实难以避免，不妨让医师通过电话短信或社交软件（微信或 QQ 等）发送口头医嘱内容。

2．在听取口头医嘱时，最好能带上一名其他同事，必要时向护士长报备。

3．执行口头医嘱时，最好能有两名或者两名以上的护士或者医师在现场，存在特殊用药或者存在较高风险时必须通知医师到场执行医嘱。

二、评析意见

1．什么是口头医嘱？　根据 2011 年版《医院工作制度与人员岗位职责》中的“医嘱制度”，口头医嘱是指医师在抢救或手术中不方便开具书面医嘱而口头发布的医嘱。

然而，该案例中所描述的情况并非是在抢救或手术过程中，而是医师接到护士报告，未亲自到患儿床边去诊查患儿即口头发布的医嘱。这种行为并非真正的口头医嘱，并不具备医嘱的效力。此类情况在目前的医疗机构诊疗活动中普遍存在，尤其常见于夜班或节假日等医护人员缺乏的时候，但这种行为具有明显的违法性以及极大的风险性，并且有悖于医学人文关怀。

2．本案例中行为的违法性　关于医师的执业行为，《中华人民共和国执业医师法》第二十三条规定：“医师实施医疗、预防、保健措施，签署有关医学证明文件，必须亲自诊查、调查，并按照规定及时填写医学文书，不得隐匿、伪造或者销毁医学文书及有关资料。”如医师未经亲自诊查或调查，仅根据护士报告就出具医嘱，实施医疗措施，其行为本身就已经违法。2011 年版的《医院工作制度与人员岗位职责》中的“医嘱制度”也特别提醒，“严禁不看患者就开医嘱的草率作风”。

《中华人民共和国执业医师法》第三十七条对该行为的法律责任进行了明确规定：“医师在执业活动中，违反本法规定，有下列行为之一的，由县级以上人民政府卫生行政部门给予警告或者责令暂停六个月以上一年以下执业活动；情节严重的，吊销其执业证书；构成犯罪的，依法追究刑事责任：……由于不负责任延误急危患者的抢救和诊治，造成严重后果的……未经亲自诊查、调查，签署诊断、治疗、流行病学等证明文件或者有关出生、死亡等证明文件的。”

此外，对于护士的执业行为，《护士条例》第十七条规定：“护士发现医嘱违反法律、法规、规章或者诊疗技术规范规定的，应当及时向开具医嘱的医师提出；必要时，应当向该医师所在科室的负责人或者医疗卫生机构负责医疗服务管理的人员报告。”如护士明知道医师的行为违反法律法规，却并未向医师提出或报告，而是直接执行医嘱，其行为同样违反了法律、法规。

《护士条例》第三十一条对此违规行为的法律责任也进行了明确：“护士在执业活动中有下列情形之一的，由县级以上地方人民政府卫生主管部门依据职责分工责令改正，给予警告；情节严重的，暂停其6个月以上1年以下执业活动，直至由原发证部门吊销其护士执业证书：……发现医嘱违反法律、法规、规章或者诊疗技术规范的规定，未依照本条例第十七条的规定提出或者报告的。”

因此，此案例中的医师和护士均涉及违法违规。而在本案律师团的建议中，让医师通过电话短信或社交软件等发送口头医嘱内容同样属于违法、违规，不应参照执行。另外，护理人员的缺乏是医疗机构的普遍现象，尤其是在基层医院的夜班或节假日期间，一名医师和一名护士值班是常见的人员配置。在执行口头医嘱时，原文建议中的带上一名其他同事、两名或两名以上护士或医师在场，这一点在实际工作中很难实现。此外，口头医嘱必须是在抢救或手术中的现场发布。在律师团的建议中，对于特殊用药或者存在较高风险时才通知医师到场执行医嘱，是对法律、法规标准的人为放宽，不应照此执行。

3．本案行为的风险性　法律、法规之所以对行为进行明确，正是由于该行为具有极大的风险性，才必须对行为进行要求和限制。

医嘱是诊疗行为的一种，关乎患者的生命与健康。正确的诊疗行为源于对患者所患疾病正确的诊断。正确的诊断源于完整的病史主诉、仔细的体格检查以及相关的辅助检查。医师在诊疗活动中必须履行合理的注意义务，包含损害结果预见义务与损害结果避免义务。该案例中的医师并未预见到自己的行为存在的风险，而损害结果避免义务是建立在对损害结果正确预见的基础上的。由于疏忽大意未履行损害结果预见义务，便不会采取相应的损害结果避免义务。该医师未预见到其行为可能会对患者造成的损害，因而也不会亲自对患者进行诊断和检查，以避免可能的损害结果发生。因此，该医师未履行合理的注意义务。

曾经，某医疗机构一名医师在值夜班时，护士通过电话向其报告一名肺炎的患者诉胸闷、憋气。该医师自认为对患者的情况非常了解，便在休息室通过电话要求护士将鼻导管吸氧的氧流量从 2L/min 上调至 3L/min。1 小时后，护士再次通过电话报告，患者诉症状无好转，并出现咳嗽、咳痰、憋气，痰量较多。医师考虑可能是肺炎患者的痰量较多，影响呼吸而导致憋气，便仍未出休息室，要求护士予以间断吸痰。半小时后，休息室的电话再次响起。护士着急地报告，在第二次为患者吸痰的过程中，患者突发意识丧失。医师立即来到患者床前，查体发现患者的心率为 130 次 / 分，两肺遍布细湿啰音，以两肺底为著。他这才明白，该患者实际上是急性心力衰竭发作。医师立即予以抢救，所幸患者经抢救后恢复。如果在护士第一次向医师报告时，他能亲自对患者进行诊断和检查，便能够及早进行正确的诊断，也能在第一时间给予对症处理，降低疾病恶化的风险。

4．本案例行为有悖于医学人文关怀　对患者的诊断和检查包含医师对患者进行视、触、听（或望、闻、问、切）的体格检查以及相关的辅助检查。如今医师越来越多地依赖于辅助检查，而忽视了基本的体格检查。医师与患者之间的关系越来越多地被冰冷的机器所割裂。“临床”二字代表着医学的始与终。医学从在病床边对疾病的观察开始，最终要到病床边进行治疗，并关爱患者。然而今天，我们却距离真正的“临床”越来越远了……

三、如何做好口头医嘱工作

根据《中华人民共和国执业医师法》《护士条例》《病历书写基本规范》以及2011年版《医院工作制度与人员岗位职责》中的医嘱制度、医嘱查对制度、执行医嘱制度、抢救制度、ICU医嘱制度以及ICU护理查对制度，对于口头医嘱的实施，应明确遵守下列规定：

（1）口头医嘱仅限于在抢救或手术中不便于开具手写医嘱时使用。除此之外，医护人员对患者的一切处置必须开具医嘱，不得口头吩咐。严禁未经亲自诊断或检查就直接下达口头医嘱的行为。

（2）下达口头医嘱时，医护人员必须在场，并至少保持两人同时在场。

（3）医师下达口头医嘱后，护士需复诵一遍。在护士与医师两人核对无误后方可执行，并立即记录医嘱内容与执行时间。要暂时保留用过的空安瓿瓿。抢救工作结束后，医师与护士两人核对后方可丢弃。

（4）抢救结束后，医师要根据护士记录及时（推荐半小时内）完成口头医嘱的补记。一般每项医嘱只能包含一项内容。执行者签全名，执行时间为抢救当时时间。抢救结束6小时内，医师完成抢救记录的补记。

（5）为了方便医务人员下达和记录口头医嘱内容，医疗机构应统一配备每辆抢救车中的急救药品，并制订统一的口头医嘱记录卡放置在每辆抢救车上。记录卡可清晰、明了地分类列出抢救药品的名称或编码，以便在抢救或手术等紧急情况下方便记录，并在抢救结束后便于补记。

关于医疗机构开具休假证明时限的困惑与建议

樊　荣

一、工作困惑

医务人员，尤其是门、急诊医务人员，常常会由于为患者开具病假证明的时限而感到困惑。

2015 年 3 月，某医院门诊办公室接到了一位患者的投诉。该患者因腰椎间盘突出而需要开具假条 1 个月，但该院门诊开具假条单次最长时间为 2 周，因此，患者感到极为不满。那么病假条究竟能开多久？门诊、急诊、住院的病假条时限是否有区别？

二、调查结果

对此问题，患者对北京市不同等级和不同专科的医院进行了调查，得出了各具特色的结果：

A 医院（某市属三甲综合医院）：医师根据病情掌握，急诊假条单次不超过 1 周，门诊假条一般不超过 2 周。

B 医院（某部属三甲综合医院）：具体情况由医师掌握，急诊假条最长 3 天，门诊最长一般不超过 2 周。

C 医院（某市属三甲综合医院）：医师根据病情掌握，急诊假条单次不超过 3 天，门诊假条一般不超过 2 周，特殊情况 1 个月。

出院假条最长 2 周。

D 医院（某部队三甲综合医院）：没有明确规定，门诊假条一次最长 1 周。

E 医院（某市属三甲儿科医院）：没有明确规定，急诊最长 3 天，门诊最长 1 周。出院只开诊断证明，不开假条。

F 医院（某市属三甲中医医院）：没有明确规定，对一般疾病，要求假条天数和处方天数一样。出院仅开诊断证明，注明建议休息多久，不开假条。

G 医院（某区属二甲综合医院）：医师根据病情掌握，急诊假条单次最长 3 天，门诊假条单次最长 2 周。出院假条最长 2 周。

H 医院（某区属二甲综合医院）：医师根据病情掌握，急诊假条单次不超过 3 天，门诊假条一般不超过 2 周，特殊情况 1 个月。出院假条最长 2 周。到期后如需要继续休息，可复查并延长假条时间。

I 医院（某区属三甲中医医院）：医师根据病情掌握，门诊一般最长不超过 1 周，某些特殊疾病最长延至半个月（15 天）。出院假条最长半个月。

J 医院（某区属二甲精神专科医院）：医师根据病情决定，急诊假条最长 3 天，门诊假条一般不超过 2 周，特殊情况 1 个月。出院假条最长 2 周。

由上可见，各家医院对于假条的管理属于各自为政。患者在不同的医疗机构之间得到不同的处理意见，则必然会对医疗机构的管理提出质疑。而且，如今的假条已不仅仅是患者由于病情需要休息的依据，也是与单位人事管理和民事赔偿等息息相关的重要依据，因而具备了更多的法律内涵。

三、建议与指导

为了解决这样的问题，建议卫生行政部门出台明确的规定，对开具休假证明的行为进行规范。

天津市卫生局在2008年印发了《医学诊断证明书管理规定》，对开具诊断证明书和休假证明的医师资质、规范、时限和流程等均进行了明确规定。

广州市劳动局和卫生局在1991年曾颁布了《广州市病假建议书发放和病休职工管理规定》和《广州市常见病病假建议书发放暂行标准》（以下简称《标准》）。其中明确规定，医疗部门具有医士以上（含医士）职称和处方权的临床医务人员，均有发放病假建议书的职权。发放病假建议书时应严格执行《标准》规定的病休期限，对未列出的病种，可参照相似病种的病休期限提出病休假期建议。医师首次出具病假建议书时，不得超过《标准》规定的最长病假期限。如病假期满，仍需要休息治疗的，门诊病例每次续假时间不超过7天，连续休假时间不超过30天；住院患者出院后每次续假时间不超过15天，连续休假时间不超过90天。如确实仍需要病休的，必须经医院科主任签名，并由医院医务管理部门批准。假期一般不超过6个月。

在北京，鉴于卫生行政部门并未对医疗机构开具休假证明的时限进行明确规定，各医疗机构之间的规定各有不同，在工作实践中执行标准不一。因此，笔者将此问题提请所在的北京卫生法学会患者安全专业委员会进行讨论。经过充分的讨论，委员会结合《北京市卫生局关于开具诊断证明书的有关规定》（京卫医字［1992］144号），参考《处方管理办法》与《北京市基本医疗保险参保人员就医管理暂行办法》，对于医疗机构开具休假证明时限达成专家共识，并于2015年4月15日发布了《关于医疗机构开具休假证明时限的工作指导》。相关规定如下：

1．出具休假证明的人员应为在本医疗机构注册的执业医师。医师不得出具与自己执业范围无关或者与执业类别不相符的医学证明文件。休假证明只证明患者是否需要病休以及病休时间或医疗建议，不得出现“疗养”或“免夜班”等非临床医学治疗内容，不应提及与医疗不相关的其他处理意见。

2．休假证明时限由医师根据患者病情酌定，以就诊当日为起始，盖章有效。

3．为了兼顾患者因病休息的需要和疾病恢复期患者复查的需要，关于单次开具休假证明时限的上限，原则上休假证明时限应少于或等于复诊时限。急诊开具休假时间一般不超过 3 天，门诊不超过 1 周，慢性病不超过 2 周，特殊情况不超过 1 个月。

特殊情况通常见于骨科疾病和精神疾病等疾病中部分病情稳定和复诊期限较长的情况。

4．出院开具休假证明的时限一般不超过 2 周，特殊情况下不超过 1 个月。可在出院诊断证明书中注明，也可单独开具休假证明。

5．单次休假证明到期后，如患者仍需要休假，应到医院复查后继续开具休假证明。

法律视角下诊断中的注意义务

樊　荣

诊断是诊疗行为的第一步。医学的治疗行为均建立在诊断的基础上。我国中医所倡导的“辨证论治”和“对症下药”，同样强调了诊断的重要性。正确的诊断是精准医疗的前提，而错误的诊断则会导致无效或错误的治疗。医学具有未知性、有限性和发展性。任何一名医师都无法保证诊断是 100% 正确的。医师在诊断过程中应履行合理的注意义务。

那么，在法律的视角下，如何认识诊断的注意义务呢?

一、什么是诊断?

2013 年人民卫生出版社出版的《诊断学》(第 8 版）提出，诊断是指通过问诊采集病史、全面系统地掌握患者的症状，通过视诊、触诊、叩诊和听诊，仔细了解患者所具有的体征，并进行一些必要的实验室检查，以及心电图、X 线和超声等的辅助检查，来揭示或发现患者整个临床表现的过程。

由此可见，诊断的基本过程包括了问诊、体格检查、实验室检查和辅助检查四个环节。

二、什么是诊断过错?

误诊指错误的诊断，常可分为错误诊断、遗漏诊断和延误诊断三种，但均可归入“误诊”中。

《中华人民共和国侵权责任法》第五十四条规定：“患者在诊疗活动中受到损害，医疗机构及其医务人员有过错的，由医疗机构承担赔偿责任。”然而，过错并不等同于错误的诊断。

按照不同的意识状态，可将过错分为故意和过失。故意的误诊非常少见，通常出现在以个人利害、好恶等因素诱导或者回避矛盾的情形下。例如，患者以“发热伴头痛、腿痛、畏风和烦躁”入院。入院诊断为“疑似精神病、肝性脑病”。患者被转诊至上级医院后救治无效死亡。患者曾有贩卖犬只的经历，但生前否认有被犬类咬伤或抓伤史。虽然市、区两级疾病预防控制中心调查后均认为流行病学证据不足，但患者转入的上级医院坚持诊断为“狂犬病”。事后了解到，该医院坚持“狂犬病”诊断的一个原因是担心死者的家属闹事。大多数老百姓都知道“狂犬病”的病死率是100%，对家人死于“狂犬病”相对更容易接受。本案例即属于故意的误诊，必然要承担相应的赔偿责任。

工作中较为多见的是过失导致的误诊，其中又分为责任性误诊和技术性误诊。医学属于探索性的科学，处于不断发展的进程中。医学有局限性、高技术性和复杂性的特点，同时受到患者个体特殊性和差异性的制约，因此，诊断作为诊疗行为的第一个环节，同样具备必然的局限性。在判定过失时，主要是根据《中华人民共和国侵权责任法》第五十七条之规定：“医务人员在诊疗活动中未尽到与当时的医疗水平相应的诊疗义务，造成患者损害的，医疗机构应当承担赔偿责任。”在诊断中，医师应尽到与当时的医疗水平相应的诊疗义务。这便是医师执业中所要求的特殊注意义务。这说明，一方面，医师要从意识上充分注意，尽到自己的责任；另一方面，医师要从技术上不断学习，以保证自己的诊断能力。

在判断诊断过失时通常要考虑三个因素。

1．是否具备准确、全面诊断的条件　如患者或家属是否能清楚、完整地陈述病情，接诊的时间是否充足，诊断所依据的其他客观性资料是否完备，特别是各种检查报告是否及时，病情是否稳定，疾病本身是否具有复杂性，是否为罕见疾病，以及在鉴别诊断上的难易程度等。这些条件都可影响是否能作出正确的诊断。

2．具体的诊断过程中是否尽到了注意义务　考察医疗机构在诊断前的问诊是否全面，有无进行必要的辅助检查；上级医师在查房时是否充分分析了病史、病情、查体并确定诊断；诊断过程中诊断医师是否具备诊断资质，诊断依据是否充足，是否符合诊断标准，诊断程序是否严格落实；在初步诊断后对病情变化是否密切观察，有无根据病情的发展、症状的表现和变化来修正自己的诊断；对疑难、不典型或超执业范围的疾病，是否通过上级医师查房、会诊及疑难病例讨论来明确诊断。总体而言，就是以客观标准考察医师诊断时的心理状态，考察其有无尽到谨慎的注意义务。

3．医疗条件、医疗水准、所处地域和专科因素　由于医院的等级不同，各医院所处的地域之间发展也不平衡，因此，各医院的医疗水平和条件也参差不齐。专科医院因就诊的相应专科患者较多，医师经验丰富，相关专业设备配备完善，因此，其对专科疾病的诊断能力往往强于综合性医院。

因此，在判断诊断过失时，要考虑以上三个因素来调整对“当时的医疗水平”的判定标准。只有那些应该诊断、能够诊断，却没有得到全面、准确、及时诊断的，未尽到相应的合理注意义务的，才被判定为诊断过失。

三、诊断过错的免责事由

《中华人民共和国侵权责任法》第六十条列出了医疗损害责任中医疗机构的免责事由。患者有损害，因下列情形之一的，医疗机构不承担赔偿责任：

（1）患者或者其近亲属不配合医疗机构进行符合诊疗规范的诊疗。

（2）医务人员在抢救生命垂危的患者等紧急情况下已经尽到合理诊疗义务。

（3）限于当时的医疗水平难以诊疗。

前款第一项情形中，医疗机构及其医务人员也有过错的，应当承担相应的赔偿责任。

在第一项中，医疗机构的免责事由是以充分履行其告知义务为前提的。如果医务人员未对患者及其家属充分问诊及告知，导致患者未经问询而未充分提供病史，或未了解诊疗相关风险而拒绝进行必需的辅助检查，从而影响了医务人员的诊断，造成患者损害的，医疗机构也应承当相应的医疗损害责任。而如果医务人员已充分问诊及告知，但患者或其家属由于种种原因未提供完整、真实的病史，或故意隐瞒或编造病史，或明知有风险依然拒绝进行相关必需的检查，影响医务人员正确诊断，造成患者损害的，医疗机构与医务人员不承担赔偿责任。

在第二项中，紧急情况和合理诊疗义务是两个构成要件。在紧急情况下，医务人员以抢救患者的生命为首要目标，没有充足的时间进行全面、详尽的问诊和查体，其初步诊断通常为症状诊断，而不是病因诊断。在急诊急救的过程中，医务人员先要解决危及患者生命的症状，如晕厥和休克等。而后，在急救的过程中才逐步探寻患者的发病原因，作出病因诊断，如脑出血和复合伤等。因此，在急诊急救的过程中，在明确病因诊断之前，若最终发现为了抢救患者生命而采取的紧急对症治疗并不符合病因治疗，则不能判定医疗机构及医务人员延误诊断或误诊误治而承担赔偿责任。

在第三项中，由于疾病本身较为复杂或罕见，或者患者本身存在特殊性和差异性，而导致医疗机构及医务人员虽然尽到了合理注意义务，但限于当时的医疗水平，依然未能准确诊断，医疗机构及医务人员不承担赔偿责任。

四、诊断的其他注意事项

诊断作为诊疗行为的第一个环节，除了之前所列的亲自诊断和检查、过程完整、符合执业范围及执业类别等基本要求外，还有一些相关的注意事项，可直接影响最终诊断的准确性和有效性。

1．诊断资质权限　根据《中华人民共和国执业医师法》，执业医师只有在注册的执业地点、执业范围和执业类别内才具备诊断的资质。此外，根据《关于医师执业注册中执业范围的暂行规定》，在以下情况下医师也具备相应的诊断资质权限：医师对患者实施紧急医疗救护的；临床医师依据《住院医师规范化培训规定》和《全科医师规范化培训试行办法》等进行临床转科的；依据国家有关规定，经医疗、预防和保健机构批准的卫生支农、会诊、进修、学术交流、承担政府交办的任务和卫生行政部门批准的义诊等。

此外，在一些特殊情况下，其诊断的资质权限另有专门的条件。例如，在职业病诊断中，《职业病诊断与鉴定管理办法》第十六条规定：“从事职业病诊断的医师应当具备下列条件，并取得省级卫生行政部门颁发的职业病诊断资格证书：①具有医师执业证书。②具有中级以上卫生专业技术职务任职资格。③熟悉职业病防治法律法规和职业病诊断标准。④从事职业病诊断、鉴定相关工作三年以上。⑤按规定参加职业病诊断医师相应专业的培训，并考核合格。”只有具备以上条件，才能具备职业病诊断的资质。

又如，在对埃博拉出血热的诊断中，根据国家卫计委制定的《埃博拉出血热防控方案（第3版）》，医疗机构一旦发现留观或疑似病例，要立即将病例转运至定点医院隔离治疗。各地区要成立由临床、流行病学和实验室检测人员组成的专家组，负责病例的判定工作。

因此，医疗机构和医务人员在对特殊疾病的诊断中，要注意诊断资质权限的把握。

2．诊断标准　医务人员在进行临床诊断中，要根据患者的病史、症状、体征和检查结果等信息与诊断标准进行比对。诊断标准的依据可来自国家法律、行政法规、部门规章、行业标准、医学教材、诊疗常规和临床指南等。以艾滋病诊断为例，与之相关的诊断标准包括《中华人民共和国传染病防治法》《艾滋病防治条例》《全国艾滋病哨点监测实施方案》《艾滋病及其相关疾病诊疗常规》以相关的出版物，如《传染病学》中的艾滋病章节和《艾滋病诊疗指南》等。医务人员在进行临床诊断时，要综合相关诊断依据，以保证诊断的准确、有效。

3．诊断程序　医务人员在进行临床诊断时，通常要进行问诊、查体、实验室检查和辅助检查四个环节。除此之外，在一些特殊的疾病诊断上，仍存在额外的诊断程序，需要医务人员予以充分注意。

以对人感染H7N9禽流感的诊断为例，依据国家卫计委《人感染H7N9禽流感病例诊断程序》以及《北京市卫生局关于继续做好人感染禽流感H7N9病例诊断工作的通知》，各级医疗机构发现人感染H7N9禽流感病毒核酸检测阳性的病例后，其标本需由北京市疾病预防控制中心复核。经复核阳性后，由市卫生局组织临床专家组进行会诊后提出诊断意见。进行首例诊断时，还需要将标本送至中国疾病预防控制中心实验室复核检测结果后才能发布。

4．既往诊断　既往诊断是医师对患者进行全面客观诊断的基础。根据《病历书写基本规范》，既往史指患者过去的健康和疾病情况，内容包括既往一般健康状况、疾病史、传染病史、预防接种史、手术外伤史、输血史、食物或药物过敏史等。

对于既往诊断，很多医务人员是直接通过患者或家属提供的既往史就直接进行诊断，但这具有很大的潜在风险，因为既往史的真实性受到很多因素的制约。

（1）病史提供者：如患者本人是在神志清楚的情况下提供既往史，则其可信度相对较高。但是在临床实际工作中，病史提供者往往是患者的家属、保姆、朋友、同事甚至邻居等，其可信度就相对较低。

（2）信息表述的误差：因为医务人员与病史提供者在医学知识的掌握上存在一定的差距，因此，对于同样的表述，各自的理解程度也是不同的。有时是患者的表述让医师听不懂，有时是医师的表述让患者无法理解。例如，在对外科腹痛患者的临床问诊中，对疼痛性质的表述就非常困难，有钝痛、酸痛、胀痛、闷痛、锐痛、刺痛、切割痛、牵拉痛、灼痛、绞痛、压痛、反跳痛、钻顶样痛、转移性痛、牵涉性痛及反射痛等。由于各种疼痛分别代表不同疾病的特征，双方对疼痛性质的理解存在定义不清或理解模糊的情况。因此，诊断时更应慎重。

（3）回忆性误差：在提供既往史时，患者往往会受到回忆性误差的影响。患者可能会遗忘他认为不重要的症状和治疗过程，尤其是对有些会导致遗忘的疾病，回忆性误差会更为明显。

（4）既往的误诊：即使患者能够准确地描述既往史及既往诊断，医务人员在确定诊断时也要综合分析其可信度。因为既往诊断同样存在误诊的可能性。例如，有一名被诊断为“肝硬化”33年的患者辗转就诊于多家医院。医师从未怀疑过既往诊断的真实性，并积极采取了治疗。直到最后才发现，该患者所患的疾病其实是“布加综合征”，而“肝硬化”仅是容易迷惑诊断的症状表象而已。

因此，医务人员对于既往史要客观谨慎，不可盲目轻信，最好要有客观病历资料支持，同时要将既往的病历资料和诊断与当前患者的状况相结合综合，分析后再确定诊断。

5．会诊诊断　会诊是对专科收治患者采取全面诊疗的有效方式和手段，是对疑难病例采取多学科综合分析决策的有效方式，也是保障患者安全的重要措施。会诊诊断是对初步诊断的有效补充。卫生部颁布的《医院工作制度与人员岗位职责》中的“会诊制度”规定，“凡遇疑难病例，应及时申请会诊。”

对需要会诊的疑难病例或超出执业范围的疾病，而主管医师未采取会诊、未选择正确的科室会诊或未及时会诊，从而导致误诊误治或延误患者诊治，造成患者损害的，即医师未尽到合理的注意义务，应当承担相应的赔偿责任。曾有一个案例，某医院收治了一位妇科术后腹痛患者，未及时申请会诊，自行治疗无效后，先请中医科会诊并进行中药灌肠，导致症状进行性加重，之后才请外科会诊，发现是“急性腹膜炎”而行紧急手术。

6．辅助检查诊断　检验报告是由检验师所出具的仅是检验数值的报告，属于实验室检查，不属于辅助检查诊断。而心电图、B超、X线、CT、血管造影、内镜检查和病理等是由医师出具的结果报告，不仅包含检查描述，还包含诊断内容，属于辅助检查诊断。因此，辅助检查科室的医师在实施辅助检查并作出相应的诊断时，同样要尽到相应的注意义务，应操作谨慎，抓好质量控制，避免发生严重的误诊。发现可疑结果时应当复检，并与临床医师联系，必要时可建议临床重新送标本检查。否则由于辅助检查的误诊而造成患者损害的，医疗机构及医务人员同样要承担相应的赔偿责任。

临床科室的医务人员同样要客观、综合地看待辅助检查诊断，不可不经过思考而盲目地轻信。因此，在临床实际工作中，医疗机构通常要求临床医师能读懂和理解辅助检查的结果及临床意义，还需要知晓辅助检查的原理、方法以及局限性和质量风险控制，同时还要结合临床症状及其他表现，综合判断和采纳辅助检查结果，而不能一味地依赖检查结果，即便是对临床上号称的“金标准”的病理检查也应如此。因为病理报告是病理医师的经验性判断，也同样存在差错可能。临床上曾出现过在内镜检查时将标本送检病理，病理科将标本混淆导致误诊误报，而手术医师明知内镜检查报告良性与病理报告恶性不符，却未进行复检，而是直接参考病理报告进行恶性肿瘤的扩大化手术切除。最终术后病理检查提示为良性病变，对患者造成了医疗损害。

7．对诊断的修订和完善　诊断是一个发现疾病和认识疾病的过程。从入院的初步诊断，到住院期间完善相关检查、操作、手术以及上级医师查房、会诊和疑难病例讨论，这是一个不断地对诊断进行完善和更新的过程。医务人员在诊疗活动中要注重对诊断及时修订和完善，并根据诊断的变化及时调整治疗方案，以充分保障患者权益。

依据《病历书写基本规范》，医务人员在首次病程记录进行诊断与鉴别诊断后，还需要在病程记录、上级医师查房记录、疑难病例讨论记录、交（接）班记录、转科记录、阶段小结、会诊记录、术前小结、术后首次病程记录、出院记录和死亡记录等记录上按照《病例书写基本规范》的要求对诊断进行修订和完善。

如果医务人员未尽到合理注意义务，未按照要求及时修订和完善诊断，未及时调整治疗方案，从而导致误诊误治，造成患者损害的，应承担相应的赔偿责任。

综上所述，医师在诊断过程中应履行合理的注意义务，在提高自身诊疗能力的同时，也要注意相关注意事项，以保证全面、准确、及时的诊断。

关于患者“医嘱”的法律分析与应对

樊　荣

一、实际案例

在某家医疗机构门诊，一位患者诉在多方查阅了大量文献后（未能出具所查文献），认为某药品最适合其所患疾病，要求医师为其开具指定的药品。医师了解到，该药品的适应证虽然包含该患者所患疾病，但该药品并非医师建议的治疗方案。因为该药品导致的不良反应率较高，在临床工作中已被逐步淘汰。但患者坚持使用该药品。医师斟酌后，认为患者有知情同意权，应听从患者的选择，便为其开具了该药品。

结果第二天，正是由于使用该药品，患者出现了药物不良反应。为此，患者向医院投诉，认为医师明知此药品并非其建议的最优方案但仍为其开具，是因医师的过失而导致发生药品不良反应，并导致患者的健康权和财产权受到损害，医疗机构应对其赔偿。

二、法律分析

本案例所述问题是临床上较为常见的一类问题，尤其是在门、急诊工作的医师经常会碰到。随着患者整体知识水平的提高以及信息化的普及，学习型患者呈指数级地快速增长。如今的医患关系已经由过去的父权式医疗、主动 - 被动式医疗和建议 - 服从式医疗发展为共同参与式医疗。患者已越来越多地参与到诊疗活动中。“以患者为中心”绝不仅仅是一句口号，已然成为国际医疗机构通行的行为准则。

然而，在我国，有些患者通过口口相传、读书或看电视，更多的是通过互联网学习到了相当大量的医学知识，其中更多的是虚假、夸大的医疗广告信息，并以此来要求医务人员按照其“正确”的意见开具医嘱。常见的有感冒后要求开抗生素，每半年要求输注疏通血管的药物，需要消炎就要求用最好的抗生素，有低热就要求使用退热药，等等。

医务人员在诊疗活动中应尽到合理的注意义务。在日本的医疗法律中，则更是将其称为“良父义务”。顾名思义，就是视病如亲。医师所考虑、所做的，都是从患者的利益出发，为患者着想，选择对患者最好的方案。但是，当医师明明知道患者所提出的方案不是最优方案的时候，究竟是选择尊重患者的选择，还是坚持自己认为最好的方案呢？

对此案例要从以下几点进行分析：

1．处方权或医学处置权的拥有者　根据《中华人民共和国执业医师法》第十四条[1]、第二十一条[2]，以及《处方管理办法》第八条[3]和第十四条[4]的规定，只有执业医师才具有行医权。行医权包括医学诊查、疾病调查、医学处置及出具医疗文书等。只有执业医师才拥有处方权，而患者是不具备处方权以及行医权的。因此，无论患者的要求如何，任何医疗处置均是由医师进行的，均是医疗机构及其医务人员的诊疗活动，均代表着医务人员根据患者的病情综合评估后所采取的诊疗方案，均是以医疗机构及其医务人员为行为主体与责任主体，而不是以患者及其家属为主体。

2．患方知情同意权的内容　知情同意，顾名思义包括知情与同意两个方面。知情同意的内涵是患者的身体权和自主决定权。患者拥有自主决定和支配自己身体的权利。知情是同意的前提，同意是知情的延续。既然有同意，相应地就有拒绝。在不同的备选方案中，对有的同意，对有的拒绝，也就意味着选择。因此，患者的知情同意权仅限于接受或拒绝医务人员所提出的治疗方案，或者在备选方案中进行选择，并不包括制订治疗方案。

知情同意的原因是由于诊疗活动对患者的身体权存在损害的风险，遂要求医师尽到告知义务并得到患者授权。因此，当进行风险性较大的诊疗活动时，应取得患者的知情同意。手术、麻醉、特殊检查和特殊治疗等需要书面知情同意，皆是因为此。而对于风险性相对较小的操作，如静脉采血和肌内注射等，则仅需要口头知情同意即可。在本案例中，医师明知道患者所要求开具的药品的不良反应率较高，并非自己推荐的诊疗方案，具有较高的风险，则不应顺从患者的意愿而开具药品。患者仅能够在医师备选的诊疗方案中进行选择。

3．医务人员对患者的“医嘱”有拒绝权　患者虽有知情同意权，但并无行医权。只有医师才有行医权。因此，医师无须根据患者的不合理要求拟定医学处置方案。并且，根据《处方管理办法》第十四条以及《中华人民共和国执业医师法》第二十二条[5]与第二十三条[6]的规定，医师在实施诊疗时，必须亲自诊查和调查，所开具的处方必须根据病情需要，并按照诊疗规范、药品说明中的药品适应证、药理作用、用法、用量、禁忌证、不良反应和注意事项等开具处方。无论患者所提出的要求来源于何处，医师在进行医学处置时，要时刻以患者的病情以及诊疗行为本身作为衡量基础，针对诊疗规范、适应证、药理作用和不良反应等进行全方位的考虑。对于不符合以上标准的不合理要求，医务人员有权拒绝。但在拒绝时也要注意沟通方式，不要让患者感觉医师太武断，而应让患者感觉医师是为了他的切身利益考虑。

4．医疗机构及其医务人员的告知说明义务　患者知情的条件是医务人员的充分说明。说明义务与注意义务一样，是医务人员在诊疗活动中应尽的法定义务。其说法从1994年《医疗机构管理条例实施细则》中的“解释”，到1999年《中华人民共和国执业医师法》中的“介绍”，再到2002年《医疗事故处理条例》中的“告知”，最后发展到2010年《中华人民共和国侵权责任法》中的“说明”。这样的演变反映出，对医务人员说明义务的要求不能像以往一样仅仅停留在告知上，而是要向患者说明。在《现代汉语词典》中，“说明”的释义为“解释明白”。可见比过去的“解释”提出了更高的要求，不但要向对方告知，还要让对方理解和明白。只有患方充分理解知情同意的内容，才有条件对治疗方案进行谨慎的选择，这才是法律中有效的“意思表示”——“真实意思表示”。

但在实践中，关于告知说明充分程度的标准并没有统一。一线医务人员在工作中常常难以掌握告知说明的尺度。由于患者在医学专业知识方面与医师存在巨大的差距，有时即使医师采用多种方式，依然无法保证所有的患者都能充分理解。但反观在医疗损害责任鉴定中，由于告知不充分，侵犯患者的知情同意权，最终判定医院存在过失的案例不胜枚举。这便给临床医师造成了一个困惑——“告知是无止境的”。

《中华人民共和国侵权责任法》将医务人员的说明义务明确要求为向患者说明病情、医疗措施、医疗风险及替代医疗方案等情况。这是告知说明内容的底线。但在实践工作中，只有手术、麻醉、输血、特殊检查和特殊治疗等才需要书面知情同意，其他情况下往往是以口头知情同意或公示知情同意的形式进行的。尤其是口头知情同意，在证据留存和举证上对医方较为不利。本案即属于此类情况。如果患者事后否认，医方并无依据证明是患者要求使用此类药物，或者即使患者承认，但认为医务人员未向其充分说明告知该药品的风险性，才造成了患者的坚持，医疗机构仍然会非常被动。因此，还是建议医疗机构及其医务人员在诊疗活动中，患者只能从替代诊疗方案中进行选择。

5．药品不良反应的责任　《药品不良反应报告和监测管理办法》规定：“药品不良反应，是指合格药品在正常用法用量下出现的与用药目的无关的有害反应。”而根据《中华人民共和国侵权责任法》第五十九条[7]，只有缺陷药品造成患者损害的，医疗机构才需要承担赔偿责任。若医疗机构及其医务人员履行了合理的注意义务，出现了药品不良反应时，则医疗机构无须赔偿。

这里的合理注意义务包括[8]：

（1）严格执行进货检查验收制度。

（2）采用统一、合法的进货渠道。

（3）不得使用已经过期、已经被淘汰或禁止使用的药品。

（4）不得伪造药品的资质信息。

（5）不得在药品中掺杂假冒伪劣药品。

（6）按照相关的法律法规、诊疗规范和药品说明书正确使用药品。

（7）建立院内完整、严谨的药品管理制度，包括采购、进货、入库、储存、出库、领取和使用等环节。

（8）建立药品不良反应报告制度和可疑药品封存制度。

（9）应向患方标明药品使用中的警示注意事项。

三、结论

在此案例中，医师明知道该药品的不良反应率较高，属于逐步被淘汰药品，已经预见到了相应的不良结果，却未采取避免措施。虽然使用该药品后不会所有的人都出现不良反应，但该诊疗行为会增加药品不良反应的发生率，即具备了因果关系的相当性，可以认为医务人员未尽到合理的注意义务。

因此，对于不符合法律法规、诊疗规范和药品说明书等制度标准的患者“医嘱”，医务人员应断然拒绝。

参考文献和注释

1.《中华人民共和国执业医师法》第十四条规定：“医师经注册后，可以在医疗、预防、保健机构中按照注册的执业地点、执业类别、执业范围执业，从事相应的医疗、预防、保健业务。未经医师注册取得执业证书，不得从事医师执业活动。”

2.《中华人民共和国执业医师法》第二十一条规定医师在执业活动中享有下列权利：“在注册的执业范围内，进行医学诊查、疾病调查、医学处置、出具相应的医学证明文件，选择合理的医疗、预防、保健方案。”

3.《处方管理办法》第八条规定：“经注册的执业医师在执业地点取得相应的处方权。”

4.《处方管理办法》第十四条规定：“医师应当根据医疗、预防、保健需要，按照诊疗规范、药品说明书中的药品适应证、药理作用、用法、用量、禁忌、不良反应和注意事项等开具处方。”

5.《中华人民共和国执业医师法》第二十二条规定：“医师在执业活动中履行下列义务：遵守法律、法规，遵守技术操作规范。”

6.《中华人民共和国执业医师法》第二十三条规定：“医师实施医疗、预防、保健措施，签署有关医学证明文件，必须亲自诊查、调查，并按照规定及时填写医学文书，不得隐匿、伪造或者销毁医学文书及有关资料。医师不得出具与自己执业范围无关或者与执业类别不相符的医学证明文件。”

7.《中华人民共和国侵权责任法》第五十九条规定：“因药品、消毒药剂、医疗器械的缺陷，或者输入不合格的血液造成患者损害的，患者可以向生产者或者血液提供机构请求赔偿，也可以向医疗机构请求赔偿。患者向医疗机构请求赔偿的，医疗机构赔偿后，有权向负有责任的生产者或者血液提供机构追偿。”

8.奚晓明.《中华人民共和国侵权责任法》条文理解与适用.北京：人民法院出版社，2010：418

关于保护性医疗的悖论与实践

樊　荣

一、实际案例

这是经媒体报道的一个真实案例[1]。

一位老人因为“进食哽噎”入院，经胃镜检查证实为“食管癌”。病理结果还没出来时，老人曾跟医师聊天，提到他印象里熟悉的人，说道：“钱钟书和冰心临终前都在病床上躺了很久，如果我到了那个时候，可不希望受那么多罪。”

老人的两个儿子都是极其孝顺的，在得知诊断结果后，其中一个儿子还辞掉工作专心伺候老人。但在是否把真实病情告知老人本人的问题上，两个人出现了分歧。大儿子觉得应该让老人知情，二儿子却坚持瞒着老人，理由是“怕父亲知道了实情受不了，心理会崩溃。”在反复地讨论和协商后，大儿子也同意先瞒着老人，只告诉他患的是“良性食管狭窄”。一家人的决定是：只缓解症状，不做手术也不做放疗和化疗。

医师认为，以这位高知老人的学识和经历，他是可以经受得起这一事实的，也完全有能力为自己做出决定，因此主张告诉患者实情。但自始至终，两个儿子坚持隐瞒病情，仅向其告知是良性病变。对于已经 90 岁高龄的老人，他们认为不应进行过度的有创治疗，应尽量维持较高的生活质量。

在出院后的一段时间里，老人还是比较平静的。但老人对生活质量的要求还是比较高的，既然是“良性食管狭窄”，老人逐渐大起胆子，进食也丰富起来，甚至有一次吃了鱼子酱，还喝了红酒。结果，当天老人就因消化道出血第二次住进了医院。

这次入院复查后发现食管癌出现了进展，溃疡和狭窄都加重了，并且累及贲门。医师和两个儿子再次进行了反复的沟通，但在病情告知问题上，他们依然坚持自己的意见，不让老人知道实情，而是由他们代替老人来做下一步的决定。因为无法进食，老人的身体每况愈下。每次查房时，老人都会用期盼、恳求的眼神央求医师再给他想想办法。

小儿子多方打听，得知放置食管支架可以暂时解决梗阻。但此时癌症已有胃部转移，而且这位高龄老人的胃蠕动很差。如果放置支架，很可能引起严重的胃液反流。所以医师建议给老人放置一根胃管，通过胃管给予营养液。但老人认为自己只是“良性病变”，不接受这种治疗，坚持要放支架，彻底解决吃饭问题。两个儿子最终拗不过老人，同意进行支架手术。术后持续大量的胃酸反流让老人觉得烧心、胸痛，苦不堪言，浑浊的眼睛再也没有了光彩，甚至一度要求拔除支架，但这时已经是不可能了。

老人出院后不久，因反流误吸造成严重的肺部感染和呼吸衰竭，虽然经全力抢救，老人最终还是去世了。

二、保护性医疗的悖论分析

曾有一项网络调查显示，若有一天自己罹患了不治之症，大部分网友希望医师能告知自己真实的病情；但如果是自己的亲人，大部分网友则不希望医师告知亲人真实的病情。这就形成了一个颇具现实意义的悖论。

由此可见，对于同一种事物，因为处于不同的角色，同样的人有着不同的选择。那么作为医师，他们又应该如何选择呢？

1．谁更应该知晓真实的病情？

（1）法律角度：《中华人民共和国侵权责任法》第五十五条[2]规定，一方面，知情权是患者的权利。告知说明义务也是医务人员的义务之一。医务人员理应将病情、诊断、医疗措施、与风险以及替代方案等如实告知患者。这一点毋庸置疑，法律法规对其有明确的要求。但另一方面，法律同时规定了医务人员应实施保护性医疗措施。

保护性医疗措施是指在某些特定的情况下，如医师认为告知某些信息会对患者有害，则医师有权对患者隐瞒这些信息。这样，如果有合理的现象表明向患者的说明会使患者感到不安，以至于可能对他的健康或利益造成威胁，医师即可保留此信息或限制此信息的范围。

《医疗机构管理条例实施细则》第六十一条明确规定："医疗机构在诊疗活动中，应当对患者实行保护性医疗措施，并取得患者家属和有关人员的配合。"

《医疗事故处理条例》第十一条规定："在医疗活动中，医疗机构及其医务人员应当将患者的病情、医疗措施、医疗风险等如实告知患者，及时解答其咨询；但是，应当避免对患者产生不利后果。"《中华人民共和国执业医师法》第二十六条对此做出了同样的要求表述："医师应当如实向患者或者其家属介绍病情，但应注意避免对患者产生不利后果。"

以上法律法规明确规定了医师具有保护性医疗措施的特权。该特权行使的主体为医务人员。这种判断对于医务人员来说也是相对主观的。但在目前的临床实践中，其实大部分决定并非由医务人员决定，而是来自患者家属的主观判断。而患者家属往往掺杂着大量亲情因素，从而无法在客观上对患者的接受能力进行分析和评估，这样便形成了由患者家属决定是否采取保护性医疗的事实。家属的这种选择也是没有法律依据的。尤其是在患者具备完全民事行为能力的情况下，这便成为了患者家属的特权，而非立法原意中赋予医师的治疗特权。

这种保护性医疗措施，实际上属于家属代理行使知情同意权的一种，是对心理脆弱患者的代理权行使。心理脆弱患者是指患者具有完全民事行为能力且无意识障碍，但由于心理脆弱，客观上需要委托他人代为行使知情同意权。这需要两个基本要件，即主观上患者无认知障碍，而客观上患者需要近亲属代理行使知情同意权[3]。但如果患者未曾做过需要近亲属代理的授权表示，医务人员也未曾对患者的心理脆弱进行过客观评估，或者即使医务人员认为患者具备心理接受能力，但仍顺从近亲属的意见，便忽视了患者的知情权而直接由近亲属代理行使，这并不符合法律的规定，是对患者权利的不尊重，是家长式的武断作风，是对医患之间医疗服务合同关系的破坏。

而且，正如本案中，医务人员在面临患者选择治疗方案时，明知道患者对疾病的认知不足而选择了一个并不适宜的治疗方案，却仍然以保护性医疗措施为由而在未如实告知的情况下实施了该治疗方案，结果导致疾病进一步加重而死亡。本案中医务人员未尽到合理的注意义务，本质上是对患者权利的侵害。

（2）伦理角度：这种所谓的保护性医疗措施真的是对患者的保护吗？这种“善意的谎言”真的能对患者形成善果吗？

患者的知情同意权包含知情权、同意权、选择权与拒绝权。其中知情权是前提。患者对疾病不知情通常会造成两方面的后果。一方面，是对疾病不能进行较好的认知，便无法客观行使同意权、选择权与拒绝权。其中既包括对现行诊疗行为缺乏依从性，还包括无法选择后续诊疗，从而错过适宜的治疗方法或治疗时机。本案中患者就是因为被隐瞒病情而一次次作出错误的选择；另一方面，由于不清楚自己还能存活多长时间，尤其是对于患有不治之症的患者，因而人为地剥夺了其对余生合理规划选择的机会。正如前文调查所显示的那样，若罹患不治之症，大多数网友希望医师如实向其告知，这正是由于希望能充分认知疾病并自主地安排自己的人生。

而反观该案例中的老人，由于他对疾病没有真实的了解与认知，便未在饮食上保持良好的依从性，一定程度上促进了疾病的进展。甚至在病情加重需要采取治疗时，由于老人对疾病的错误认识，坚持选择了并不适宜的治疗方式，导致病情进一步加重而最终死亡。

另一方面，老人本人很注重生活质量，在生前明确表示过如果罹患不治之症，不希望久卧病榻，遭受痛苦。而且医务人员明明认为患者具备经受事实考验的能力，却仍然服从了家属的要求。明知患者对疾病不知情而选择了不适宜的治疗方案，却依旧实施，客观上增加了患者的痛苦，加速了患者的死亡。患者至死都对自身的疾病不知情，一直对疾病的治疗保持着良好的预期，却承受着疾病加速恶化的现实。他明明可以选择痛苦较小的治疗方式，在自己的生命末期合理地规划和安排，却在痛苦中度过了余生。

可见，有时患者家属与医务人员的保护性医疗措施对患者而言并不是真正的“善”。我们过多地关注了疾病因素，却忽视了患者的权利。

保护性医疗措施作为医师的一项治疗特权，首先必须要明确行使主体是医务人员。另外，由于医师行使治疗特权时，势必会损害患者的知情权，故对于保护性医疗措施的适用范围就必须要进行严格限定。

因此，从长远来看，充分保障患者本人的知情同意权，规范患者同意能力的评判标准，严格限定“保护性医疗措施”和“代为同意”的适用范围，是我国未来告知义务的发展方向。1982 年 10 月，美国总统委员会以《医疗上的意思决定》为题发布报告，指出了同意能力的构成要素。2005 年，英国颁布了《心智能力法》（Mental Capacity Act），同样对同意能力的判断进行了详细的规定[4]。

2．保护性医疗措施的适用范围　在诊疗活动中，医疗机构对患者实行保护性医疗措施时，其原因为“不宜向患者说明情况”，目的就在于“避免对患者产生不利后果”。

对于“不宜向患者说明情况”，是指会造成患者悲观、恐惧和心理负担加重而不利于治疗的情况[5]。

2008年，24家医院、8所大学的医学人文部门和6个学术团体共同拟定并发布了《履行知情同意原则的指导意见》。该意见指出，对患者告知时，要注意与保护性医疗措施结合进行，避免因告知加重病情发展、增加患者的心理负担等情况的发生。凡是可能增加患者心理负担的告知，应首先告知家属或者其他法定代理人，待病情允许后再告知患者本人。”[6]

可以说，任何疾病都会对患者造成悲观、恐惧和心理负担加重等情况，仅有程度上的不同。是否不利于治疗，也是来自于医务人员的主观判断。在临床实践中，若按照以上的标准即可实施保护性医疗措施的话，无疑扩大了适用范围而造成患者的知情权受到损害。因此，应把其适用范围限定在较小的范围内。如前文所述，在采用保护性医疗措施，由患者近亲属及其法定代理人代为行使知情同意权时，需有患者明确授权。患者最好能书面作出愿意接受保护性医疗措施的意思表示。

此外，我国台湾颁布的《安宁缓和医疗条例》第八条规定：“医师应将病情、安宁缓和医疗之治疗方针及维生医疗抉择告知末期病人或其家属。但病人有明确意思表示欲知病情及各种医疗选项时，应予告知。”这项法规条款所倡导的不欺骗患者原则值得我国大陆借鉴。

因此，建议保护性医疗措施的适用范围为，患者书面作出愿意接受保护性医疗措施的意思表示。在患者明确表示希望知晓病情时，医务人员应如实告知，不宜适用保护性医疗措施。

三、实施保护性医疗措施的记录

《病历书写基本规范》第十条对保护性医疗措施的操作层面进行了说明：“因实施保护性医疗措施不宜向患者说明情况的，应当将有关情况告知患者近亲属，由患者近亲属签署知情同意书，并及时记录。患者无近亲属的或者患者近亲属无法签署同意书的，由患者的法定代理人或者关系人签署同意书。”

《中华人民共和国侵权责任法》第五十五条同样规定：“不宜向患者说明的，应当向患者的近亲属说明，并取得其书面同意。”

由此可见，应及时记录所实施的保护性医疗措施，并由患者近亲属代表患者签署书面知情同意书。

但是对于记录的内容，法律法规并未予以明确。从工作实践角度，建议对于意识清楚、具有完全民事行为能力的患者，在入院时就应签署一份是否同意接受保护性医疗措施的知情同意书，并使其成为病案的一个组成部分。若患者同意接受保护性医疗措施，则应签署授权委托书并指定一名近亲属代理行使知情同意权。医务人员以此作为是否对患者采取保护性医疗措施的依据。同时，在病程记录中，应记录患者签字同意接受保护性医疗措施以及其授权委托的情况。

四、预后不良患者的心理特点应对与沟通要点

1．预后不良患者的心理特点应对　美国精神病学家库伯勒、罗斯（Elisabeth Kubler-Ross）将患者从获知病情到临终时期的心理反应划分为五个时期：否认期、愤怒期、协议期、犹豫期和接受期。在临床实践中要针对不同时期的特点采取不同的沟通方法。

（1）否认期：患者尚没有接受所患疾病严重性的思想准备，当得知自己病重而将面临死亡时，其心理反应是极力否认，拒绝接受事实，认为属于误诊。这些反应是一种心理防卫机制，可减少不良信息对患者的刺激，以使患者躲避压迫感，从而有较多的时间来调整自己。

针对此阶段的患者，不要揭穿患者的防卫机制，也不要欺骗患者。需要坦诚、温和地回答患者对病情的询问，保持医务人员

对患者沟通的一致性。增加对患者的陪伴，增加非语言交流，并协助患者满足其心理方面的需要。在沟通时应因势利导、循循善诱，使其逐步面对现实。

（2）愤怒期：患者已知病情和预后，无法再继续否认，但还是不能理解，表现为生气与激怒。怨恨、嫉妒、无助和痛苦等情绪交织在一起，使患者常常处于愤怒状态，以发泄内心的不满、苦闷和无奈。

针对此阶段的患者，医务人员要允许患者通过发怒来宣泄内心的不快，将发怒看成是一种有益于健康的正常行为，应认真倾听患者的心理感受，但应注意预防意外事件的发生。同时要做好家属的工作，共同对患者提供宽容、关爱和理解等心理支持。

（3）协议期：患者的愤怒消失，已经承认和接受临终的事实，不再怨天尤人。对之前的愤怒期表示悔恨，为人和善，并配合诊疗。患者开始想尽办法治疗疾病并渴望奇迹出现，并作出承诺协议。

针对此阶段的患者，医务人员应予以指导和关心，尽量满足患者的要求，使患者更好地配合治疗，以减轻痛苦，控制症状。鼓励患者倾诉内心的感受，尊重患者的宗教信仰，积极引导，减轻其心理压力。

（4）抑郁期：患者发现身体状况日益恶化，认识到治疗无望，无法阻止死亡来临，便产生很强烈的失落感，出现消沉、抑郁、悲伤、退缩和沮丧等情绪，表现出一种临终的悲哀，沉默寡言。患者情绪低落，要求与亲朋好友见面，希望得到陪伴与照顾。

针对此阶段的患者，医务人员应多给予同情和照顾，加强陪伴，允许其采用不同的方式宣泄不良情绪。给予精神支持，尽量满足患者的合理要求。注意安全，防止患者因不良情绪而导致意外事件的发生。

（5）接受期：在一切努力和挣扎过后，患者变得平静，认为自己完成了人生的一切事项并准备接纳死亡的到来，对死亡不再感到恐惧和悲伤。患者表现为安详、少言、喜欢独处、情感淡漠，静候死亡来临。

针对此阶段的患者，医务人员应充分尊重患者，不要强迫与其交谈，给患者一个安静、明亮和独处的环境，减少外界干扰，同时继续保持对患者的关心与心理支持。

2．与预后不良患者沟通要点　与癌症等预后不良疾病的患者沟通时，1993 年，WHO 提出了癌症告知的策略：①医师应预先制订计划。②告知病情时应留有余地，让患者有一个逐步接受现实的机会。③分多次告知。④在告知病情的同时，应尽可能给患者以希望。⑤不要欺骗患者。⑥在告知过程中，应让患者有充分宣泄情绪的机会，并及时给予支持。⑦告知病情后，应与患者共同制订未来的生活和治疗计划，并保持密切的进一步接触。其中明确要求“不要欺骗患者”。

2008 年，24 家医院、8 所大学的医学人文部门和 6 个学术团体提出了《肿瘤患者告知与同意的指导原则》。其中包括了首诊告知慎重原则、个体化原则、循序渐进原则、真实准确原则、适度原则与尊重原则[7]。该指导原则对各原则的说明较为详细，对临床实践具备较强的指导意义。

3．与预后不良患者沟通的实践步骤　2010 年，美国得克萨斯州安德森肿瘤医院的 Walter Baile 博士提出了 SPIKES 模式[7]，将告知患者及其家属坏消息分为 6 个步骤。这一模式已经在很多医患沟通培训的实践中得到应用，为临床工作带来了积极意义，也越来越多地受到各国医务工作者的关注。

（1）“S”代表设定（Setting）

①设定好本次谈话的内容，并预测患者的反应。医师在告知坏消息前要预测患者可能出现的情绪反应。

②将告知尽量安排在不会受到打扰的时间。把自己的手机调成静音。如果病房的电视机开着，请把它关掉。

③准备纸巾。如果患者的情绪不稳定，请在手头准备一盒纸

巾，给含泪的患者递上一块纸巾也是共情的表现。

④坐下来，保持目光接触。眼睛是心灵的窗户，目光的水平对视有利于情感交流。

⑤让患者做好准备。在这一步要争取达到以下效果：医师做好了谈话前的准备，用积极的心态推进整个谈话的过程。患者在谈话前得到了放松并与医师建立了情感交流。

当然，判断患者是否做好了接受坏消息的准备也很重要。一些患者想等到家人在场时再听坏消息，而有的患者的身体状况可能不允许现在就接受坏消息。

（2）“P”代表对疾病的认知（Perceives）：医师要了解患者对疾病的认知程度，这样可以拉近患者已知信息与医师准备告知信息之间的差距。

医师可以通过开放式的提问，了解患者对疾病的认知情况。比如，“告诉我到目前为止您知道的一些治疗情况”。这样就会中断患者的防御机制，为下一步告知患者坏消息做好铺垫。

（3）“I”代表邀请（Invitation）：其实，大多数患者都想完全了解他们的病情，但随着时间的推移和病情的发展，患者可能就不想知道那么多了。接下来，医师重要的任务就是要明确患者希望如何处理他们的疾病信息，是想多了解一点还是少一点，是想让家人共同分担这些信息，还是只是想让家庭中的某个人知道，等等。这样有利于医师确定以何种方式告诉患者关于疾病治疗的情况。可以采用的语句有：“您是那种什么细节都想知道的人呢？还是只要知道结果就可以了？”

（4）“K”代表知识（Knowledge）：患者如果有心理准备，那么坏消息是容易被接受的。这一步强调了患者的认知情况，因为医师要告诉患者哪些知识，绝大多数取决于患者之前已经了解了什么，从患者希望的“起点”开始告知。

医师最好先预测患者知道坏消息后的反应，以便让患者做好准备，然后再传达消息。一次告诉患者的信息不要超过一或两个概念，然后再评估患者的理解程度。医师还要注意使用的解释用语要浅显易懂。

（5）“E”代表共情（Empathy）：通常患者在得知坏消息时都会表现得非常激动。医师要认可患者此时所有的情感，因为这些情感可能削弱了患者的理解力。有时坏消息的传达者也会让患者感到悲伤和无助，医师应该尝试用共情的方法来对待患者。例如，可对患者说：“听到这个消息时您一定感到很震惊，很不情愿，其他患者听到这个消息时也会这样的。如果换作是我，我也会很难接受这个事实。”

（6）“S”代表总结（Summary）：在与患者会谈结束时，医师要对谈话内容进行必要的总结，以帮助患者更好地理解和掌握医师要传达的信息。医师可以把治疗方法推荐给患者，不要使用命令性的口吻，比如，“我建议我们这样做”要比“我们得这么做”更适宜。因为采取前一种表述方式后医师在作出治疗决定时会考虑到患者的意愿，并且能同患者一起承担起治疗的责任。

其实，大多数患者都会听从医师的建议。尽管患者可能很难抉择，医师需要告诉患者有不同的治疗方案可以选择，医师要清楚患者对某种治疗方法的担忧是什么，才能判断出完成治疗所面临的障碍。

“告知坏消息”的六个步骤要求医师必须感性、富有同情心地向患者传达坏消息，同时还要指导患者如何通过建立医患之间密切的关系来发掘进一步的治疗潜力，这同样是患者在面临疾病危机时医师能够给予支持的一种方法。

参考文献和注释

1. 该案例来源于微信公众号“生前预嘱推广”2015 年 7 月 21 日推送的网帖《你的眼神》。
2.《中华人民共和国侵权责任法》第五十五条规定：“医务人员在诊疗活动中应当向患者说明病情和医疗措施。需要实施手术、特殊检查、特殊治疗的，医务人员应当及时向患者说明医疗风险、替代医疗方案等情况，并取得其书面同意；不宜向患者说明的，应当向患者的近亲属说明，并取得其书面同意。医务人员未尽到前款义务，造成患者损害的，医疗机构应当承担赔偿责任。”

3. 奚晓明.《中华人民共和国侵权责任法》条文理解与适用. 北京：人民法院出版社，2010：398.
4. 赵银仁. 浅析医疗行为中“代为同意”法律问题——英美法相关规定简介. 江苏卫生事业管理，2006，5：65-66.
5. 王胜明.《中华人民共和国侵权责任法》条文解释与立法背景. 北京：人民法院出版社，2010：215.
6. 履行知情同意原则的指导意见. 医学与哲学，2008，29(19):2-6.
7. 履行知情同意原则的指导意见. 医学与哲学，2008，29(19):7-8.
8. Baile WF, Buckman R, Lenzi R. SPIKES-a six-step protocol for delivering bad news:application to the patient with cancer. Oncologist(The), 2000, 04：58-59.

关于住院患者要求请假离院的思考

樊　荣

2016年1月，笔者在国内某著名纸媒上读到了一篇文章《住院患者要请假，别轻易“亮绿灯”》。文中举了一个实例，在住院做基础检查期间，一位53岁的女性患者按请假程序请假回家，在返程的路上因赶公交车跌倒，造成髌骨骨折。经过分析，文章最终得出的结论与改进意见是：“患者住院，尽量少准许请假；一定要请假的，要按照请假流程走；患者请假回家前，要仔细告知其路途和安全注意事项；对特殊患者，向其告知回家风险时评估要具体，对患者的身体也要作出详细评估，尤其是潜在风险。”

如果住院患者要求暂时离院，应办理请假手续吗？医务人员可以准假吗？会承担什么样的法律风险？

一、医疗机构及医务人员无权强制患者不得离院

意识清楚的成年患者具有完全民事行为能力。人身自由是患者基本的权利之一。除非法定情况，如部分传染病患者，医疗机构与医务人员无权强制限制患者的人身自由。而且医疗机构与患者之间是医疗服务合同关系，患者一方有权解除合同而出院。这也就是为什么在某些医疗机构中，对于擅自离院外出者按照自动出院办理的原因。此时，医疗机构并无权利阻止合同的解除，因而也无权强制阻止患者出院。患者请假离院与自动出院类似。两者的区

别主要在于医疗服务合同是否解除。

二、患者离院不属于请假，如要离院需签署离院知情承诺书

请假指因病或因事请求准许在一定时期内不工作、不学习或不执行某种要求。有请假申请，则必然有是否同意的意见。从法律定性上看，更多地类似于一种双方对医疗服务合同的一份补充协议。即有协议内容，有双方签字，同时还包括协议的注意事项。在某些医院，患者外出时所签署的文书名称就是“患者住院期间外出请假协议书”。

但根据之前所述，在患者离院时医师有注意义务。医师有义务对患者的病情进行评估，而请假手续属于协议，准假便意味着医务人员根据患者病情的评估情况，认为其可以离院。

但是，2011 年版的《医院工作制度与人员岗位职责》中的“患者入院须知”规定：“办理住院手续后，服从病房床位安排，患者不得擅自离院或外宿。擅自外出者，按自动出院处理，确有重要原因必须离院者，需签署离院知情承诺书，由此而产生的一切不良后果，责任自负。”可见，该制度明确规定了患者除非有重要原因，不得离院或外宿。必须离院者，则需签署离院知情承诺书，而非协议书，并且一切不良后果责任自负。承诺书与协议书不同，并非双方的协商同意。承诺书是患者单方向医疗机构及医务人员的承诺，而医务人员并未同意患者离院。

这种情况下患者的离院行为应是对医疗服务合同的中止履行，而医疗机构及医务人员对患者的告知和劝阻是不安抗辩权的行使。根据《中华人民共和国合同法》第六十八条[1]和第六十九条[2]，医务人员得知患者要求离院，丧失或可能丧失履行债务能力，可以中止合同。患者签署承诺书作为担保，医疗服务合同应当恢复履行。若患者未按照承诺期限返院或未予以承诺擅自离院者，则医

疗机构可以解除合同。

此外，患者病情的变化有时难以预料，请假离院期间突发疾病致死、致残的例子屡见不鲜。正因为患者突发疾病时是在院外，因而无法及时进行救治。在此情况下，医疗机构及其医务人员会被认为是由于对病情的错误评估而导致患者的死亡，或者增加了患者死亡发生的概率，即可以认为医疗机构的过错与患者的损害结果之间具备因果关系。患者突发疾病死亡，即使在院内采取及时的抢救，也不能确保救治成功，但毕竟能增加将患者救治成功的概率。因此，医务人员虽然不能限制患者的自由，但在任何时候均不应同意患者的请假。如患者确有重要原因需要离院的，则应签署离院知情承诺书。并且医务人员应该充分告知其风险和注意事项，并劝阻其离院。

2010 年 10 月，中国医院协会发布了《医疗知情同意书参考指南》，其中设计了“住院患者外出告知书”，将医务人员的告知、劝阻义务、执行签字与患者的知情、承诺签字结合在一起，较好地解决了临床实践中的此类问题。

三、患者要求暂时离院时，医务人员应尽到三方面的注意义务

患者在住院期间要求暂时离院时，医务人员需要尽到注意义务、劝阻义务和告知义务。

关于注意义务，分为两个方面。一方面，是对患者病情的充分评估判断，判断患者是否可以离院以及存在哪些风险等，尽到结果预见的义务；另一方面，患者在离院后，如果没有按照承诺的时间返院，医务人员应注意并有义务寻找，包括电话联系患者、患者家属或联系人，仍查找不到的应及时报警寻找。

关于劝阻义务，医务人员虽然不能限制患者的人身自由，但仍然有劝阻的义务。一方面，因为住院患者与医疗机构之间属于

医疗服务合同关系。患者住院接受诊疗就是合同约定的内容之一。如患者单方面违反合同内容，作为合同的另一方，医疗机构与医务人员必然要进行劝阻。另一方面，患者办理住院也说明患者的病情符合住院指征，否则就完全可以在门诊进行诊疗，而不需要住院。既然符合住院指征，则说明不适宜在院外停留，否则会存在一定的风险。因此，由于其离院后可能发生医疗风险，医务人员也有劝阻的义务。

关于告知义务，同样存在两个方面。一方面，医务人员应向患者进行充分告知离院的医疗风险。另一方面，在患者执意要离院时，医务人员应告知其在院外发生医疗意外事件时的应急处理方法，如救治手段或立即呼叫救护车等。

四、患者执意离院并出现意外，医疗机构不承担法律责任

医疗机构及其医务人员在患者入院时就向其明确告知了入院须知，其中规定不得擅自离院或外宿，即院方已经尽到了说明告知义务。患者本人应表示理解，并已在入院须知上签字。

如果患者执意要求离院，医疗机构及医务人员是无法限制其人身自由的，则在其离院之前对其进行正确的病情评估、充分的风险告知并进行劝阻。如果患者明知违反入院须知相应要求，并理解医务人员告知的风险，但仍坚持签署离院承诺书并离院的，属于不配合医疗机构诊疗的行为。根据《中华人民共和国侵权责任法》第六十条[3]，即使患者离院后出现损害的，医疗机构也不承担赔偿责任。

参考文献和注释

1.《中华人民共和国合同法》第六十八条规定：“应当先履行债务的当事人，有确切证据证明对方有下列情形之一的，可以中止履行：

（一）经营状况严重恶化；（二）转移财产、抽逃资金，以逃避债务；（三）丧失商业信誉；（四）有丧失或者可能丧失履行债务能力的其他情形。当事人没有确切证据中止履行的，应当承担违约责任。”

2.《中华人民共和国合同法》第六十九条规定：“当事人依照本法第六十八条的规定中止履行的，应当及时通知对方。对方提供适当担保时，应当恢复履行。中止履行后，对方在合理期限内未恢复履行能力并且未提供适当担保的，中止履行的一方可以解除合同。”

3.《中华人民共和国侵权责任法》第六十条规定：“患者有损害，因下列情形之一的，医疗机构不承担赔偿责任：（一）患者或者其近亲属不配合医疗机构进行符合诊疗规范的诊疗；（二）医务人员在抢救生命垂危的患者等紧急情况下已经尽到合理诊疗义务；（三）限于当时的医疗水平难以诊疗。前款第一项情形中，医疗机构及其医务人员也有过错的，应当承担相应的赔偿责任。”

患者配合临床示教属性与临床实践注意事项浅析

樊　荣

一、案例实情

一天，某医院消化内科的杜主任带着同组医师以及新到岗的7名医学院实习医师查房。二线医师向主任汇报说，昨天刚收治了一名肝硬化的患者，是否可以去检查那位患者。主任点头表示同意。

刚进房间，其中一名实习生一看见患者，便忍不住说了句："呀！这么黑！"顿时引来一阵哄笑。在场的医师、同病室其他床位的患者及家属也笑起来。该患者的脸上明显有掩饰不住的尴尬与难堪。主任赶紧咳了一下，严肃地说："面色晦暗是肝硬化患者的体征之一。"

接着，主管医师开始汇报病历。汇报结束后，主任开始发言与提问："导致肝硬化的病因有很多种，比如乙型肝炎、酒精性肝炎、药物性肝炎和瘀血性肝硬化等。这位患者的病因是什么？""这位患者有三十余年的乙型肝炎病史。"主管医师立即回答道。周围的患者及家属听到后开始窃窃私语。此时患者的脸上再次表现出明显的不悦。

主任接着提问："患者都具备什么体征？"主管医师立即熟练地汇报道："患者有肝掌、蜘蛛痣、皮肤色素沉着、重度腹水、双下肢水肿和巩膜黄染，查体右锁骨中线肝肋下3cm。"主任听后对着 7 名实习生说："你们每个人去患者身上触诊一下肝，做一下腹部触诊。"患者此时强忍着怒火，只是被动地接受检查。实习生没有临床经验，触诊时动作生硬，而且每个人触诊完毕后就立即从口袋里拿出手消毒液进行消毒。可以看出，触诊时引起的阵痛让患者的面部一阵阵地扭曲。终于在第三个实习生准备触诊时，患者实在不堪忍受暴发了，大声拒绝接受进一步触诊。此时，主任发话了："每一个医学生的成长都是要经过患者实践这个阶段的。请您配合！"患者继续厉声拒绝。这时，主管医师赶忙上前说："我们医院是教学医院，您来我院住院就是默许了必须要配合临床教学的义务，否则就请您到其他医院治疗……"患者无奈，强忍着泪水，忍着痛让剩余的 4 位实习生继续触诊。

第二天患者就到该医疗机构的医患关系办公室进行了投诉。

二、问题浅析

通过对前述资料的分析，可知在此案例的查房过程中，医务人员存在着多处不足。

从医学人文关怀的角度，医学生不得对患者使用耻笑性的语言。实习生在对患者进行查体时，未做到动作轻柔，未顾及患者的感受。触诊结束后，立即在患者面前进行手部消毒，对患者亦不礼貌。整个沟通过程缺乏对患者基本的尊重、关爱和礼貌。

在隐私保护方面，查房和汇报病史时，未请患者家属回避。患者有乙型肝炎（简称乙肝）病史属于隐私权，应给予保护。

在知情同意方面，带领实习生进行教学查房时，未先征求患者的同意。

1．配合临床示教的属性与实践　在教学医院中，配合临床示教是患者的权利还是义务？

医学是一门经验科学，需要无数经验的积累。医学生的成长是离不开患者的。正是由于拥有了为患者诊疗的经历，才会让缺乏经验的医学生逐步成长为经验丰富的专家。然而近年来，随着患者权利意识的增强，很多患者并不愿意成为示教对象。这种情况对医学生的临床实习与规范化培训造成了较大的阻碍。有些教学医院为了解决这个问题，便以教学医院为名，要求患者必须配合示教。然而，患者接受与配合示教是患者的权利，而非义务。想要让患者配合示教，必须取得患者的同意。

原卫生部和教育部2008年颁布的《医学教育临床实践管理暂行规定》第七条明确要求："临床教学基地及相关医疗机构应采取有效措施保护医学教育临床教学实践活动中患者的知情同意权、隐私权和其他相关权益。临床教学基地和相关医疗机构有责任保证医学教育临床实践过程中患者的医疗安全及医疗质量，并通过多种形式告知相关患者以配合临床实践活动。"

第十一条要求："临床带教教师和指导医师应牢固确立教学意识，增强医患沟通观念，积极说服相关患者配合医学教育临床实践活动；在安排和指导临床实践活动之前，应尽到告知义务并得到相关患者的同意。在教学实践中要保证患者的医疗安全和合法权益。"

第十五条要求："医学生和试用期医学毕业生在医学教育临床实践活动中应当尊重患者的知情同意权和隐私权，不得损害患者的合法权益。"

由上可见，教学医院在进行临床教学实践中必须尊重患者的合法权益，尤其是知情同意权和隐私权。在进行临床示教前，必须先获得患者的同意。同时，在实践中要充分保障患者的医疗安全和医疗质量。

医务人员进行沟通告知的方式有多种，有的是针对住院患者在入院后与患者签署书面的临床教学实践知情同意书；有的是针对门、急诊患者在门诊病历或挂号单据上进行告知说明；有的仅是在医院大厅显要的位置采用公示的方式告知。

但即使教学医院尽到了充分的告知义务，患者也没有义务必须配合教学实践工作。患者的知情同意权包括知情权、同意权、选择权和拒绝权。在带教老师充分进行沟通告知后，患者也有权选择同意或拒绝。因此，认为患者到教学医院就诊即代表其默示同意的观念是错误的。

2．患者隐私权的保护　隐私权是自然人享有的对个人的与公共利益无关的个人信息、私人活动和私有领域进行支配的一种人格权。隐私权包括隐私隐瞒权、隐私利用权、隐私支配权和隐私维护权。

《中华人民共和国侵权责任法》第六十二条规定："医疗机构及其医务人员应当对患者的隐私保密。泄露患者隐私或者未经患者同意公开其病历资料，造成患者损害的，应当承担侵权责任。"

在诊疗活动中，患者的隐私主要包括：①患者的一般个人信息，如家庭住址、电话号码、工作单位、年龄、籍贯和经济状况等。②患者的既往史，如疾病史、家族史、生活史、婚姻史和生育史等。③患者身体的隐秘部位及通过诊疗探知或查明的心理、生理缺陷。④所患疾病及病情。⑤血液、精液和血型等特殊检查的报告单等。⑥其他可能涉及患者隐私权的相关事项。

因此，在本案例，带教老师在其他患者和家属在场的情况下，直接介绍患者的病情和诊断，尤其是患者患有乙肝的信息，未妥善保护患者的隐私权。原卫生部办公厅《关于加强乙肝项目检测管理工作的通知》中明确要求："在诊疗活动中，医疗机构因医学目的进行乙肝相关项目检测的，应当在检测前做好对患者的知情同意，并加强对有关检测结果报告单的管理，保护患者隐私。"

在医疗机构及其医务人员的日常工作中，常见的可能导致侵犯患者隐私权的情况有：

（1）病历资料未妥善放置或管理不严，导致无关人员阅读或持有的。

（2）电子病历与信息系统授权管理不当，导致无关人员阅读或拷贝复制的。

（3）将作废后的病历资料当打印纸重复使用，导致患者的病历信息传播的。

（4）医务人员涉及患者隐私的讨论和交谈未进行回避，或向无关人员泄露患者隐私，导致隐私信息传播的。

（5）医务人员为患者检查身体或进行诊疗操作时，未注意遮挡，导致隐私部位外露的。

（6）将患者的信息出售给推销员和商家的。

（7）病区床头卡或护士站的患者一览表或门诊叫号系统公示患者姓名或诊断的。

（8）在论文或案例报道中使用患者的真实信息，可能被识别出身份的。

（9）未经许可即为患者拍照，或未经处理使用涉及患者隐私照片的。

3．医学生临床实践中的注意事项

（1）尊重与感恩：医学生的成长是为大量患者诊断和治疗的基础上逐步获得的。患者允许医学生对其进行查体、检查和进行手术操作，开展一系列的诊疗活动，从而让医学生积累了越来越多的临床经验。没有任何一位医师是脱离了患者而仅靠读书就能成就的。医学的发展也同样是在无数患者身上经历了诸多成功或不成功的尝试，才逐步总结经验最终走向成熟的。因此，医师与患者之间是密不可分的一个整体。

医学生应该感谢配合教学实践的患者给自己提供了学习的机会。为了获得患者的配合，在临床教学实践中，医学生和试用期医学毕业生应做到沟通礼貌有度，动作严谨轻柔，态度严肃认真，表现出对患者的充分尊重与感谢。这不仅仅是人与人之间理应有的尊重，更是医学生对老师——患者应有的尊重。

本案例中，医学生并没有表现出应有的礼貌和尊重，言行过于随意，并未表现出医学生应有的职业素养。这也是当下的医学教育中被忽视的方面。对于一名医学生，职业道德的教育远比医疗技术的培养更重要。必须在医学生的教育阶段就开始重视培养医学人文精神。不应让医学生到了临床实践阶段甚至临床工作阶段后，才在一次次碰壁中反思和醒悟。

（2）临床教学实践中的沟通技巧：很多带教老师都表示，现在患者的权利意识增强了，很难事先获取患者的同意。但实际上，关键还是在于让患者充分感受到尊重，以取得配合。笔者曾经在“临床医事法”的学习中，听授课老师讲过一个日本临床教学实践的案例，给笔者留下了深刻的印象。

在日本一所大学的附属医院，老师对学生说：“同学们，明天我们就要进病房了，回去做一下准备。”于是他的6个学生每个人从自己的生活费里拿出一点钱，一起凑钱买了一只小小的牙膏。牙膏包装得非常精美，里三层、外三层，还打了一个蝴蝶结。第二天，这6个学生带着这只包好的牙膏，在老师的带领下来到患者的床边。老师向患者征求了一下意见：“今天您感觉好些了吗？这6个孩子是我的学生，他们特别希望您能给他们一个机会。如果您愿意，从今天开始，在我的指导下，他们将为您做一些简单的检查和治疗，那么您也将成为这6个未来医师的老师了。”然后，学生们向患者鞠了一个标准的90°度躬，并将牙膏奉上。患者欣然配合。

同样是沟通，尽管言辞不多，此处却取得了良好的效果。因为沟通不仅仅是听你说什么，还要看你怎么做，言行中是否充分表达了尊重和感谢。真正的来自于心中的尊重，从一言一行中都能表现出来。如果心中没有尊重，说得再多也是徒劳无功。

针对临床教学实践的患者，为了取得其紧密配合，医务人员可采取先平等再正强化的沟通方式，以实现正强化的暗示效应。

暗示效应也称作皮格马利翁效应，指在无对抗的条件下，用含蓄和抽象诱导的间接方法对人们的心理和行为产生影响，从而诱导人们按照一定的方式去行动或接受一定的意见，使其思想和行为与暗示者期望的目标相符合。暗示可以来自于自身，也可以来源于外部。在医患沟通中，医务人员可以通过暗示来间接对患者的心理和行为产生影响，从而促使其接受或服从，达到所期望的目标。正强化与负强化均属于暗示效应。

人与人之间本身就是平等的，医师与患者之间也是如此。医学生进行临床实践，也是为了在将来更好地为患者服务。带教老师通过尽心、平等的沟通，让患者充分理解并取得其配合，从而使医学生得到最好的培养。患者做好配合示教的工作，既是造福自己，也是造福自己的后代。因此，若患者能够充分理解学生实践的意义，即使不必进行正强化，通常也会积极配合带教实践工作的。

因此，在临床带教实践中，要想取得患者的配合，必须以礼节与尊重为前提。只有患者在心理上认可了，才能积极主动、心甘情愿地参与示教。

关于在接诊过程中接听电话的思考

樊　荣　匡莉萍*

一、案例实情

某内科医师正在门诊接诊一位老先生。老先生患有慢性支气管炎和慢性阻塞性肺疾病，说话时喘息严重，还不断地咳嗽，但仍旧喘着粗气，努力地向医师叙述着病情。正在这时，医师的手机响了，是关于私人事务。医师向患者做了一个打断的手势，并立刻起身到诊室窗边接起了电话。寒暄了几句后，医师告知对方自己正在出门诊，便尽快挂断了电话。回到了座位后，医师向患者做了一个继续的手势。老先生看医师坐定，便喘了几口粗气，忍不住又连续咳了几下，稳了稳呼吸，继续描述病情，但明显比之前说话更着急，也更费力了……

二、问题分析

1．政策法规层面　关于医务人员在诊疗活动中使用通讯工具，国家层面的法律法规并未给予明确规定。仅在 2011 年《医院工作制度与人员岗位职责》中的“手术室管理工作制度”明确规定“任何人员不能将移动通讯工具带入手术间内使用”。北京市卫生局曾于 2002 年发布了《关于加强对医务人员在诊疗工作中使用

*　匡莉萍，北京市第二医院。

通讯工具的管理的通知》（京卫医字［2002］77号）。其中明确规定：

（1）医务人员在门诊或急诊接诊患者时，不准接听和拨打手机。在进行手术操作时，不准携带手机进入门诊和病房手术室。

（2）在重症监护室、抢救室以及大型设备操作室工作的医务人员，工作时间不准使用手机作为通讯工具。

（3）为了保证急诊抢救工作的需要，各级医疗机构应为科主任和医疗业务骨干配备相应的通讯工具，并制订明确的使用要求，以满足医疗工作的需求。

（4）各级医疗机构应在院内的通讯方面采取切实可行的措施，禁止医务人员长时间占用门诊、急诊以及病房的通讯线路拨打或接听私人电话，以保证使院内的通讯线路通畅，医疗工作畅通无阻。

由上可见，北京市卫生局发布的通知，一方面，是明确规定在门诊、急诊接诊或特殊场所中不得接打手机，不得将手机带入手术室，同时不得占用医院通讯线路接打私人电话。另一方面，又要求配备相应的通讯工具，以保证急诊抢救工作的需要。因此，不难看出，北京市卫生局所发通知的本意并不是禁止使用通讯工具，而是在工作中仅可使用通讯工具处理紧急工作事务，禁止处理私人事务，并且防止移动通讯工具影响重要设备的运行。

其实，早在2008年就有媒体报道英国的医院明令禁止医师在医院室内场合使用手机[1]。例如，伦敦皇家布朗普顿医院（Royal Brompton Hospital）的门诊和病房区都有明显的禁止使用手机的标志[2]。医院禁止使用手机主要出于四个方面的原因：第一，看病时，无论医师还是患者使用手机，都会影响情绪，打断诊疗过程。第二，是为了更好地保护患者的隐私。因为现在手机的录音和摄像功能很可能泄露患者的病情等隐私。第三，手机铃声和人们的通话声会带来噪声，影响医师工作和患者休息，还会影响护士识别医疗设备的报警器铃声。第四，尽管对于手机是否会影响仪器医学界还存在争议，但在近距离的情况下，一些仪器的精确性的确会受到干扰。出于以上原因，英国曾一度全面禁止在医院室内场合使用手机。为此，医院给医护人员配备了寻呼机，给病房安装了固定电话。有的医院甚至规定医护人员工作时携带手机会受到纪律处分。但近两年来，医院对手机的管理有所松动。医师们则表示，使用手机将为医师之间以及医患之间的交流提供方便，有利于借助现代移动通讯手段提高工作效率。

2．工作实践层面　从工作实践上看，随着信息时代的发展，移动通信网络以及智能移动终端设备的普及，手机不仅仅是打电话或发短信的工具，而且是在扮演一个诊疗活动智能助手的角色，比如工作日程安排、病例资料检索、拍照资料留存和药品说明书查询等。此外，在门诊中，医师也常常使用手机为接诊患者联系住院事宜、询问检查和用药事宜等。因此，如果要在临床工作中杜绝使用移动通讯工具，用发展的眼光看，难以普遍落实。

而且，作为医务人员，随时应对各种突发事件是其本身的职责之一。当遇到紧急会诊或抢救等呼叫时，医师必须在第一时间接收消息并及时赶往现场。因此，移动通讯工具的配备与使用在紧急情形下是必要的。

3．医德和医风层面　如果医师在接诊过程中接打电话，而不向患者进行必要的解释，这就相当于两人正在谈话时，其中一人突然与和第三人谈话，而把对方搁置在一旁。这会给人缺乏严谨的形象，并让对方感觉不受尊重，从而使信任感降低。尤其是对患者而言，在排队、挂号和候诊等环节，通常他们耗费了大量的时间和精力，期待在就诊过程中能够与医师充分交流。而医师不加解释地接打电话，打断患者且耽搁患者的接诊时间，无疑会与患者的期望值形成一定的心理落差，从而形成医疗投诉与医疗纠纷的隐患。

但如果医师在接打手机时能够做好必要的解释工作，尤其是针对急诊会诊和抢救等紧急情况，实际上大部分患者都是能够接受的。

三、接诊时可接听电话的范围

2011年制定的《医院工作制度与人员岗位职责》中的“会诊制度”规定，急诊会诊时，被邀请的人员必须随请随到。《急危重患者抢救及报告制度》规定，急诊会诊与抢救时要求医务人员随时能够接到邀请信息，并且随时到场进行会诊或参与抢救。尤其是总住院医师，《总住院医师职责》明确规定，应该负责组织并参加本病房疑难、危重患者的会诊、抢救和治疗工作。

因此，医务人员在接诊过程中，遇到上述情况时是可以接打手机的，尤其是总住院医师。

但在工作中只看来电者信息是很难区分来电事由的，往往只能是在接听后才能知晓。例如，显示的是病区来电，但只能在接听后才能知晓是要求急诊会诊，还是其他非紧急事由。为了避免延误急诊会诊或抢救工作，只能针对来电者信息人为地区分私人事务和工作事务，采取选择性接听。因此，北京市卫生局下发的《关于加强对医务人员在诊疗工作中使用通迅工具的管理的通知》中禁止接打手机，同时建议配备相应的通讯工具。目的就是通过对通讯工具的管理，在一定程度上辅助区分私人事务和工作事务。希望有条件的医疗机构能够采取这种方式，以避免引起不必要的医患矛盾。

四、接听电话的方式

虽然医务人员在接诊过程中，遇到特殊事宜时可以接打手机，但并不意味着不需要向患者采取任何解释工作。接诊过程中接打手机时，必须要注意以下事项。

1．接诊过程中接打手机时，应当视情况尽量在接诊患者间隙进行，并应取得下一位就诊患者的许可。比如，对下一位就诊患者说："对不起，老先生，我这里有一个非常要紧的电话，抱歉耽误您两分钟的时间，我会尽快结束。"在获得患者许可后再进行接打。

2．接诊过程中，遇到可能是急诊会诊或抢救的工作电话而需要接打手机时，应当向患者道歉，先征得患者许可后再行接打。

3．接打电话时应尽量言简意赅，快速沟通处理完毕后继续完成接诊工作。如确实因急诊会诊或抢救需要参加的，必须向患者说明情况并道歉。比如向患者说："对不起，老先生，接到急诊（病区）电话，有位患者需要抢救，我必须紧急赶到现场。实在抱歉耽误您一些时间，我知道您也是等待了很久。如果您时间紧，我会联系门诊办公室指引您至其他医师处就诊，或安排其他医师来代替我出诊。如果您愿意等候，我会尽快处理完毕返回。实在抱歉！"

4．在继续接诊时，应该向等候的患者解释并表示歉意。比如向患者说"实在抱歉，刚完成了一个急诊会诊，让您久等了。请您继续"，或"对不起，是病区一个抢救的电话，耽误您时间了。咱们继续"，等等。

道歉的原因是自知自身的行为不妥，而自知不妥是源于对礼节的把握和换位思考。尤其是换位思考，是医患互信互谅的根本要素。只有医师从患者的角度考虑，才会意识到患者就医等候的不易以及就诊被打断的不妥，才会真诚地道歉；也只有患者从医师的角度考虑，才能意识到医师的工作职责所在，才会理解就诊时被打断以及愿意继续等候。因此，换位思考是真诚道歉的关键要素。

在英美国家，不仅仅在打断接诊过程的时候道歉，即使是出现了医疗事故后，也要鼓励医务人员及时、全面地通知患者并为此道歉，并为此制定了《道歉法案》。从20世纪80年代美国马萨诸塞州通过第一个《道歉法案》开始，迄今美国已有至少35个州和华盛顿地区相继制定了《道歉法案》。2006年，加拿大的不列颠哥伦比亚省议会通过了《道歉法案》。近年来，加拿大立法者们还在争取颁布一部《统一道歉法案》，以期适用于全加拿大民事法领域。

目前我国的医患关系日益紧张，有诸多方面的原因，但医患双方缺乏沟通、自省、道歉和谅解，是显而易见的。

在此我们不去分析《道歉法案》中道歉对于责任承担以及证据效力的影响。仅从立法本意上来讲，《道歉法案》是从法律上鼓励人们在做错事后向别人道歉，让道歉行为更多地成为一种社会沟通的方式，让道歉作为一种善意的表达而成为一种习惯。多一点交流，多一分理解，只有这样，才能最终实现人与人之间的和谐。这不正是我们所需要的吗？

参考文献

1. 王亚力．英国医院禁打手机．生命时报，2008-4-29，第4版．
2. 纪双城．英国医院听不到手机声．生命时报，2013-10-18，第5版．

误诊的思维“陷阱”

樊　荣

误诊[1]，即错误的临床诊断。常见的误诊可分为错误诊断、遗漏诊断和延误诊断三种，但均可归入“误诊”中。

谈误诊，首先要明确什么是正确的临床诊断。在《现代汉语词典》中，“诊断”的解释为，在给患者做检查之后判定患者的病症及其发展情况。人民卫生出版社出版的《诊断学（第8版）》，将“诊断”定义为通过问诊采集病史、全面系统地掌握患者的症状，通过查体仔细地了解患者所存在的体征，并进行一些必要的实验室检查以及辅助检查，区分正常生理表现和异常病态征象，然后通过分析思考，提出可能发生的疾病。可见，诊断是医师的主观行为。即使诊断所依据的可能为相对客观的疾病表现和检查结果，但仍然需要医师根据资料进行综合分析判断。因此，出现误诊的原因绝大多数是源于思维的主观过错，仅个别是基于错误的辅助检查结果而导致的后续误诊。

杰诺·古柏曼（Jerome Groopman）医师的《医师如何想》（*How Doctors Think*）一书则是用一个个鲜活的案例将临床工作中医务人员容易进入的陷阱呈现出来。作为从事临床工作的医务人员，在读此书的过程中与作者有着深刻的共鸣，常常能够在书中找到自己的影子。因为虽然中美文化存在不同，但案例中所描述的医师的思维过程却具有极其相似之处。

掩卷而思，笔者把实际工作中遇到的一些案例，结合相关书籍，提炼出了一些关于误诊的思维“陷阱”，供医务界同仁警示与反思。

一、熟视无睹、习焉不察

某地区最近暴发流感，一时间咳嗽和高热的患者就诊量增多。某医师半天内连续接诊了 10 名病毒性感冒或病毒性肺炎的患者。此时一名呼吸深快、发热的患者就诊。尽管听诊时未听到干啰音，白细胞也没有升高，X 线胸片检查也无明显异常，医师一看症状，还是将其诊断为病毒性肺炎，然而最终发现患者为阿司匹林中毒。

医务人员连续接诊某种疾病的患者后，就会产生一定的思维定势，认为下一个具有相同症状的患者也必然为相同的疾病。在接诊过程中，容易遗漏其他并不相符的表现，或者即使发现不相符的表现却选择性地忽略，从而最终导致误诊。

二、顺水推舟、因循坐误

某患者因胆总管下端结石，多年来反复发作急性胆管炎，此次再次由于急性胆管炎住院。在住院期间某个晚上患者再次发作腹痛、高热和寒战，当天夜班医师便“照葫芦画瓢”，参照病历记载，采用了与之前相同的处置方案进行了抗感染和解痉治疗，并且使用了吗啡止痛。但患者的病情持续加重，第二天最终明确诊断为结石梗阻导致的急性胰腺炎发作，并几乎导致患者死亡。

医务人员在诊断和治疗时，习惯于回顾既往史并参考之前的处置方案，认为患者既然通过之前的处置方案得到了救治，则证明之前的处置方案是正确的。但这种思维方式容易使医师失去系统问诊查体、综合评估病情以及整体全面分析的动力，而导致误诊。

三、按图索骥、墨守成规

某患者患有淋巴瘤，2 年前化疗效果良好，近期出现了骨髓增生异常综合征，表现为贫血。白细胞计数为 1.9×10^9/L，血小板计数为 74×10^9/L，血红蛋白为 98g/L。医师根据预后评分系统评估患者为中度危险，采用输血治疗即可，不必行其他支持性治疗。后来上级医师发现患者 1 周前白细胞计数为 3.2×10^9/L，血小板计数为 105×10^9/L，1 周之内指标变化迅速，说明病情急速恶化，遂立即积极治疗，从而使患者避免死于感染或大出血。由此可见，该评分系统仅为某个时刻疾病的评分，而未考虑到疾病的动态变化情况。

医务人员接受现代医学教育，尤其受到循证医学的理念影响，有时会片面地理解循证医学，过于依赖评分表和程序化路径，按照表格和路径进行诊断并制订治疗方案，而缺乏了独立思考能力。当遇到不同的患者个体时，不知变通，忽略了不同患者之间的个体化差异，而容易导致误诊。

四、欲速不达、忙中有失

某个夏季夜间，繁忙的急诊室里患者接连不断，医师应接不暇。有一位醉酒患者在友人的陪同下来院，诉头痛，且对医务人员有言语不敬。医师正忙于接诊其他患者，再加上对于酒后意识障碍的患者感到厌烦，于是未测量血压，便迅速为其开具了头颅 CT 检查。患者在去 CT 检查的途中突发喷射性呕吐，意识丧失。急诊室立即派人到场抢救，最终发现为脑出血，当时收缩压达到了 240mmHg。如果在接诊时医师先为患者测量血压，则很可能就先采取对症处置，或者由医护人员陪伴进行优先检查，从而保障检查途中的患者安全。

在工作节奏较快和工作压力较大的情况下，医务人员在诊疗时可能会由于注重效率而忽视质量安全，更何况醉酒患者的出言不敬会引起医务人员厌恶的情绪。在国家对医疗机构投入不足、医疗机构需要自负盈亏的现状下，追求诊疗量、提高周转率及降低平均住院日等，成为医院关注的重点。在追求速度和效率的同时，接诊的全面性与规范流程受到不同程度的影响。而且越是过多地追求效率，误诊率就越高。因此，在接诊思维中，放在首位的永远应该是规范和安全，其次才能是效率。

五、掉以轻心、麻痹大意

一位采取了妇科开腹手术的患者术后出现腹痛，医师向患者解释说手术部位出现疼痛是很正常的，不痛才不正常，并为其开具了止痛药。次日患者仍旧有腹痛，医师询问后发现患者未排气，便为其进行肛管排气，还请了中医科会诊并进行中药灌肠。之后患者腹痛难忍。医师遂立即请外科急会诊，行立位腹部平片检查，发现存在膈下游离气体，诊断为急性腹膜炎，立即行开腹探查。术中发现腹腔充满肠内容物，在妇科手术区域附近的小肠有一处肠壁破损。正是妇科医师的麻痹大意导致未能及时发现急性腹膜炎，并且中药灌肠的处理进一步加剧了腹膜炎的进展。

医务人员在临床工作中遇到常见的问题时容易使用概率论进行判断，对某些疾病会存在掉以轻心、麻痹大意的思想。例如，由于绝大多数术后疼痛是手术创伤导致的，于是就忽略了其他原因。医务人员对于出现的规律性症状轻易地按照规律性处置方案进行应对，却忽视了非规律性的情况。待出现明显异常时才引起警觉，但往往为时已晚。因此，在诊疗过程中，医师不能仅考虑教科书上所描述的经典表现，还要全面思考并保持警觉。

六、谨小慎微、裹足不前

某患者因“右小腿被重物砸伤半小时”入院。入院一般情况良好，右下肢腘窝下方可见长约 1cm 的伤口，较深，有活动性出血。右小腿肿胀，呈旋外畸形，无压痛，有骨擦感，活动受限。右足背感觉障碍，末梢血运差，未触及足背动脉搏动。X 线检查示右胫腓骨骨折。诊断为右胫腓骨骨折，血管和神经损伤。立即行闭合复位带锁髓内钉内固定术。术后右足背动脉和胫后动脉无血流信号，腘动脉血流通畅。下肢血管彩超示右腘动脉、右胫后动脉上 1/3 显示清楚，血流充盈好，其下及内踝和足背动脉均未探及。术后 3 小时，患肢皮肤温度低，皮肤苍白，但无花斑，末梢血运尚可。予以扩血管药物治疗。次日，右下肢仍肿胀，张力较高，伤口敷料上有新鲜渗血，右足皮肤无苍白，静脉充盈，足趾无自主运动，右小腿肌肉麻痹。血管外科医师会诊后建议继续保守治疗。第 3 日，患者右小腿疼痛且肿胀明显，足背皮肤温度低，发绀。考虑发生了“骨筋膜室综合征”。初诊的骨科医师以及会诊的血管外科医师对于“骨筋膜室综合征”的诊断过于谨慎，在患者出现血管危象时，均按照血管损伤行保守治疗，在延误诊断的同时也延误了手术时机。

医师在诊疗过程中应保持充分的谨慎，但同时也要适度拿捏诊断标准的尺度。如果过松，会导致灵敏度下降，特异度升高；如果过紧，则会导致灵敏度升高，而特异度下降。如果已经出现多项明显具有指向性的症状却仍不诊断，等到符合了全部的诊断指征时才进行诊断，实则构成了诊断的延误。因此，谨慎一旦超过了必要的限度，就可造成漏诊或延误诊断。

七、削足适履、自圆其说

一位厌食患者自 20 岁起讨厌食物，某次饭后自觉胃扭转和胃痛，并有呕吐。首诊家庭医师诊断为胃病，并开具口服药。患者服后无缓解。转诊精神科。精神科诊断为神经性厌食症、饮食失调，为其开具抗抑郁药物。十多年来，患者就诊了内科、内分泌科、骨科、血液科、传染病科和心理科等，共接受过 4 种抗抑郁药物治疗，并 4 次入住精神病院，但均无好转。血液科诊断为营养不良性贫血。内分泌科诊断为维生素 D 和钙缺乏。骨科诊断为重度骨质疏松症。内科最终诊断为肠激惹综合征。这是一种由心理因素导致的消化功能失调。患者体重仅有 37kg，医师要求患者日进食 13 000J 热量的食物。最后一名接诊的医师对疾病进行重新整理，并完善了检查，最终诊断为麸质过敏。患者更换饮食种类后，不适症状即消失。该患者所患的十多年不治的疾病通过 2 周食物的调整便完全恢复了正常。

医务人员在面临一些疑难杂症时，如尚无信心确诊时，有时会勉强寻找到一个相对贴合的诊断。即使该诊断并不能充分解释实际临床表现，但医师往往准备好了一些说辞以自圆其说，突出那些能贴合的内容，弱化那些无法贴合的内容。先在心中说服了自己，然后再试图说服患者。这其实是一种自欺欺人的表现。对于疾病而言，有时承认医学的无能要比宣传医学的万能更加重要。

八、感情投射、扰乱心绪

一名哺乳期妇女来医院就诊，诉自觉乳腺存在一个肿块。巧合的是，接诊的医师也恰处于孕期。该医师认为哺乳期乳腺肿块最常见的原因就是乳腺导管不通畅，通过坚持哺乳或进行按摩就可以促进通畅。如果处理不及时则可以出现乳腺炎。患者考虑是否放弃母乳喂养。而该医师就是母乳喂养的坚定倡导者，她以一个准妈妈的母性口吻劝导患者不用担心，自己进行按摩即可，一定要坚持母乳喂养。半年后，患者再次到医院就诊，原肿块未消除，并且在对侧乳腺也出现了肿块。进行了钼靶X线检查以及穿刺检查，明确诊断为乳腺癌，并且已经出现了对侧转移。在本案例中，医师母性的情感、对母乳喂养的神圣信念导致其在接诊过程中选择性忽视了其他疾病的可能，造成了误诊。

医师也是人，也会有情感。情感有时会左右医师的思维，在疾病的判断中会夹杂情感的影响，便会导致偏颇和片面的思维，选择性倾向或抵触某种决定，从而出现误诊。

九、以貌取人、失之子羽

一名巡山员因近期胸口疼痛就诊。患者常年巡山，身材健壮，体重标准，看起来非常健康。医师检查心、肺后未发现异常，心音甚至比一般年轻人还要有力，心电图也显示一切正常。医师对患者说不必担心，有可能是过度劳累、肌肉拉伤，不太可能是心脏的问题。第二天一早，该患者以急性心肌梗死再次被送至医院。不稳定性心绞痛是心肌梗死发作的预兆，但半数不稳定性心绞痛患者的心电图检查结果是正常的。该医师查体时未发现明显异常，从患者的职业和身体外形判断其罹患心脏病的可能性很低，因而出现了误诊。

一名长跑爱好者因为髋部疼痛而就诊。该患者每天长跑5公里以上。医师考虑属于运动型损伤，便为其开具了止痛药和局部外用药。半年后，患者因在运动中突发骨折就诊，最终诊断为骨肉瘤。初诊医师根据患者为长跑爱好者，未进行拍片检查，就想当然地认为其髋部疼痛为运动损伤，而导致误诊。

患者的外在状态，包括穿着、身体形态、状态、肤色和言行等，可能对医师的诊断有提示作用。部分疾病与外在状态具有相关性。例如，对身高过低的患者要考虑侏儒症，对穿着矿工服的咳嗽患者要考虑硅肺病，对胡言乱语、奇装异服的年轻人要考虑吸毒过量。但同时，外在状态也可能对诊断有扰乱作用，如前述巡山员，因身材健壮，对其诊断时就未考虑心血管系统问题。无论属于哪种情况，医师都应该全面综合分析、谨慎诊断，否则就容易造成误诊。

十、不假思索、信以为真

某患者因“腹泻原因待查”入住某中医院治疗。由于该院缺少纤维结肠镜和病理室，患者遂到另一家医院做检查。内镜检查的结论为直肠息肉，建议行内镜下息肉切除，但直肠黏膜病理检查的结论为黏膜腺癌。之后，患者首次就诊的中医院对其行直肠前切除根治术，术后将标本送检，结论为炎性多发性增生性直肠息肉。后经证实，患者就诊的第二家医院在病理检查过程中，将患者的标本与他人的标本相混淆，做出了错误的病理诊断，因而应承担主要赔偿责任。但患者首次就诊的中医院在第二家医院出具的内镜检查报告与病理报告结论不符的情况下，未重复检查即行手术，其在诊疗中考虑不充分，也是导致误诊和误治的原因。

医务人员在诊疗活动中信息的来源较为广泛，除了通过自身查体获得外，还从患者及家属、辅助检查结果及外院相关资料等渠道获得信息。但对于这些不同来源的信息，不应轻易地就信以为真，而应进行充分的分析思考加以判断，去识别错误与谎言。在实际工作中类似的案例屡见不鲜，例如，某女中学生声称还是处女却被查出怀孕，自称有慢性腹泻长期住院的患者却被发现偷偷自行服用泻药，家属声称一切正常的患者却在洗胃时洗出大量安眠药……当相关资料信息与医师所掌握的信息存在矛盾时，应当引起医师的关注并进行分析核实，而不能轻易放弃思考。

十一、一知半解、交差了事

某患者因左足摔伤就诊，医师接诊后拍左足正、侧位 X 线片，显示左跟骨骨折，骨折线对位和对线良好，便予以石膏外固定。之后患者多次复诊，但医师未进行其他处理。8 个月后，患者因持续疼痛入院手术，发现左足跟骨陈旧性骨折、畸形愈合，遂进行了左足三关节融合术。初诊医师明知道左足跟骨骨折的诊断，却以为仅进行正、侧位拍片就足够了，忽视了轴位拍片和 CT 等检查，盲目地实施石膏固定术，违反了骨科诊疗常规。

医师的能力有高低之分，但底线是法律法规和诊疗常规。如果连基本的诊疗常规都不掌握，则可以认为其能力不足。这样的医师在诊疗中一知半解，却对自身能力骄傲自满，对潜在的风险毫无意识，诊疗时粗糙大意，交差了事。这种思维极易导致误诊结局。

十二、先入为主、一叶障目

某患者因“间断右上腹疼痛 2 个月，伴发热 3 周”入院，1 年前确诊颈部淋巴结结核，经保守治疗后好转。体温 38.9℃，查体腹软，右上腹轻压痛，无反跳痛，墨菲征阴性。腹部超声显示胆囊 8.3cm × 4.1cm，壁厚 0.3cm，壁上可见等回声附着，直径约 0.4cm，肝外胆管上段 1.0cm。血常规白细胞 10.1×10^9/L，中性粒细胞占 79.5%。腹部 CT：右侧胸腔积液，T9 右侧椎弓根骨破坏，局部软组织肿块约 2.5cm，考虑骨转移瘤。诊断：腹痛原因待查，急性胆囊炎，胆囊息肉样病变，冠状动脉粥样硬化性心脏病（简称冠心病），高血压病。予以补液和抗感染治疗。住院期间，某晚患者出现右上腹压痛，略有反跳痛和肌紧张，考虑保守治疗无缓解，不除外胆囊穿孔，予以开腹探查。术中将胆囊完整切除。术后病理：慢性胆囊炎伴胆固醇性息肉。术后患者间断高热寒战，内科会诊完善检查，红细胞沉降率 66mm/h，痰涂片找到抗酸杆菌（++++），胸部 CT：右肺尖纵膈旁型肺癌，伴双侧纵隔淋巴结转移，肺内转移，T9 椎体转移，右肺上叶阻塞性肺炎，双侧胸腔积液。确诊为开放性肺结核。抗结核治疗后，病情好转。医务人员在诊疗过程中，术前体征、B超、CT及术后病理均不支持急性胆囊炎的诊断。但外科医师采用的是先入为主的思维，仅考虑本科相关疾病，从而最终导致误诊。

医师在诊断中，通常是边收集信息边形成诊断，而且通常是先形成一个可能的诊断，再通过资料的补充来修订诊断或者验证之前的诊断。从思维过程来看，医务人员思维中形成的第一个诊断往往会对最终诊断起到关键性的作用，决定着诊断思维的方向，这就是“先入为主”。但如果第一个形成的诊断偏离了正确的方向，靠着后续修订扭转，则会存在一定的困难。“一叶障目，不见泰山。”这样将很难跳出已然形成的思维定势去全面思考问题。

十三、百密一疏、千虑一失

某患儿因在学校体育活动时摔伤，由母亲陪伴就诊。医师接诊后发现其患有脑瘤。导致其摔伤的原因并非体育活动中的疏忽，很有可能是脑瘤压迫所致。医师在认真问诊和查体后在急诊室进行了手术。但术中患儿出血不止，最终在手术台上死亡。术后证实该患儿的父亲为血友病患者。而医师在询问其家族史时，患儿母亲不知道丈夫的家族史，医师也便没有追问，从而出现了漏诊。正是由于漏诊了血友病，导致未充足做好手术准备便贸然进行了手术，造成患者死亡。

医师在诊疗过程中应保持足够的严谨，不能轻易忽视任何一个细节。有时即使医师已经很严谨了，但往往最终导致失败的，正是由于工作中的一个微不足道的细节。在病史采集中，个人史、婚育史和家族史往往得不到充分的重视，但有时决定着决策走向的，反而正是这些容易被忽视的细节。

十四、囫囵吞枣、不求甚解

某患者因右侧臀部肿物就诊。医师查体见肿物大小为2cm×3cm，质硬，无压痛。右髋部正位X线片报告肿物观察不清。1个月后复查，肿物大小为10cm×10cm，局部隆起，边界清楚，轻压痛，有弹性，局部皮肤温度高。对肿物行针吸细胞学诊断，病理报告为脓样物，镜下检查可见多量组织细胞，细胞质呈嗜酸性，部分核大、深染，并见大量中性粒细胞，建议行活组织检查。医师诊断为右臀部脓肿，对其行抗感染治疗，后为其行脓肿切开引流术。1个月后患者因切口不愈合就诊，确诊为恶性黑色素瘤。初诊医师仅看见病理报告脓样物，便凭经验诊断为脓肿而进行抗感染治疗，却对为什么会出现脓样物、为什么脓样物中的细胞不同于常规脓性分泌物等问题不求甚解，甚至在病理报告明确表达建议行活组织检查时仍不予以重视，从而导致误诊的发生。

医务人员在面对诊断困难的疾病时，有时对诊断依据表现得过于敏感。一旦疾病表现或检查结果表现出可供诊断的依据，便急于明确诊断，给予对症治疗，却对该疾病诊断的深层次成因置之不理，不求甚解，从而忽略了病因诊断，而仅关注症状诊断，这样的漏诊结局往往是治标不治本，治表不治里。

十五、盲人瞎马、不识深浅

某女性患者自称在家中查过尿绒毛膜促性腺激素阳性，就诊时要求行人流术。医师接诊后仅进行了超声检查。超声回报“宫内不均质回声”。医师据此直接为患者进行了清宫术。结果术后病理报告未发现绒毛组织，仅为蜕膜样变。随后患者被发现右侧输卵管妊娠，故行右侧输卵管切除术。患者之前曾因左侧输卵管妊娠而行左侧输卵管切除术。目前患者的双侧输卵管均被切除，将来只能通过人工辅助生殖技术受孕了。

在诊疗中医师有时需要胆识。但诊断中所需要的胆识是建立在足够的知识储备和经验积累的基础上的。反之，则会导致冒进和莽撞的不良结局。在对真实情况不了解、不掌握的情况下，贸然采取激进的治疗方案，无异于盲人骑瞎马。在孤注一掷进行抉择的同时，也含有赌博的意味。但是患者的生命健康是由不得医师将其作为赌注的，不知深浅的贸然前行只能导致在错误的道路上越走越远。

十六、因小失大、顾此失彼

某患者因“外伤后 1 小时”就诊。医师查体：右腰背部压痛，右下肢轻度肿胀，血运良好，右髋和右下肢压痛，活动轻度受限。腹部 CT 检查未见明显异常。影像学检查显示：腰椎、骨盆、右髋、右膝和右踝未见明显骨折。予以抬高患肢对症治疗。2 天后，患者的右下肢肿胀有所加重，足背动脉搏动存在，末梢血运良好，给予甘露醇和地塞米松消肿治疗，3 天后右膝关节 MRI 检查示：右侧股骨下段及内侧髁、右侧胫骨平台骨髓水肿，内侧髁可能骨折，右膝后交叉韧带断裂，外侧副韧带断裂，前交叉韧带损伤，右膝关节囊及髌上囊积液，膝关节周边软组织肿胀。拟住院行关节手术。后患者因右下肢肿胀自行转院治疗，确诊为骨筋膜室综合征，并出现了肌肉坏死。随后进行了手术截肢。初诊医师为骨科关节专长医师，仅关注了膝关节的相关问题，准备收入院行关节手术，却忽视了下肢持续肿胀并加剧的症状，最终导致漏诊和延误。

我国医师的培养是专科化的培养路线。越是高水平的医师，其专业的专精程度就越高，其专业的狭窄程度也越高。这种状况容易造成综合性诊疗的难度相对增加。患者所患的疾病通常不会仅为该专科的某种疾病，而是患有多种疾病，需要同时治疗。但有时医师过于专业会导致未能及时发现其他疾病而出现漏诊。

十七、别有用心、唯利是趋

某患者因右下腹痛到医院就诊，医师考虑存在急性阑尾炎的可能，却未立即进行手术，而是采取了一些抗感染保守治疗并进行观察。采用保守治疗后，如果症状好转，则患者可自行离院。如果症状加剧导致穿孔，则立即手术。究其原因，是由于根据医保单病种管理政策要求，对于单纯性阑尾炎的手术治疗，医保仅支付 1300 元，远不足以满足医疗机构的治疗成本和人力成本。每做一台这样的手术，医疗机构就相当于在“赔本”。而按照单病种管理政策，对阑尾炎穿孔就可以不按照单病种付费，而是按照实际发生项目付费。因此，有的医疗机构在处置时倾向于简单地进行抗感染治疗，或等到穿孔时再进行急诊手术。

在当前国家对医疗机构投入不足的背景下，医疗机构为了满足自身生存的需要，必然也需要追逐利益。然而，追逐利益的动机一旦膨胀，便有可能超越公益性的原则。由于医保和物价等政策对医疗机构存在限制，有时医务人员会不得已采取一些应对性的措施。这种应对性措施的背后隐藏着利益动机。希望国家能够逐步加大投入，其他相关部门能够根据实际情况制订合理化政策，引导医疗机构进行合理化诊疗。当然，医务人员首先要从自身做起，以患者为中心，在保证公益性的前提下，优化工作流程，提高工作效率，通过优质、高效的服务维持医院的良好运营。

以上所述均是医师在诊断过程中容易导致误诊的常见思维陷阱，需要医务人员在工作中尽力避免。不过，在诊疗实践中，并非只要存在误诊就一定会判定医疗机构存在过错而承担赔偿责任。

医学是有局限性的，依靠现有的医疗技术无法保证 100% 的准确率。所谓的误诊是有相对性的，对与错之间并不是非黑即白。在临床中，所谓的诊断标准也是对大量数据进行分析研究，人为地划定了一条分割线。这条线的划分本身就存在着相对性。同时，医学也是不断发展的。所谓的误诊和确诊并非随着时间的推移一成不变。例如，人们曾经认为胃溃疡的病因是“无酸无溃疡”。随着研究的深入，目前提出了“无菌无溃疡”。这正是医学发展和进步的表现。所谓的疑难病例也正是在反复误诊的基础上最终确诊的。医学的发展是无止境的，诊断标准的发展也是无止境的。

因此，在评估误诊是否构成医疗过错，是否需要承担赔偿责任时，应考虑医师是否尽到了合理的注意义务，诊断是否符合当时的医疗水平。具体而言，则是需要判定当时的医疗水平对疾病的诊断是否有相应的诊断标准，医师是否具备充分的诊断条件，是否根据诊断标准对患者进行过全面的评估和分析，对于超出标准的诊断是否具有合理性分析，医师对于超出自身诊断能力的疾病是否寻求过相关帮助。在对误诊的过错认定或鉴定上，则应从疾病的诊疗思维出发，由因及果进行正向推断，而不应采用查明真相的调查思维，由果溯因反向判定。

参考文献和注释

1. 本文中的诊断特指临床诊断，实验室诊断中的影像学诊断及心脏电生理诊断等不在本文讨论之列。

病历封存相关法律问题研究

——北京某医院与尹某、李某医疗损害责任纠纷评析

樊 荣 陈 伟 陈 特*

一、基本案情

尹某和李某系夫妻。尹某于2008年11月3日入住北京某医院待产，同年11月5日自然分娩一活体男婴。尹某和李某之子出生后因发热4小时伴间断呻吟于2008年11月6日转入该院儿科治疗，后经治疗抢救无效，于2008年11月6日死亡。北京某医院出具的死亡医学证明书载明：尹某和李某之子的死亡原因为败血症、先天性感染和代谢性酸中毒。根据北京市尸检中心尸体解剖报告书，尹某、李某之子系出生1天的新生儿，因羊水吸入性肺炎和先天性左肺不张导致全身缺氧性损害，引起弥散性血管性凝血、广泛蛛网膜下腔出血和左肝汇管区大片出血，最终导致多器官功能衰竭死亡。

2008年11月6日，孩子死亡后，尹某委托其近亲属要求与该医院封存尹某及其子的全部病历。当晚，尹某的近亲属与该医院工作人员共同封存了41张病历，包括7张儿科病历和34张产科病历。封存口袋上有患方近亲属的签名、该医院工作人员付某

* 陈伟，北京积水潭医院；陈特，北京德恒律师事务所，原北京市高级人民法院法官。

书写的“儿科病历 7 张、产科病历 34 张”字样。封存病历后，尹某和李某想取走封存口袋自行保管。该医院工作人员告知其封存的病历应由医方保管，可以给其复印封存的病历材料。但因当时该医院复印室的工作人员已下班，双方约定次日即 2008 年 11 月 7 日上午再行复印。2008 年 11 月 7 日上午，双方同意并共同拆封了 2008 年 11 月 6 日晚已封存的病历。该医院为尹某一方复印了包括 2008 年 11 月 6 日晚封存的病历及后续形成的病历共 101 张，包括 33 张儿科病历和 68 张产科病历。

2008 年 11 月 7 日下午，患方再次要求封存全部病历。该医院告知患方主观病历不能复印，提出可将主观病历复印件予以封存。双方遂共同封存了尹某及尹某之子的主观病历复印件，包括 6 张儿科病历和 14 张产科病历。

2009 年 5 月，尹某和李某共同将医院起诉至北京市朝阳区人民法院（以下称“朝阳区法院”），称：北京某医院在助产过程中疏于观察，未能及时发现胎儿宫内缺氧、胎便早泄和羊水混浊等情况，未能及时采取相应措施，导致胎儿吸入羊水胎便。从孩子出生直到死亡，该医院未能作出正确诊断，延误了抢救，最终导致死亡结果的发生。故要求北京某医院赔偿死亡赔偿金 658 060 元，交通费 13 407.8 元，误工费共计 33 008.9 元，医疗费 8 687.79 元，为尸检支出的病理检查费 3500 元及尸检后掩埋尸体支出的托埋费 20 元，营养费 10 000 元，复印费 286 元，代理人刘某在京支出的住宿费 2800 元及精神抚慰金 400 000 元。以上共计 1 129 770.49 元。

北京某医院辩称：尹某于 2008 年 11 月 3 日入我院待产。为防止过期妊娠，经家属同意后，于 2008 年 11 月 4 日行地诺前列酮（普贝生）促子宫颈成熟。后尹某自然临产，多次复查胎心监护均正常。2008 年 11 月 5 日 6：52 自然分娩一男婴，羊水清，体重 3310 克，阿普加评分 1.5、10 分钟均为 10 分。婴儿出生后 22 小时因发热 4 小时伴间断呻吟于 2008 年 11 月 6 日 5：00 入我院儿科治疗。入院诊断为先天性感染、败血症、低血糖症、酸碱平衡紊乱和足月适龄儿，并予对症治疗。出生后 27 小时，于呼吸机下突发青紫，心音低钝，予气囊加压给氧。出生后 29 小时再次出现血氧下降，即予肾上腺素强心、多巴胺及心外按压等抗休克及抗心力衰竭治疗。虽经积极抢救，但无明显好转。出生后 32 小时，家属放弃抢救，尹某和李某之子死亡。死亡诊断为枫糖尿病及酸中毒。我院为尹某及其子的诊疗过程符合诊疗规范，不存在过错行为。尹某和李某之子死亡系自身严重遗传代谢病所致，与我院诊疗行为无关，故不同意尹某和李某的诉讼请求。

在朝阳区法院审理的过程中，尹某和李某称北京某医院 11 月 7 日上午给其复印的病历与 2008 年 11 月 6 日晚封存的病历数量不一致。经清点，北京某医院给其复印了 101 张病历，包括 33 张儿科病历和 68 张产科病历。经询问，北京某医院称 2008 年 11 月 7 日为尹某一方复印了当时已有的病历，将客观病历复印件交给了尹某一方，主观病历复印件双方共同封存了。诉讼中，北京某医院提交了尹某及其子在该院的住院病历原件及复印件各 1 册。尹某和李某经清点，认为北京某医院向法院提交的病历材料复印件与 2008 年 11 月 7 日给其复印的病历材料数量亦存在差异。此次提交的病历复印件共 144 张，包括儿科病历 48 张、产科病历 96 张。

尹某一方认为，孩子死亡之后不可能再产生病历，即使产生了新的病历材料也无意义，故对病历材料的真实性和完整性持有异议，并表示其仅认可 2008 年 11 月 6 日晚双方共同封存的 7 张儿科病历和 34 张产科病历材料的真实性。

针对尹某和李某的异议，北京某医院称其于 2008 年 11 月 6 日晚与患方共同封存的病历材料仅是部分病历而非全部病历。患方提出封存病历要求时，尹某之子刚刚死亡，尹某本人尚未出院。有些产科病历需留在科室作为参考。尹某及其子的病历材料仍在形成，且其向法庭提交的病历材料复印件中还包括主观病历的复印件。因此，2008 年 11 月 6 日晚封存的病历与 2008 年 11 月 7 日给患方复印的病历以及向法庭提交的病历材料数量不一致，系客观原因所致，并不能以此否认该病历的真实性和完整性。

双方均表示无法区分2008年11月6日晚双方共同封存的病历材料。

经北京某医院申请，朝阳区法院曾委托北京市朝阳区医学会进行医疗事故鉴定，鉴定事项为：①北京某医院提交的全部病历与2008年11月6日双方共同封存的病历（现双方无法区分）、2008年11月7日双方共同封存的主观病历以及2008年11月7日北京某医院为患方提供的病历复印件是否对医疗事故鉴定产生实质性影响，是否对医疗过错及因果关系鉴定产生实质性影响。②北京某医院的医疗行为有无过错。如有过错，与尹某和李某主张的其子死亡的损害后果之间有无因果关系及责任程度。③本病例是否构成医疗事故及医疗事故等级。北京市朝阳区医学会于2010年4月1日函复朝阳区法院，内容为："贵院委托的尹某病例医疗事故技术鉴定，因患方不认可病历的真实性，故我会无法组织此例医疗事故技术鉴定。"

后经尹某和李某申请，双方当事人同意，朝阳区法院委托北京中天司法鉴定中心进行司法鉴定，鉴定事项为前述第一次鉴定委托内容的前两项。北京中天司法鉴定中心于2010年6月17日函复朝阳区法院，内容为："现患方提出'用于鉴定的材料应该是2008年11月6日封存的病历'，对2008年11月7日及以后提供的病历均不认可，同时对2008年11月10日北京大学第一医院（系本案案外人）的检验报告单亦不认可。而目前双方均不能确定2008年11月6日封存病历的内容。鉴于上述情况，贵院委托我中心的鉴定事项无法继续进行，故中止本鉴定。"后经报请北京市高级人民法院摇号，朝阳区法院再次委托北京通达首诚司法鉴定所就上述的前两项内容进行司法鉴定。后因涉及鉴定人需要回避的情形，北京通达首诚司法鉴定所于2011年2月28日出具退卷函，中止对本案的鉴定。

为了查明案件事实，朝阳区法院再次报请北京市高级人民法院摇号，确定由北京华大方瑞物证司法鉴定中心对上述两项内容进行鉴定，并就以下事项进行咨询：①尹某和李某在《关于对北京某医院给患方复印的客观病历与双方共同封存的病历原件及其在法庭上提交的病历（复印件）严重不符情况的说明》（简称《情况说明》）中所述的添加的病历是否存在后续形成的可能，这种做法是否符合诊疗常规及病历书写常规。②北京某医院提交的全部病历与2008年11月6日双方共同封存的病历（现双方无法区分）、2008年11月7日双方共同封存的主观病历、2008年11月7日北京某医院为患方提供的病历复印件是否对医疗过错及因果关系鉴定产生实质性的影响。根据北京华大方瑞物证司法鉴定中心建议，朝阳区法院组织双方就尹某及其子在北京某医院住院费用明细进行质证，双方均认可真实性后，朝阳区法院将该明细移送至北京华大方瑞物证司法鉴定中心。该司法鉴定中心于2012年5月17日函复，内容为："尹某和尹某之子在北京某医院住院费用明细。时间有：2008年11月6日至2008年11月7日、2008年11月3日至2008年11月10日。经与相关病历核对，提示一部分收费明细与医嘱对应，但还有部分病历记载内容为病情，与收费明细不对应，故无法评价。尹某和李某在上述《情况说明》中所述的添加的病历，是指住院病案首页、产时记录单、临产附页、产后护理和医嘱单等，部分与收费明细对应，部分病情内容与收费明细不对应，故无法评价是否存在后续形成的可能及是否符合诊疗常规。综上所述，由于无法评价病历是否存在后续形成的可能，是否完整，是否符合诊疗常规及病历书写常规，无法得出明确结论，故导致司法鉴定难以进行。鉴于此，我中心决定终止鉴定，退回此案"。尹某和李某认可该复函内容，北京某医院不认可复函内容，认为该复函未实现委托目的，对鉴定咨询事项未作出正面回答[1]。

二、审理结果

朝阳区法院经审理认为：尹某、李某主张的损害后果为其子死亡（死亡时间为2008年11月6日），发生在《中华人民共和国侵权责任法》实施前，依据《最高人民法院关于适用〈中华人民共和国侵权责任法〉若干问题的通知》，《中华人民共和国侵权责任法》施行前发生的侵权行为引起的民事纠纷案件，适用当时的法律规定。故本案应适用《中华人民共和国民事诉讼法》及《最高人民法院关于民事诉讼证据的若干规定》等确定举证责任。根据最高人民法院《关于民事诉讼证据的若干规定》第四条第一款第八项，因医疗行为引起的侵权诉讼，由医疗机构就医疗行为与损害结果之间不存在因果关系及不存在医疗过错承担举证责任。故在本案中，北京某医院应对其医疗行为无过错、医疗行为与尹某和李某主张的损害后果之间不存在因果关系，承担举证责任。北京某医院在2008年11月7日拆封病历后，给尹某和李某复印的病历与2008年11月6日晚双方封存的病历材料数量不一致，尹某和李某对此提出异议。如系北京某医院所言，比2008年11月6日多出的那部分病历系尹某和李某之子死亡后形成的，即应在复印后将多出的这部分病历与2008年11月6日收集的病历各自封存，以便在尹某和李某存有质疑的情况下，区分开这两部分病历。由于北京某医院未能采取正确、有效的措施区分开这两部分病历，在诉讼中提交的病历比上述两部分还多，且亦未封存，导致这几部分病历均无法区分，也无法查清首次封存的病历是哪些，进而导致鉴定机构无法进行医疗过错和因果关系的司法鉴定，故举证不能的后果应由作为保管上述病历的北京某医院承担。法院推定北京某医院对尹某和李某之子的医疗行为存在过错，与其子死亡的损害后果之间存在因果关系，北京某医院对尹某和李某损失的合理部分应予全部赔偿。

据此，朝阳区法院于2012年7月判决：北京某医院赔偿尹某和李某医疗费5732元，死亡赔偿金658 060元，交通费1000元，住宿费800元，病理检查费4060元，托埋费20元，复印费286元，精神抚慰金80 000元。以上共计749 958元。

判决后，北京某医院不服，上诉至北京市第二中级人民法院，称：原审判决遗漏重要证据，没有采信案外人北京大学第一医院的尿检报告；判决理由明显错误；我方已积极申请鉴定，不应承担举证不能的法律后果。故请求撤销原判，依法改判。尹某和李某同意维持原判。

二审法院在审理中，曾就本案涉及的尸检报告及案外人北京大学第一医院所作的尿检报告向该院相关医师咨询，并将调查笔录当庭向双方当事人宣读。北京某医院对此予以认可。尹某和李某则认为二审法院咨询应建立在尿检报告为真实的前提下，然而，送检尿样并非当着家属面取得的，其不认可尿样系取自其子，故相关医师的意见不能证实尹某之子的死亡原因系患有致命的遗传性代谢性疾病。

二审法院认为：当事人对自己提出的诉讼请求所依据的事实或者反驳对方诉讼请求所依据的事实有责任提供证据加以证明。没有证据或者证据不足以证明当事人的事实主张的，由负有举证责任的当事人承担不利后果。如一审判决所述，北京某医院应对其医疗行为无过错、医疗行为与尹某和李某主张的损害后果之间不存在因果关系承担举证责任。

本案争议的焦点是北京某医院是否应承担举证不能的法律后果。原审期间，北京某医院没有明确要求仅以北京大学第一医院的尿检报告及双方认可的尸检报告进行司法鉴定。二审法院虽然就专业问题向相关医师进行了咨询，但尹某和李某以尿样取得没有当着患方的面进行为由，否认送检尿样的真实性，其所述有一定的合理性。在此情况下，二审法院认为朝阳区法院认定应由北京某医院承担举证不利的后果，认定其对于尹某和李某主张的损害后果承担全部责任，判令其对于尹某和李某主张的合理损失予以赔偿，并无不当。

在确定了北京某医院的责任后，对于尹某和李某主张的各项经济损失中的合理部分，朝阳区法院审核了尹某和李某提供的相关证据，结合本案实际情况逐一进行了论证，并予以确定，并无不当。

综上所述，北京某医院的上诉理由依据不足，二审法院依照《中华人民共和国民事诉讼法》第一百五十三条第一款第一项之规定，判决：驳回上诉，维持原判。

三、评析意见

这是一起两审法院运用证据规则判决医院败诉的案件。在法院作出判决之前，并非没有考虑到医疗损害责任纠纷案件的特殊性。在本案中，新生儿即尹某和李某之子在出生后不久死亡，可能是由于自身存在某种疾病，也可能是由某医院的医疗行为存在过错导致的，还有可能是多因一果。一审法院为了查明案件事实，先后委托了三家鉴定机构组织进行医疗损害鉴定（不含存在回避情形的一家鉴定机构），均因病历无法区分等原因而无法鉴定。最后法院依据证据规则推定某医院存在过错以及该过错行为与患方的损害后果之间存在因果关系。而导致病历无法区分的原因是由于医院在为患者封存病历过程中的做法不规范。鉴于此，本文拟对病历封存的相关法律问题进行分析。

1．相关概念辨析

（1）病历及病历书写：病历是指医务人员在医疗活动过程中形成的文字、符号、图表、影像和切片等资料的总和，包括门（急）诊病历和住院病历[2]。病历书写是指医务人员通过问诊、查体、辅助检查、诊断、治疗和护理等医疗活动获得有关资料，并进行归纳、分析和整理形成医疗活动记录的行为[3]。

病历具有双重属性，不仅是对医疗行为的详细记录，具有极高的医学价值，同时也是医疗损害赔偿诉讼、医学鉴定的重要证据资料与依据。病历具有极强的专业性，并且由医疗机构单方制作。发生医疗争议后，患方常对病历的真实性和有效性提出质疑，因而病历往往成为医患双方争议的焦点。

病历分为门（急）诊病历与住院病历，根据《病历书写基本规范》（2010年）第十一条规定，门（急）诊病历内容包括门（急）诊病历首页[门（急）诊手册封面]、病历记录、化验单（检验报告）和医学影像检查资料等。第十六条规定，住院病历内容包括住院病案首页、入院记录、病程记录、手术同意书、麻醉同意书、输血治疗知情同意书、特殊检查（特殊治疗）同意书、病危（重）通知书、医嘱单、辅助检查报告单、体温单、医学影像检查资料和病理资料等。

《中华人民共和国侵权责任法》并未将病历资料的全部内容一一列出，而是在第六十一条中规定："医疗机构及其医务人员应当按照规定填写并妥善保管住院志、医嘱单、检验报告、手术及麻醉记录、病理资料、护理记录和医疗费用等病历资料。患者要求查阅、复制前款规定的病历资料的，医疗机构应当提供。"

（2）病历的分类——主、客观病历：《医疗事故处理条例》第十条规定，患者有权复印或者复制其门诊病历、住院志、体温单、医嘱单、化验单（检验报告）、医学影像检查资料、特殊检查同意书、手术同意书、手术及麻醉记录单、病理资料、护理记录以及国务院卫生行政部门规定的其他病历资料。实务中，一般认为，本条规定的病历属于客观病历资料。

《医疗事故处理条例》第十六条规定："发生医疗事故争议时，死亡病例讨论记录、疑难病例讨论记录、上级医师查房记录、会诊意见、病程记录应当在医患双方在场的情况下封存和启封。封存的病历资料可以是复印件，由医疗机构保管。"实务中，一般认为，本条规定的病历属于主观病历资料。

《医疗事故处理条例》的上述规定是《中华人民共和国侵权责

任法》实施以前主、客观病历资料划分的主要依据[4]。

一般认为，客观病历资料是指记录患者的症状、生命体征和病史的病历资料；主观病历资料是指医疗机构的医务人员对病情观察，对病史的了解和掌握进行的综合分析所做的记录[5]。主观病历资料更多地体现了医务人员对患者病情的分析讨论，仁者见仁、智者见智，可能存在并不准确的判断，如果公开可能会引起不必要的纠纷。因而对于主观病历资料应采取封存方法保存，只提供给其他医学专家和司法人员供鉴定、诉讼之用。

在目前的病历管理实践中，医疗机构仍需要区分病历资料的主观与客观部分。对于病历资料的客观部分，可以依据患者要求进行复印并加盖医院复印管理的相关印章；对于病历资料的主观部分，则由医患双方共同封存和启封。当然，也有许多医院允许患者一方复印所有病历[6]。

（3）病历的查阅、复制和封存：《中华人民共和国侵权责任法》第六十一条规定：医疗机构及其医务人员应当按照规定填写并妥善保管住院志、医嘱单、检验报告、手术及麻醉记录、病理资料、护理记录和医疗费用等病历资料。患者要求查阅和复制前款规定的病历资料的，医疗机构应当提供。同时，《医疗事故处理条例》和《医疗机构病历管理规定》也都明确规定了患方的复制及封存病历资料的权利。

病历的封存实际上就是指病历的保全。从诉讼法的意义上说，病历封存属于证据保全的一种。如前所述，《医疗事故处理条例》第十六条和《医疗机构病历管理规定》（2010年）第二十四条至二十六条对此予以专门规定。

2．对本案病历复印和封存过程的梳理　为了便于展开分析，根据本案判决书所揭示的案件事实，将某医院为患者复印和封存病历的过程制成表1。

表 1　病历复印和封存情况一览表

时间	措施	病历数量	儿科病历数量	产科病历数量	病历种类	病历变化	不足之处
11 月 6 日晚上	封存	41 张	7 张	34 张	客观病历	非全部病历为共 41 张	未复印
11 月 7 日上午	拆封、一并复印	101 张	33 张	68 张	客观病历	41 张为已有，60 张为新完成，共 101 张	两部分病历无法区分
11 月 7 日下午	封存	20 张	6 张	14 张	主观病历	主、客观病历共 121 张（101+20）	仅封存主观病历 20 张，未全部封存
庭审时	提交法庭	144 张	48 张	96 张	全部病历	又完成新病历 23 张，共 144 张	引起合理性的怀疑

依据本案案情及上述表格的内容，可以发现该医院对于病历的管理存在以下不足之处。

（1）11 月 6 日晚，新生儿死亡后，其家属要求封存并复印病历，医院工作人员为其封存了当时能够取得的全部客观病历 41 张，因为复印室工作人员下班而没能进行复印。依据当时的《医疗机构病历管理规定》（2002 年版，现已废止），医疗机构应当受理患者或其代理人复印或复制病历资料的申请。而医疗机构以复印室工作人员下班为由未能及时提供复印，从医院管理上来说存在漏洞。并且在病历封存的实践操作中，除了双方在封存件上签字盖章确认外，医疗机构应制作“病历封存记录（笔录）”。对所封存病历的内容进行描述和确认，以防止双方对所封存的病历发生争议时缺乏认定的依据。也就是说，如果此次封存病历时，某医院在其封存记录中对所封存病历的内容进行描述和确认的话，之后即使拆封该部分病历，也不至于与其他病历混同而无法区分。

（2）11 月 7 日上午，患者家属至医疗机构要求复印病历，医疗机构与患者家属拆封了于 6 日晚封存的病历 41 张，并且与后续形成的 60 张病历一起进行了复印，此时共复印病历 101 张。但在复印时未将之前封存病历和后续形成的病历进行区分，造成了最终法庭证据认定的困难。依据当时的《医疗机构病历管理规定》（2002 年）第十七条的规定，复印或者复制的病历资料经申请人核对无误后，医疗机构应当加盖证明印记。案例中 11 月 7 日上午复印的病历包含着两部分内容，不应一次性复印与加盖印记，而应分别进行核对后复印和记录。医疗机构的病历复印记录中应包含复印的简要病历信息。

（3）依据记载，新生儿于 2008 年 11 月 6 日 15 点死亡，依据当时的《病历书写基本规范（试行）》（2002 年版，现已废止），除疑难病例讨论记录与死亡病例讨论记录外，其余病历资料均应在患者死亡 24 小时内完成。而截至患者家属在 11 月 7 日下午再次封存主观病历 20 张之时，该医院共形成主、客观病历 121 张。截至 11 月 7 日 15 点之后，除了疑难病例讨论记录与死亡病例讨论记录外，不应有新添病历内容。但在庭审时，经核对，某医院向法庭提交的所有主客观病历最终是 144 张，超出 11 月 7 日下午封存结束之后的病历总数 23 张。而按照上述规定，在 11 月 7 日下午双方封存病历后，即患者死亡 24 小时后，该医院的病历就不应该再有增加内容。而一般情况下，疑难病例讨论记录与死亡病例讨论记录（儿科）不应有 9 张之多[7]。以上这些均造成了患者针对病历真实性和完整性的质疑。

综上所述，在本案中，由于该医院无法区分不同时间封存和复印的病历内容，在双方确认病历总数后又增加病历等情形，患方以病历不具有真实性为由抗辩，争议双方对病历的真实性存有异议，则鉴定无法进行，进而无法判断医疗行为与损害后果间的因果关系以及医疗行为是否存在过错。依据当时的法律规定，由于某医院无法证明自身不存在过错，则其对此承担了不利的法律后果。也就是说，在本案中，哪怕该新生儿死亡真的是因为自身疾病发生、发展的结果，哪怕医疗过程中真的无过错，该医院也百口莫辩。

3．对病历封存相关操作实务的几点建议　在实务中，患者一方提出封存病历，无非是想达到固定证据，从而防止医务人员对病历进行恶意修改的目的，此即诉讼法上的“证据保全”。基于前述有关病历封存的法律规定及本案情况，提出如下建议：

（1）封存病历前的准备和技巧：患者一方可以在医疗过程中的任何时候提出封存病历资料的要求，医疗机构及医务人员无权拒绝[8]。但很多尚处于形成过程中的病历（运行中的病历），可能在内容和签字等方面尚未完善，病历的内容还会随着医疗行为的进行不断增加，且上级医务人员有权对于下级医务人员书写的病历进行正常的修改[9]。比如，按照相关规定，抢救记录应由有关医务人员在抢救结束后 6 小时内据实补记[10]，但患者因抢救无效去世后 30 分钟患者家属即提出要求封存病历；再如，病历首页中有若干内容在封存时尚未填写完整。这些情况会导致出现多个版本的病历，从而使患者对病历的真实性等证据效力提出质疑。因此，有必要在封存时即向患者解释清楚相关法律法规的规定及问题出现的原因，在封存笔录中详细记录病历不完整的具体情况、来不及补记抢救记录的说明以及有关文件尚未经上级医师审阅的说明等，并在登记表格或封存袋等处写清封存时间和详细的封存内容，由医患双方在压缝处签字盖章。通过上述封存方式，医患双方可以最大限度地保证封存病历资料的证据效力。同时，医疗机构也证明了病历中尚未完善的部分并不违反相关规定，从而避免不必要的争议。

需要特别指出的是，病历封存应该尽量一次性完成，如果需要分两次以上封存病历，应该独立使用不同的信封或档案袋，以避免出现本案中某医院将病历混同的情形。

此外，当出现较大的医疗争议时，医务人员完全可以主动向患者提出将相关病历进行封存，以保全证据，同时主动排除作为重要书证的病历上所存在的丢失、遭抢夺和涂改等不稳定因素，以更好地维护己方的合法权益。

（2）关于封存病历复印件：医疗机构在患者一方提出封存病历的请求时，应耐心解释封存的目的，引导患者同意封存与原件核对无误的病历复印件，以便院方能够更好地解答患者对诊疗的疑问。当然这种做法是有法规依据的。《医疗机构病历管理规定》（2013 年）第二十四条规定，依法需要封存病历时，应当在医疗机构或者其委托代理人、患者或者其代理人在场的情况下对病历共同进行确认，签封病历复印件。

（3）关于病历封存的操作程序：医患双方进行病历封存时，在程序上应予以规范，以保证封存病历的证据效力。

①参加封存病历的人员，根据《医疗机构病历管理规定》（2013 年）第二十四条的规定，病历封存一般由医患双方共同参加。对此，建议有条件的医疗机构可以邀请第三方参加见证。如果有卫生行政机关的工作人员在场，可以由其作为见证；也可以邀请公证机关进行公证；还可以邀请两位中立的具有完全民事行为能力的公民担任见证人。当然，建议采用第三方见证，并不否认医患双方共同封存的法律效力。

②制作“封存记录（笔录）”：“封存记录（笔录）”是采用文字表述的方式对整个封存过程进行描述，以避免日后双方对封存病历发生争议时，缺乏认定的根据。同理，对病历启封也要制作“启封记录（笔录）”。参加病历封存或者启封的当事人和见证人都要在“封存记录（笔录）”或者“启封记录（笔录）”上签字或者盖章。

（4）封存记录（笔录）及启封记录（笔录）的格式及内容

①封存记录（笔录）的格式及内容：封存笔录（笔录）的内容应包括以下内容，即封存时间、封存地点、封存参加人、具体实施事项、操作实施的方法和步骤、封存期限及启封事项等。此

外，还要有参加封存人员或者其代表的亲笔签名或盖章。封存记录（笔录）一式两份，医患双方各自保存一份。有公证机关参与的，公证机关保存一份。

②启封记录（笔录）的格式及内容：启封笔录（笔录）的格式和内容可以参照封存笔录（笔录）。不同的是，如果没有患方参加，一定要有见证人在场。启封前，要对封存的信封进行描述。启封后，要对从信封中取出的病历进行描述，对于启封的病历的去向、交予何人及有何用途也要做交代[11]。

（5）关于病历封存的期限：关于病历封存的期限，《医疗机构病历管理规定》（2013 年）没有规定。由于封存的病历要单独保管，如果没有封存期限的限制，会导致病历占用空间越来越多。因此，在实际操作中，建议医院在封存记录（笔录）里规定一个期限。这个期限一般应为 1 年，最长不宜超过 2 年。

（6）关于病历启封：建议医疗机构在封存记录（笔录）中明确病历封存到期后如何处理。例如，各方可以约定，如逾期患方不到场，则视为放弃共同启封的权利，医疗机构可在第三方的见证下启封病历并制作启封记录（笔录）。

参考文献和注释

1. 关于本案的具体案情，请参见北京市朝阳区人民法院（2010）朝民初字第 515 号民事判决书及北京市第二中级人民法院（2012）二中民终字第 14456 号民事判决书。
2.《病历书写基本规范》（2010 年）第一条。
3 .《病历书写基本规范》（2010 年）第二条。
4.《医疗机构病历管理规定》（2002 年）第十五条、第十九条，《医疗机构病历管理规定》（2013 年）第十九条、第二十四至二十六条
5. 王胜明 . 中华人民共和国侵权责任法解读. 北京：中国法制出版社，2010. 304.
6. 陈特、陈伟 .《医疗机构病历管理规定（2013 版）》的亮点、适用

难点及初步对策．微信公众号“海坛特哥”．2014-3-7．

7．计算方法为儿科病历 48 张减去 6 张，再减去 33 张。

8．《医疗机构病历管理规定（2013 年版）》第二十六条第二款规定，按照《病历书写基本规范》和《中医病历书写基本规范》要求，病历尚未完成，需要封存病历时，可以对已完成病历先行封存，当医师按照规定完成病历后，再对新完成部分进行封存。

9．《病历书写基本规范》（2010 年）第七条。

10．《病历书写基本规范》（2010 年）第二十二条。

11．陈伟、刘鑫，医院投诉管理工作指南，北京：人民军医出版社，2013：141-142.

患者擅自离院猝死，医疗机构责任浅析与改进建议

樊　荣　匡莉萍　李　涛*

一、案例事实

一名脑出血患者在某医院神经外科住院，病情稳定后由一级护理改为二级护理。某日患者未告知医务人员即擅自离院。医院在患者外出 10 小时后发现其离院，立即联系寻找。后从家属处获知患者在离院 2 小时后突发心肌梗死，经就近医疗机构抢救无效死亡。

经双方沟通得知，患者离院回家后又至其一名友人处，并大量饮酒。疾病发作时，其友人立即拨打了“120”电话，就近送去医院急救。诊断心肌梗死，终因抢救无效死亡。患者家属向医院索要 4 万元赔偿金。最后，医患双方经协商，以医方给予一定安慰性补偿结案。

二、问题浅析

要评判医疗机构是否承担医疗损害责任，就是要根据《中华人民共和国侵权责任法》第五十四条[1]的“三要素”去衡量具体情

* 匡莉萍，北京市第二医院；李涛，河北省邯郸市中心医院。

况，分析是否具备过错、损害结果与因果关系这三个构成条件。

1．关于过错　主要是对医疗机构及其医务人员是否尽到合理的注意义务的考量。患者处于脑出血稳定期，符合《护理分级》[2]与《综合医院分级护理指导原则（试行）》[3]中“病情趋于稳定或未明确诊断前，仍需观察，且自理能力轻度依赖的患者”的二级护理分级标准。依据《综合医院分级护理指导原则（试行）》[4]，对二级护理的患者应每2小时巡视，观察患者病情变化。而本案中，医疗机构在患者外出10小时后才发现其离院。医疗机构也没有及时采取相应的措施，如及时寻找、电话联系寻找、联系其亲属甚至报警寻找等，造成了患者离院后发现与寻找不及时的过错。其行为同样违反了《医院工作制度与人员岗位职责（2011年版）》中的“护理应急管理预案”[5]。因此，可以认为，医疗机构未尽到合理的注意义务，存在过错。

2．关于患者的损害结果　患者突发心肌梗死，经抢救无效最终导致死亡。

3．过错与损害结果之间的关系　两者之间的因果关系是本案的核心问题。若由于医疗机构及其医务人员的过错导致患者死亡，或者增加了患者死亡发生的概率，或减少了避免患者死亡的概率，即可认为医疗机构的过错与患者的损害结果之间具备因果关系。但本案中患者最终由于突发心肌梗死而死亡，即使在院内及时进行了抢救，也不能确保救治成功，然而可以增加救治成功的概率。因此，有专家认为，医疗机构因疏于管理，未尽到注意义务，导致患者在发生心肌梗死时未能像在院内一样得到及时救治，其过错与患者的死亡之间存在一定的因果关系。但仔细分析便会发现，其实不然。

医方的过错是没有及时发现患者离院，而不是及时将患者送返医院。即使医疗机构发现患者离院，也只能通过联系患者本人、家属或相关人员，或者报警请求协助等方式，去劝阻患者外出并劝其及时返院，而不能由医疗机构直接将患者送返医院。在一般情况下，即使患者离院时告知了医务人员，医务人员也只能通过口头劝阻或签署“离院知情承诺书”[6]（也有医疗机构命名为“住院患者外出告知书”）的方式，告知风险，以避免患者离院外出，而无权限制患者的行动自由。医院仅有对擅自离院患者的发现、联络和劝阻的义务。

就分级护理中巡视规定的目的来看，其目的是观察患者的病情变化，而不是核查患者是否在院。固然，只有患者在院，护士在巡视时才能观察病情变化。但在实际工作中，对疾病稳定而不需要在病房采取较多治疗措施的患者，在院期间走出病房在医院区域内散步是非常普遍的现象，尤其是对于那些需要康复锻炼的患者，医师甚至会鼓励患者多走出病房散步活动。因此，当护士发现患者不在病房时，同样很有可能认为患者是在散步或锻炼，而未能及时劝阻或寻找。

反观患者，在入院时医疗机构及其医务人员就向其明确告知了“入院须知”[8]，其中规定不得擅自离院或外宿。院方已经尽到了说明告知义务。患者本人表示理解，并且在入院须知上有患者本人的签字。患者在未告知医务人员的情况下擅自离院，医务人员也就无从知晓，也无法在其离院之前就对其进行口头劝阻或签署离院知情承诺书等劝阻措施。患者的行为本身就违反了入院须知的相应要求，属于不配合医疗机构管理的行为。医疗机构的管理均是为诊疗服务的，因此，此行为属于不配合医疗机构诊疗的行为。

此外，患者的入院诊断为脑出血，病情趋于稳定，刚从一级护理转为二级护理。病情处于恢复期，尚未治愈。因此，在行动和生活中都需要严格注意，需避免情绪激动、饮酒和过度用力等不利于康复的行为，同时也要注意血压等指标情况，防止疾病复发或恶化。这也是治疗的一部分，医院的医务人员都告知过患者。患者在院期间，此类行为可以由护士进行监督。但患者擅自离院后，在发病前曾大量饮酒。劳累与大量饮酒均是心肌梗死的高危因素，同样也是脑出血的高危因素，是患者最终因心肌梗死导致死亡的重要病因。患者疏忽大意的过失行为同样属于不配合医疗机构诊疗。

根据《中华人民共和国侵权责任法》第六十条[7]，在医疗机构已经尽到说明告知义务的情况下，患者或者其近亲属不配合医疗机构进行符合诊疗规范的诊疗，造成患者损害的，医疗机构不承担赔偿责任。患者违反医疗服务合同的约定，造成的不良后果，责任应由患者承担。

三、改进建议

关于患者离院的管理，包含两个方面：入院宣教和护理巡视。

在医疗机构的实际工作实践中，患者入院后，医务人员进行入院须知宣教时，基本上能够做到说明告知到位，并有患者的签字。患者离院之前告知医务人员的，医务人员基本上也均会进行劝阻并签署相应的离院知情承诺书。但在要求护理人员严格按照分级护理的规定按时巡视病区上，各家医院由于多种原因，在执行过程中均存在执行不到位的情况。这也是此类案例中出现问题的根本原因。

针对护理巡视的关键环节进行工作改进，一方面是要落实人力，另一方面要优化管理，还要改进监控方式。对此，特提出以下建议：

1. 增加护理人力资源配置　护理人员短缺是医疗机构的普遍性问题。许多医院的护理人员数量远低于岗位编制数。而且，在护理服务收费上价格远低于其人力成本。医院在考虑成本控制时往往也会相应地压缩护理人员的数量。让有限的护理人员按照分级护理规定去为超量的患者提供优质服务，其服务强度可想而知。因此，加大护理人员配置是严格执行分级护理制度的必要保证。需要多措并举，从根源上扩大护理人员的人才培养，减少护理人员的异常流失。通过开源节流，有效地储备中坚力量。

2．实施护理岗位分类分级管理　根据护理工作量、技术难度、护理风险以及业务能力、职称、工作年限和学历水平等因素，对护理人员实施岗位分类分级管理，实施相应的人员配置、岗位培训和绩效考核，能够有效地提升护理人员的自愿选岗率和工作满意度。护理人员各司其职，实现了能力对应，体现了劳动价值，保证了队伍稳定，同时也提升了护理质量与护理安全。

3．实施科学、合理的弹性排班　在护理人员短缺的情况下，根据科室工作情况，实现弹性排班，以充分利用人力资源，提高护士工作的积极性和主动性，缓解护士工作的压力，从而促进护理质量的整体提高。

4．严格执行护理交接班制度　在交接班过程中，既要交接每一位患者的病情，又要交接每一位患者的在院或离院情况。

5．加强护理工作信息化建设　信息化的发展是有效提升工作效率、提高工作准确性及优化工作流程的重要手段。掌上电脑可作为移动护理工作站，在患者床边方便、快速地完成医嘱处理、核对和记录等工作步骤，极大地优化工作流程，提高工作质量和工作效率，规避医疗风险，减少间接护理时间。此外，将来还可以通过信息化对住院患者的腕带进行改进，使其不可自行摘除，并且具备全球定位系统（globle positioning system，GPS）定位功能。这样就能方便地对患者的位置信息进行监控。一旦患者离开医院，便能够及时警示患者已离开医院区域并提醒医务人员，从而避免患者擅自离院，同时还可以集成一键呼救的功能。这样，一旦患者在院内出现医疗意外需要急救时，医务人员也能方便地通过定位信息搜寻到患者实施救治。

以上措施均是为了让护士能有更多的时间按照要求去巡视与观察患者，使护士的工作可以更贴近患者，回归护理的本质，保障患者的安全，避免医疗纠纷的发生。

参考文献和注释

1.《中华人民共和国侵权责任法》第五十四条:“患者在诊疗活动中受到损害，医疗机构及其医务人员有过错的，由医疗机构承担赔偿责任。”

2.《护理分级》（WS/T 431-2013）规定:“符合下列情况之一，可确定为二级护理：病情趋于稳定或未明确诊断前，仍需观察，且自理能力轻度依赖的患者；病情稳定，仍需卧床，且自理能力轻度依赖的患者；病情稳定或处于康复期，且自理能力中度依赖的患者。”

3.《综合医院分级护理指导原则（试行）》第十条规定:“具备以下情况之一的患者，可以确定为二级护理：（一）病情稳定，仍需卧床的患者；（二）生活部分自理的患者。”

4.《综合医院分级护理指导原则（试行）》第十五条规定:“对二级护理患者的护理包括以下要点:（一）每 2 小时巡视患者，观察患者病情变化；（二）根据患者病情，测量生命体征；（三）根据医嘱，正确实施治疗、给药措施；（四）根据患者病情，正确实施护理措施和安全措施；（五）提供护理相关的健康指导。”

5.《医院工作制度与人员岗位职责（2011 年版）》中“护理应急管理预案”规定:“6 患者外出（或不归）时的应急程序：6.1 发现患者擅自外出应立即通知病室主管医生及病房护士长。6.2 通知医务处和护理部，夜间通知院总值班及护理部值班。6.3 查找患者联系电话，或通知住院处协助查找家属联系电话。6.4 尽可能查找患者去向，必要时通知保卫处协助寻找患者。6.5 患者返回后立即通知院总值班，由主管医生及护士长按医院有关规定进行处理。6.6 若确属外出不归，需二人共同清理患者用物，贵重物品、钱款应登记并上交领导妥善保存。6.7 认真记录患者外出过程。”

6.《医院工作制度与人员岗位职责（2011 年版）》中的“患者入院须知”规定:“办理住院手续后，服从病房床位安排，患者不得擅自离院或外宿。擅自外出者，按自动出院处理，确有重要原因必须离院者，需签署离院知情承诺书，由此而产生的一切不良后果，责任自负。”

7.《中华人民共和国侵权责任法》第六十条规定：“患者有损害，因下列情形之一的，医疗机构不承担赔偿责任：（一）患者或者其近亲属不配合医疗机构进行符合诊疗规范的诊疗；（二）医务人员在抢救生命垂危的患者等紧急情况下已经尽到合理诊疗义务；（三）限于当时的医疗水平难以诊疗。前款第一项情形中，医疗机构及其医务人员也有过错的，应当承担相应的赔偿责任。”

一个模拟法庭案例引发的多重讨论

樊　荣

本文提供了在2004年中国医院协会医疗法制专业委员会第七届学术年会上，由现场模拟法庭演绎的一个案例。此案例是由若干个真实案例合并而成，力求从不同角度引发与会人员的思考，期望能够促使大家在实际工作中在遇到类似事件时能提早采取合理的应对措施，积极地解决问题。

一、案例事实

王某，男，45岁，小轿车司机，因与大货车相撞受伤，被"120"急救中心送至某医院。

入院诊断：骨盆粉碎性骨折，腹痛原因待查，颅脑外伤。

创伤骨科予以接诊，并请神经外科及普外科会诊。

查体：患者神志清楚，对答正常，体温36.5℃，呼吸20次/分，心率110次/分，血压110/70mmHg。

专科情况：患者头部有10cm皮外伤，颅骨外露；双臀部皮肤有瘀斑，畸形明显，骨盆挤压试验阳性；全腹压痛明显，无明显反跳痛。

值班医师张某（此值班医师已取得医师资格证书，但尚未取得执业医师证书）立即予以对症处理，同时通过电话请示上级医师到场共同抢救患者。因抢救任务繁重，请其他担负急诊任务的病房医师帮助（其中包括一名赵大夫，系由某中医院骨科调入该院骨科的持中医执业证书的医师）进行创伤抢救。

更正诊断：骨盆粉碎性骨折，脾破裂，蛛网膜下腔出血。

患者在抢救过程中逐渐出现意识丧失、呼吸困难，血氧饱和度逐渐下降至90%。急查血气，提示出现呼吸衰竭。由于患者需行气管切开，创伤骨科医师田某联系了耳鼻喉科医师，但耳鼻喉科值班医师恰好也在上急诊手术。考虑到情况较为紧急，该骨科医师（执业范围是外科专业）自行完成了气管切开操作，手术过程顺利。

由于患者存在脾破裂，急需做手术，而本院医师唯恐不能胜任，故急请外院医师廖某（未办理会诊手续）前往本院为患者行脾切除手术，手术过程顺利。术后患者被收入ICU病房。

4日后，患者病情平稳。创伤骨科医师为患者行骨盆骨折复位手术。术中出现大出血。立即予以最积极的抢救，但患者最终经抢救无效死亡。

患者家属对患者的突然死亡不能理解，怀疑最后的骨盆骨折复位手术存在问题，进而对整个医疗过程也产生质疑，要求复印和封存病历。因该医院采用电子病历系统，住院期间只是打印部分病历，仅在出院或死亡时才完整打印纸质病历，医院同意为患者当场打印病历，并将其中的客观部分复印给患者。但患方请来的律师表示只接受目前已经打印出来放在病历夹里的纸质病历，不接受新打印病历，并要求锁定医院的电子病历。医院表示无须锁定，也不知道怎么锁定病历。

1个月后，患方向人民法院起诉并提出赔偿要求。

二、争议焦点

在模拟法庭上，医师资质问题和病历真实有效性问题成为当事人双方争论的焦点。

1．关于医院医务人员的行医资质有无瑕疵的问题，存在以下争议点：

（1）已取得医师资格证书但尚未取得医师执业证书的人员是否能独立行医？是否算作非法行医？

（2）如果他们是在上级医师的指导下工作，上级医师在何种情况下才算是尽到了指导义务？

（3）如何确定中医医师的执业范围？他们是否能在综合医院的非中医科室工作？

（4）外科医师完成气管切开操作算不算超范围执业？

（5）医师到外院参与会诊和手术时，什么情况算是违反了执业地点的规定？

2．医疗机构病历的真实性和合法性问题，具体有：

（1）该医院的病历是否属于具备法律效力的电子病历？

（2）该医院的病历原件是病历的电子文档还是打印文档？

（3）如果原件是打印文档，怎么才算是及时打印？

（4）如果原件是电子文档，如何确认其合法有效？

（5）如何锁定电子病历？

三、讨论意见

1．已取得医师资格证书但尚未取得医师执业证书的人员是否能独立行医？是否算作非法行医？　对于此问题，与会者的意见不一致。

部分与会者支持应算作非法行医，因为《中华人民共和国执业医师法》明确规定，未经医师注册取得执业证书，不得从事医师执业活动[1]。该案例中的医师虽取得医师资格证书，但未取得执业证书，则属于非法行医。

部分与会者反对将其算作非法行医。因为《卫生部关于非法行医有关问题的批复》明确说明了此类情况不属于非法行医[2]。但其执业应该在上级医师的指导下进行。如未在上级医师指导下进行，则根据《卫生部关于取得医师资格但未经执业注册的人员开展医师执业活动有关问题的批复》，应作为行政违规[3]。在实际工作中，虽然一线医师通常是独自在岗，但通常会有值班二线或三线医师在院负责指导工作。一旦遇到紧急情况，一线医师通常会请示上级医师进行指导。因此，不能认定其是独立执业。

支持者对此进行反驳，认为《中华人民共和国执业医师法》作为一部法律，根据1981年《全国人民代表大会常务委员会关于加强法律解释工作的决议》和2000年《中华人民共和国立法法》，凡关于法律或法令条文本身需要进一步明确界限或作补充规定的，由全国人民代表大会常务委员会进行解释或用法令加以规定，而原卫生部无权对法律加以规定。

对此观点，反对者认为，对于“非法行医”，其中包含着三种法律关系。

（1）刑事法律关系：《中华人民共和国刑法》第三百三十六条认为：未取得医师执业资格的人行医为非法行医。2008年《最高人民法院关于审理非法行医刑事案件具体应用法律若干问题的解释》对其限定了五种情况[4]。但对于“未取得医师执业资格”，学术界存在两种观点。一种认为是指未取得医师资格证书，另一种认为是指未取得医师执业证书。从实际上看，医师经过医学教育和实习，通过医师资格考试，取得了医师资格证书，即代表了其具有医师执业的能力。医师执业证书仅是对其执业地点、执业类别和执业范围进行注册，并不影响其执业能力的确定。而《中华人民共和国刑法》作为打击犯罪的法律依据，倾向于打击未取得医师资格证书，不具备执业能力的人，以及在非法执业地点、执业范围所进行的执业活动。

（2）行政法律关系：《中华人民共和国执业医师法》属于行政法。国家卫生计生委作为《中华人民共和国执业医师法》授权的行政主管部门，对其进行的解释应该被认可。对已取得医师资格证书而未取得医师执业证书独立行医的医师，应该被认定为行政违规。

（3）民事法律关系：尽管“非法行医罪”是一个刑事案由，但在个别民事诉讼中，仍有人提出“非法行医”。那么对于民事诉讼中的“非法行医”侵权，则应按照侵权责任的三个构成要件——过错、损害结果和因果关系来进行判定。

会议中，对于常见的几种情况是否应认定“非法行医”，与会者进行了投票。对于无医学教育背景的人独立执业，既无医师资格证书也无医师执业证书却独立执业的，应认定为“非法行医”；对于具有医师资格证书而无医师执业证书独立执业的，绝大多数与会者认为应认定其为“行政违规”；对于既无医师资格证书也无医师执业证书，在上级医师的指导下执业的，大部分与会者认定其为“合法行医”；对于具有医师资格证书而无医师执业证书，在上级医师的指导下执业的，应认定为“合法行医”。

2．如果他们是在上级医师的指导下工作，上级医师在何种情况下才算是尽到了指导义务？ 对于什么情况应认为上级医师尽到了指导义务，目前的法律法规并未给出明确规定。在模拟案例中，值班医师通过电话请示上级医师是否应认定为在上级医师的指导下工作，关键在于实际电话沟通的内容，而这部分证据无从获取，因此也就无法对其进行认定。根据《中华人民共和国执业医师法》，临床助理医师应当在执业医师的指导下，在医疗、预防和保健机构中按照其执业类别执业。根据《卫生部关于取得医师资格但未经执业注册的人员开展医师执业活动有关问题的批复》[3]，在教学医院中实习的本科生、研究生、博士生以及毕业第一年的医学生可以在执业医师的指导下进行临床工作，但不能单独从事医师执业活动。

各家医疗机构对院内上级医师的指导方式规定也有不同。在实际认定是否属于尽到了指导义务时，就要参考医院内部具体的管理规定，但有些医院对此也没有具体规定。

因此，对于医师的指导义务，与会者同样对常见的几种情况进行了投票。对于上级医师在场指导的行为，与会者均认定为属于尽到了指导义务。对于上级医师通过电话指导的行为，与会者的意见分歧较大，均认为此行为存在较大风险，但考虑到很多医院人员紧缺的客观情况，实际工作中，这种情况广泛存在。因此，其中相对多数的与会者认为此行为属于尽到了指导义务。对于上级医师事后审查追认下级医师的行为和上级医师授权认可下级医师的行为，与会者均认定不属于尽到了指导义务。

同样，上级医师在履行指导义务后要对下级医师的医嘱或病历进行审核签字认可。对于病历中的上级医师审核签字是否合法，针对实际工作中的几种常见情况，与会者同样进行了投票。对于下级医师书写的病历即刻审核签字，与会者均认为属于合法合规；对于下级医师书写的病历当天审核签字，与会者存在不同意见，但考虑到上级医师不可能全天一直跟随下级医师，绝大多数认为合法；对于对下级医师书写的病历到出院时一并审核签字，与会者均认为其不合法。

3．如何确定中医医师的执业范围？他们是否可以在综合医院的非中医科室工作？　对于中医医师的执业范围，争论由来已久。此问题涉及中西医理论基础和培养体系的诸多不同，多年来界限较为模糊。类似的问题还有中医医师能否开具西药以及西医医师能否开具中成药或中草药等。

在本模拟案例中，中医骨科专业医师能否开展创伤手术？大多数与会者倾向于允许其开展。少数不同意的与会者认为手术属于西医操作，中医医师没有经过系统的西医医学教育和无菌操作教育，不应参与创伤手术。

而大多数与会者认为，根据《中华人民共和国执业医师法》，医师经注册后，可以在医疗、预防和保健机构中按照注册的执业地点、执业类别和执业范围执业，从事相应的医疗、预防和保健业务。在《医疗机构诊疗科目名录》中，一级科目中中医科包括了18个二级科目。而根据《关于医师执业注册中执业范围的暂行规定》，医师分为临床、口腔、公卫和中医四个类别。临床类别医师的执业范围包括了内科、外科、妇产科和儿科等17个专业。中医类别医师执业范围则包括了中医、中西医结合和蒙医等7个专业。因此，中医专业并没有设定二级专业。因为医疗机构诊疗科目和医师执业范围不对应，也就意味着中医专业医师的执业范围包含了所有二级科目。另外，根据国家中医药管理局办公室、国家卫计委办公厅《关于打击非法行医专项行动中有关中医监督问题的批复》[5]，中医诊疗活动本身就包括了使用药物、技术、器械及手术等方法。在中医的历史发展中，手术也是重要的组成部分。在如今的实际工作中，中医医院开展手术也是被普遍认同的行为。

2014年6月，福建省卫计委出台了《福建省中医、中西医结合医师执业范围暂行规定》[6]，对中医医师执业范围进行了明确，中医、中西医结合医师的执业范围应与所学专业相适应，并按照注册的执业范围及聘用专业在各级各类医疗机构的各临床科室执业，并可在其所从事的专业范围内择优采用中医或西医的诊疗方法，优化临床诊疗方案。类似的已对中医、中西医结合医师执业范围进行明确的省份还有甘肃省、四川省、河南省、山西省和贵州省等。希望国家层面能在此基础上尽早出台相关法规。

4．外科医师完成气管切开操作算不算超范围执业？　对于此问题，少数与会者认为是超范围执业，认为气管切开是耳鼻喉科范围。但绝大多数与会者认为其不属于超范围执业。在中华医学会编著的《临床技术操作规范》系列丛书中，气管切开术包含在《耳鼻咽喉——头颈外科分册》和《急诊医学分册》两本分册中。从临床科室上划分，则应属于耳鼻咽喉科和急诊科。但急诊科是一个由多学科共同组成的综合科室。任何一名急诊科医师都应该掌握气管切开术，其中就包括急诊外科医师。而且，根据《关于医师执业注册中执业范围的暂行规定》，对患者实施紧急医疗救护的，不属于超范围执业[7]。因此，判定患者是否处于紧急情况则是问题的关键。若患者处于紧急情况，则任何经过注册的医师进行气管切开术均不属于超范围执业；若患者不处于紧急情况，则只要由有急诊工作经验或接受过急诊急救培训的医师进行气管切开术均不属于超范围执业。

5．医师到外院参与会诊和手术时，什么情况是违反执业地点的规定？　根据《关于医师执业注册中执业范围的暂行规定》[7]，经医疗、预防和保健机构批准的卫生支农、会诊、进修、学术交流、承担政府交办的任务和卫生行政部门批准的义诊等不属于超范围执业。根据《医师外出会诊管理暂行规定》[8]，邀请会诊的医疗机构需向会诊医疗机构发出书面会诊邀请函。通过电话或者电子邮件等方式提出会诊邀请的，应当及时补办书面手续。

在本模拟案例中，医院通过电话急请外院医师来院做手术，却未办理会诊手续，手术后也未补办书面手续。无论这是医师之间的口头协议，还是医院之间的合作协议，双方协议都不能对抗第三方。对于患者而言，此“会诊手术”行为违反了《医师外出会诊管理暂行规定》，但尚不违反《中华人民共和国执业医师法》。因为患者当时处于紧急情况，如不及时采取脾切除术将危及患者生命，因此，会诊医师的紧急医疗救护行为不属于超范围执业。而且手术过程顺利，患者得到及时救治，没有出现损害结果，也构不成侵权行为。

此案例也提醒医疗机构，在紧急情况下请外院医师急会诊时，要注意及时补办书面手续，以保障双方执业行为的合法性，从而避免不必要的法律风险。

6．该医院的病历是否属于具备法律效力的电子病历？　对于此问题，与会者均认为不属于具备法律效力的电子病历。根据《中华人民共和国电子签名法》第二条、第十四条[9]、《电子病历基本规范（试行）》和《电子病历系统功能规范（试行）》[10]，具有法律效力的电子病历必须要具有可靠的电子签名和可靠的时间戳。不具备以上两者的电子病历系统，如医院常用的医院信息系统（hospital information system，HIS）等，仅是电子化的病历书写工具，不具备法律效力。使用文字处理软件编辑和打印的病历文档，不属于电子病历。

7．该医院的病历原件是电子文档还是打印文档？ 对于非电子病历系统而言，与会者均认为病历原件应为打印病历。因为如果不是可靠的电子签名，即使实时打印依然会存在问题。因为属于电脑操作，任何人都可以进行修改，修改后重新打印并签字，从而无法保证病历的真实性。因此，病历原件仅可以为打印出来并签字的打印病历。打印病历应当按照《病历书写基本规范》[11]的内容录入并及时打印，由相应的医务人员手写签名。

8．如果原件是打印文档，怎么才算是及时打印？ 关于如何判定病历打印的及时性，与会者均认为理论上讲的及时打印就是病历书写完成时即刻打印，打印时间取决于病历完成的时间。其要求依照《病历书写基本规范》和《医疗机构病历管理规定（2013年版）》的具体规定。门（急）诊病历记录应当由接诊医师在患者就诊时及时完成，就诊结束时就应打印病历并交予患者保管。住院病历的完成时间与内容相关，如首次病程记录要求入院8小时内完成，入院记录要求在入院24小时内完成等。因抢救急危患者而未能及时书写病历的，有关医务人员应当在抢救结束后6小时内据实补记，并加以注明。病历完成时应即刻打印并签字。

但在实际工作中，即刻打印病历存在客观困难。一张打印纸反复进出打印机3～4次，卷纸、卡纸和损坏的故障概率会大幅度增加。那么这种打印上存在的实际困难就制约着病历的及时打印，常常造成病程记录的损坏。因此，在实际工作中，医疗机构往往要求临床科室做到当天打印或满页打印，及时审核签字。

有的临床科室不重视病历的及时打印问题，等患者出院时一并打印。这种行为具有较大的法律风险。因为如果一旦患者或患者家属提出封存病历，则病历夹中保存的是不完整的打印病历。患者家属仅认可病历夹中的病历原件，而不认可电脑中尚未打印的全部电子文档。那么医疗机构很可能由于《中华人民共和国侵权责任法》第五十八条[12]而被推定过错。

9．如果原件是电子文档，怎么确认其合法有效？　对此问题，与会者中有关数字认证的专家对具备法律原件证据效力的电子病历构成要件进行了列举：

（1）电子签名和时间戳必须使用经过国家卫计委测试通过的数字证书认证服务机构提供的电子认证服务。

（2）电子签名的内容应当是该签名所负责的所有病历内容，不能仅对索引和编号等做电子签名。

（3）病历中的签名使用电子签名，该电子签名符合《中华人民共和国电子签名法》第十三条[13]所规定的“可靠的电子签名”的标准，并在签名时使用可信时间戳固化签名时间。

（4）在病例中任何需要签名的地方都需要使用可靠的电子签名和可信时间戳，不能仅在出院时批量完成电子签名。

（5）应保留所有电子病历中的修改痕迹，并在电子病历打印、复制或锁定时得到完整展示。

只有具备了以上构成要件，其电子病历才具有证据原件的法律效力，否则，医疗机构就必须打印并签字，以作为证据原件。

10．如何锁定电子病历？　《电子病历基本规范（试行）》第三十二条规定：“发生医疗事故争议时，应当在医患双方在场的情况下锁定电子病历并制作完全相同的纸质版本供封存，封存的纸质病历资料由医疗机构保管。”而原卫生部并未如何对电子病历进行锁定有明确规定。

2014年8月28日，北京市朝阳区人民法院向国家卫计委发出了司法建议函，建议国家卫计委完善《中华人民共和国电子病历基本规范（试行）》，明确电子病历的锁定方式、流程及医疗机构的告知义务等，以减少病历瑕疵及病历异议情况的发生。

本次会议中，与会者也对此存在着多种观点，如取走服务器硬盘进行物理锁定、复制当时数据留档以及给电子病历需锁定的内容增加水印痕迹等。

医疗法制专业委员会对此问题也提出了《电子病历锁定操作方法（立法建议稿）》，供上级卫生计生行政部门参考。

（1）医疗机构已具备将电子病历数据版式化（如PDF版）及电子文件归档的条件，并以电子文件作为病历原件时，采用如下操作方法：

1）定位患方在电子病历系统中的唯一标识号码，并确定锁定范围。

2）如果需锁定的是已归档的电子病历，则由电子病历系统将需锁定的文件组合成一份电子文件；如果需锁定的是未归档的电子文件（包括运行中的病历），则在医院各类信息系统中先将相关的电子病历数据进行版式化后归集到电子病历系统，再将所有文件组合成一份电子文件。

3）对需锁定的电子文件进行防伪和安全处理，包括数字水印处理（内容包括医院名称、操作者名称、操作设备IP地址及锁定时间），并加盖电子签章。

4）可以将电子文件存入存储介质中（光盘或闪存等），并对数据进行写保护处理（由电子认证服务机构提供工具，或者现场支持）。

5）存储介质中的电子文件即为锁定的电子病历数据原件，该介质可以由医疗机构与患方共同封存。封存件由医疗机构保存，以备未来可能需要对电子数据进行司法鉴定。

（2）医疗机构未具备将电子病历数据版式化及电子归档的条件，采用如下操作方法：

1）定位患方在电子病历系统中的唯一标识号码，并确定锁定范围。

2）如果需锁定的是已归档病历，则从电子病历系统中导出相关数据；如果需锁定的是未归档病历（包括运行中的病历），则在医院各类信息系统中分别导出相关数据和相关的操作日志。

3）提取电子病历系统中唯一标识号码对应的电子数据副本，包括电子病历相关的电子签名数据、时间戳数据、原文数据库结构、相关联的数据字典信息和数字证书。

4）对提取的电子数据副本进行完整性校验并生成散列值，确保数据提取的结果与原始电子数据一致的校验（由电子认证服务机构提供工具，或者现场支持）。

5）将提取的电子数据副本存入存储介质中（光盘或闪存等），并对数据进行写保护处理（由电子认证服务机构提供工具，或者现场支持）。

6）提取在存储介质中的电子数据副本即为锁定的电子病历数据原件，该介质可以由医疗机构与患方共同封存，以备未来可能需要对电子数据进行司法鉴定。

参考文献和注释

1.《中华人民共和国执业医师法》第十四条规定："医师经注册后，可以在医疗、预防、保健机构中按照注册的执业地点、执业类别、执业范围执业，从事相应的医疗、预防、保健业务。未经医师注册取得执业证书，不得从事医师执业活动。"

2.《卫生部关于非法行医有关问题的批复》规定，已取得医师资格证书，并具备申请执业医师注册条件的医师，非本人原因导致未获得医师执业证书前，在其受聘的医疗预防保健机构和工作时间内的执业活动不属于非法行医。

3.《卫生部关于取得医师资格但未经执业注册的人员开展医师执业活动有关问题的批复》规定，根据《中华人民共和国执业医师法》第十四条第二款规定，取得医师资格的人员，"未经医师注册取得执业证书，不得从事医师执业活动。"对于取得医师资格但未经医师注册取得执业证书而从事医师执业活动的人员，按照《中华人民共和国执业医师法》第三十九条的规定处理。

4.《最高人民法院关于审理非法行医刑事案件具体应用法律若干问

题的解释》第一条规定，具有下列情形之一的，应认定为刑法第三百三十六条第一款规定的“未取得医师执业资格的人非法行医”：

（1）未取得或者以非法手段取得医师资格从事医疗活动的。

（2）个人未取得“医疗机构执业许可证”开办医疗机构的。

（3）被依法吊销医师执业证书期间从事医疗活动的。

（4）未取得乡村医师执业证书，从事乡村医疗活动的。

（5）家庭接生员实施家庭接生以外的医疗行为的。

5.《国家中医药管理局办公室、国家卫生和计划生育委员会办公厅关于打击非法行医专项行动中有关中医监督问题的批复》规定：“中医诊疗活动是以疾病诊断和治疗为目的，在中医理论指导下通过各种检查，使用药物、技术、器械及手术等方法，对疾病作出判断和消除疾病、缓解病情、减轻痛苦、改善功能、延长生命、帮助患者恢复健康的活动。”

6.《福建省中医、中西医结合医师执业范围暂行规定》规定：“中医、中西医结合医师的执业范围应与所学专业相适应，并按照注册的执业范围及聘用专业在各级各类医疗机构各临床科室执业……

中医、中西医结合医师应以中医诊疗服务为主，合理应用各类医疗技术开展与其专业相适应的诊疗服务。鼓励其以提高临床效果、效率和减少经济费用为目标，在所从事的专业范围内择优运用中医或西医诊疗方法，优化临床诊疗方案。”

7.《关于医师执业注册中执业范围的暂行规定》第五条规定，医师注册后有下列情况之一的，不属于超范围执业：①对患者实施紧急医疗救护的；②临床医师依据《住院医师规范化培训规定》和《全科医师规范化培训试行办法》等，进行临床转科的；③依据国家有关规定，经医疗、预防、保健机构批准的卫生支农、会诊、进修、学术交流、承担政府交办的任务和卫生行政部门批准的义诊等；④省级以上卫生行政部门规定的其他情形。

8.《医师外出会诊管理暂行规定》第五条：“邀请会诊的医疗机构（以

下称邀请医疗机构）拟邀请其他医疗机构（以下称会诊医疗机构）的医师会诊，需向会诊医疗机构发出书面会诊邀请函。内容应当包括拟会诊患者病历摘要、拟邀请医师或者邀请医师的专业及技术职务任职资格、会诊的目的、理由、时间和费用等情况，并加盖邀请医疗机构公章。用电话或者电子邮件等方式提出会诊邀请的，应当及时补办书面手续。”

9.《中华人民共和国电子签名法》第二条：“本法所称电子签名，是指数据电文中以电子形式所含、所附用于识别签名人身份并表明签名人认可其中内容的数据。本法所称数据电文，是指以电子、光学、磁或者类似手段生成、发送、接收或者储存的信息。”

第十四条：“可靠的电子签名与手写签名或者盖章具有同等的法律效力。”

10.《电子病历系统功能规范（试行）》第六条：“电子病历系统应当具有用户授权与认证、使用审计、数据存储与管理、患者隐私保护和字典数据管理等基础功能，保障电子病历数据的安全性、可靠性和可用性。电子病历的管理以建立数据中心为基础，实现信息实时上传和自动备份到医院数据中心和第三方存储中心，在设定一定权限的基础上实现数据资源的共享，并保障数据安全。”

11.《病历书写基本规范》第三十一条规定：“打印病历是指应用字处理软件编辑生成并打印的病历（如 Word 文档、WPS 文档等）。打印病历应当按照本规定的内容录入并及时打印，由相应医务人员手写签名。”

12.《中华人民共和国侵权责任法》第五十八条规定，患者有损害，因下列情形之一的，推定医疗机构有过错：①违反法律、行政法规、规章以及其他有关诊疗规范的规定；②隐匿或者拒绝提供与纠纷有关的病历资料；③伪造、篡改或者销毁病历资料。

13.《中华人民共和国电子签名法》第十三条规定：“电子签名同时符合下列条件的，视为可靠的电子签名：①电子签名制作数据用于电子签名时，属于电子签名人专有；②签署时电子签名制作数据仅由电子签名人控制；③签署后对电子签名的任何改动能够被发现；④签署后对数据电文内容和形式的任何改动能够被发现。当事人也可以选择使用符合其约定的可靠条件的电子签名。

医院停电导致患者死亡事件的责任浅析

——以事件树定性分析法为例

樊 荣

一、案例事实

2014年12月某日早晨，河南省某中医院突然停电。一名靠呼吸机维持生命的77岁老人因断电无法自主呼吸，两个陪床的女儿立即呼喊值班医师。当时值班医师和护士都来到了现场。

老人的一位亲人表示："医护人员给老人做了一次脉搏测试，然后就说停电了，没办法。姐妹俩只好抱着母亲，眼睁睁地看着俺妈被活活憋死了。"直到二十多分钟后医院才恢复供电，那时老人已经不行了。

对此事件，院方解释说："电停得突然，并没有接到电力部门的提前通知。"停电后，医院立即安排电工恢复供电。

事件发生3天后，医院与死者家属已通过协商解决此事。

二、提出问题

1. 通常电力部门会提前向医疗机构通知电力系统的检修和切换。而在本案例中的医院难道事先没有接到通知？

2．医院是否具备双回路供电的条件？为什么遇到突然停电后没有及时更换供电线路，迅速恢复供电？

3．患者家属说直到二十多分钟后医院才恢复供电。正常条件下，医院后勤人员切换电路需要多长时间？

4．如果确实所有的外部电力供应中断，那么为了保障患者安全，医院是否应配备备用电源？

5．对医疗机构管理而言，日常是否有停电应急预案与演练？停电后是否启动应急预案以保障患者的生命安全？

三、责任浅析

对这起事件，后来医患双方已通过调解解决，并且无从获知具体责任归属和赔偿金额。但此类问题涉及多种原因、多个主体及多种责任，有必要进行认真梳理。

1．关于停电后未及时供电，有以下几种可能的原因：

（1）未提前通知停电：我国目前对电网的整体管理较为规范、严格，如需开展例行的维修保养而需要停电的，供电所会提前向有关单位发放通知，以便单位提前做好切换电路的准备，以保障相关设备免受影响。

由于我国电网范围广、布线长且密集度高，出现故障是无法避免的。这种因故障导致的停电情况是无法预知的，更无法提前通知。正因如此，依据《综合医院建设标准》[1]和《民用建筑电气设计规范》[2]（表 1），医疗机构应保证不间断供电，并宜设置自备电源，目的就是应对突发的停电情况。

因此，对于供电部门的停电故障以及未提前通知，医疗机构不需要承担责任。

表 1 《民用建筑电气设计规范》（JGJ 16-2008）常用用电负荷分级表

序号	建筑物名称	用电负荷名称	负荷级别
25	县级以上，二级以上医疗建筑	重要的手术室、重症监护等涉及患者生命安全照明及呼吸机等设备用电	一级（特）
		急诊部的所有病房；监护病房、产房、婴儿室、血液病房的净化室、血液透析室；病理切片分析室、核磁共振室、手术部、介入治疗用 CT 及 X 线机扫描室、高压氧舱、加速器机房、治疗室、血库、配血室的电力照明，以及培养箱、冰箱、恒温箱和其他必须持续供电的精密医疗设备；走道照明；重要手术室的空调，重症呼吸道感染区通风系统用电	一级
		电子显微镜、一般 CT 及 X 线机用电、高级病房、肢体伤残康复病房照明、一般手术室空调、客梯电力	二级

（2）配电室值班人员擅离职守：依据《医院电力系统运行管理》（WS434—2013）中的变配电站（室）安全防护与值班制度[3]，医院配电室值班人员采取的是 24 小时值班制度。工作人员应坚守岗位。在遇到突发停电故障时，应首先判断故障原因，尽快处理故障，恢复供电。

通过检测发现是供电线路停电而非设备故障，并切换线路，这对于配电室工作人员来说不存在不困难。对于熟练的工作人员，此过程仅需 1 ～ 2 分钟，最长耗时也不应超过 5 分钟。除非配电室值班人员当时就不在岗位。《医院电力系统运行管理》要求配电室应根据设备容量合理配置值班人员。为了保证配电室值班人员 24 小时在岗，通常是至少 2 名值班人员共同值班。但在实际工作中，部分医院为了节省人力成本，仅留 1 名值班人员，那就无法做到 24 小时在岗。尤其是部分医院将后勤维修等职能整体外包给第三方公司进行负责。第三方公司出于成本 – 效益考虑，减少人员成本支出更为常见。

若是由于人员擅离职守而导致停电后不能及时恢复供电，医疗机构或第三方公司应对停电导致的损害结果承担相应的责任。

（3）医疗机构的供电不是双电源供电：双回路供电和双电源供电是不同的。

双回路供电是指某一负荷有两条回路，可以分别引自于两个变电站（或配电所），也可以引自于同一区域变电站（或配电所）的不同母线。正常运行时由其中一条回路电源供电。如一条回路发生故障，可立即切换另一条回路以保证不间断供电。但若引自于同一变电站，而变电站出现故障，便会出现停电的情况。

双电源供电是指某一负荷的两个电源来自不同的变电站（或配电所）。两个电源来源不同，相互独立。这样，即使其中一个变电站出现故障，也不会出现停电的情况，依然可以满足一、二级负荷的供电。

对建筑单体来说，两者看起来好像没有什么区别，很多情况下都是两路进线。但双电源比双回路更为可靠，往往用于对不间断供电有较高要求的单位。

虽然《综合医院建设标准》中明确了“综合医院应采用双回路供电”，而不是“双电源供电”，但同样明确了要“保证不间断供电”。“双回路供电”无法像“双电源供电”那样保证不间断供电。

此外，《民用建筑电气设计规范》明确了县级以上、二级以上医疗建筑的负荷级别在一、二级。一级负荷应由两个电源供电。二级负荷才由两回线路供电。也就是说，只要医疗机构含有一级负荷要求所包含的部门，就必须要采取双电源供电，而非双回路供电。

但在实际中，由于供电条件和资金成本等因素，并非所有的医疗机构都采用了双电源供电。这就给医疗机构不间断供电埋下了隐患。一旦变电站或配电所出现故障停电，则医院将面临停电的局面。

因此，若由于医疗机构未按照法规配备双电源供电，对停电造成的损害结果，医疗机构应承担相应的责任。

（4）医疗机构未配备应急电源：虽然《综合医院建设标准》与《民用建筑电气设计规范》中对于医疗机构均注明的是“宜设置自备电源”，并不是必须设置。但《民用建筑电气设计规范》注明，对于一级负荷中的特别重要负荷，应增设应急电源，并严禁将其他负荷接入应急供电系统。其中就包括了重要手术室、重症监护等涉及患者生命安全照明及呼吸机等设备用电，且重要电信机房的交流电源级别与最高等级的用电负荷相同。即医疗机构如有一级负荷中的特别重要负荷，则必须配备应急电源。

同时，根据《重症医学科建设与管理指南（试行）》[4]、《医院洁净手术部建筑技术规范》[5]和《医院电力系统运行管理》[6]等相关规章制度，医疗机构内呼吸机等设备用电、重症医学科、层流洁净手术部和重要电信机房等均应配备不间断电源，其余非层流手术部和消防行业用电设备应配备应急电源[7]。应急电源应保证备用时间不少于90分钟。

在此案例中，医院未按规定为呼吸机设备提供配备应急电源，因而在突发停电后，呼吸机设备无法运行，造成患者损害，医疗机构应承担相应的责任。

当然，为了保证医疗机构安全、合理地用电，医院最好还是要配备快速自动启动的应急发电机组作为自备电源。这样才是持续稳定供电的坚固保障。

2．关于医务人员未采取积极抢救措施　呼吸机并非保障患者呼吸的唯一途径。在停电等紧急情况下，可立即使用简易呼吸器进行辅助呼吸。而且呼吸机的管路接口与简易呼吸器的接口相配套，连接方便、快捷。简易呼吸器的使用是医务人员急救技术的基本技能，是“三基三严”必须掌握的内容之一。

《医院工作制度与人员岗位职责》对此进行了明确要求[8]。《中华人民共和国执业医师法》第二十四条同样规定:“对急危患者,医师应当采取紧急措施进行诊治;不得拒绝急救处置。”《医疗机构管理条例》第三十一条规定:“医疗机构对危重病人应当立即抢救。”《医疗机构管理条例实施细则》第五十七条规定:“医疗机构应当经常对医务人员进行‘基础理论、基本知识、基本技能’的训练与考核,把‘严格要求、严密组织、严谨态度’落实到各项工作中。”

在呼吸机停止工作时,医务人员明知患者如没有有效呼吸将危及生命,却未开展任何救治,导致患者死亡。对此医疗机构应承担相应的责任。

3. 关于参与度的综合分析　在医疗损害事件中,患者的损害结果往往表现出多因一果的特点(表 2)。

表 2　因果关系分析

初始事件	安全措施 1	安全措施 2	安全措施 3	安全措施 4	结果
突发停电	配电室工作人员 24 小时值班	双电源供电切换线路	应急电源启动	医务人员采取紧急救治	

通过事件树分析法(图 1)进行定性分析,医疗机构遇突发停电时,有四项安全措施,分别为配电室工作人员 24 小时值班、对双电源供电及时切换线路、及时启动应急电源以及医务人员采取紧急救治。在这四项措施中,医务人员未及时紧急救治与患者的死亡具有直接的因果关系。而医务人员的积极救治和应急电源的启动与患者的存活具有主要的因果关系。若能为每个安全措施进行概率测算,则可通过计算对最终损害结果发生的环节概率构成(即参与度)进行定量分析。

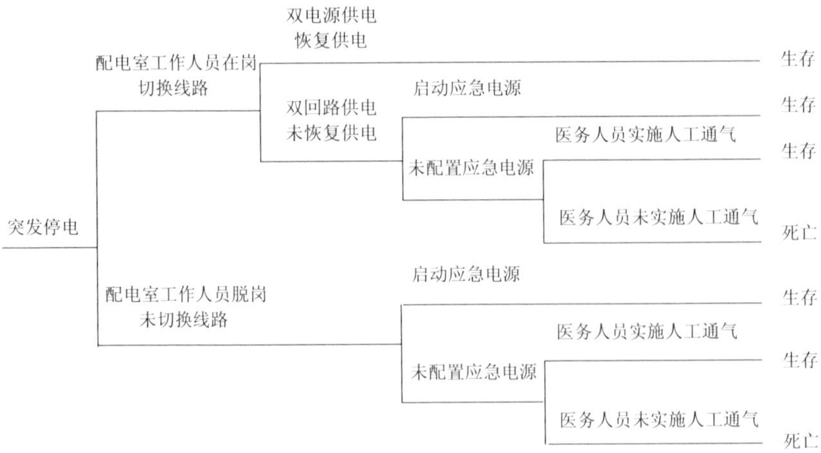

图1　事件树分析图

因此，本事件中，医院突发停电，持续了二十多分钟，依靠呼吸机辅助呼吸的患者无法保证正常的呼吸通气。但即使在停电的状态下，若医务人员采取急救措施以保障患者进行人工呼吸，则患者可无生命危险。而医务人员在接到呼叫后明知危及了患者的生命，却未采取紧急救治，而导致患者死亡。因此，医疗机构及其医务人员未履行紧急救治的注意义务是导致患者死亡的主要原因，而医疗机构未尽到安全保障义务，因停电而导致呼吸机不能正常工作，使患者无法正常呼吸通气是次要原因。

而在停电的次要原因中，医疗机构未配备应急电源是相对主要的，配电室工作人员是否在岗、医疗机构是否采取双电源供电是相对次要的，在计算相应参与度时应综合衡量。

根据《中华人民共和国侵权责任法》第五十四条“患者在诊疗活动中受到损害，医疗机构及其医务人员有过错的，由医疗机构承担赔偿责任”，第五十七条“医务人员在诊疗活动中未尽到与当时的医疗水平相应的诊疗义务，造成患者损害的，医疗机构应当承担赔偿责任”，以及《最高人民法院关于审理人身损害赔偿案件适用法律若干问题的解释》第六条，“从事住宿、餐饮、娱乐等经营活动或者其他社会活动的自然人、法人、其他组织，未尽合理限度范围内的安全保障义务致使他人遭受人身损害，赔偿权利人请求其承担相应赔偿责任的，人民法院应予支持”，医疗机构应根据参与度构成承担相应的赔偿责任。如果配电室是由第三方承包负责管理，其工作人员脱岗，那么第三方公司也应根据其参与度承担相应的责任。

参考文献和注释

1.《综合医院建设标准》第三十九条规定：“综合医院的供电设施应安全可靠，保证不间断供电，并宜设置自备电源。综合医院应采用双回路供电。院区内应采用分回路供电方式。”

2.《民用建筑电气设计规范》（JGJ 16-2008）规定，重要电信机房的交流电源，其负荷级别应与该建筑工程中最高等级的用电负荷相同。一级负荷应由两个电源供电，当一个电源发生故障时，另一个电源不应同时受到损坏。对于一级负荷中的特别重要负荷，应增设应急电源，并严禁将其他负荷接入应急供电系统。二级负荷的供电系统宜由两回线路供电。

   该法规还规定，当符合下列条件之一时，用电单位宜设置自备电源：①一级负荷中含有特别重要负荷；②设置自备电源比从电力系统取得第二电源经济合理或第二电源不能满足一级负荷要求；③所在地区偏僻且远离电力系统，设置自备电源作为主电源经济合理。

3.《医院电力系统运行管理》（WS 434-2013）规定，变配电站（室）安全防护与值班制度应包括以下内容：变配电站（室）应根据设备容量合理配置值班人员，并建立24小时值班制度；值班人员应坚守岗位，值班前或在值班时不得饮酒，在变配电站（室）内不得吸烟。值班人员接到故障报修，应按操作规程立即采取相应处置措施。电力系统设备发生异常或故障时，运行人员应首先判断异常或故障原因，隔离故障设备，调整运行方式；尽快对故障设备进行处理，恢复停电区域供电，并向上级汇报。

4.《重症医学科建设与管理指南（试行）》规定，对于重症医学科基本设备，医疗用电和生活照明用电线路分开。每个床位的电源应该是独立的反馈电路供应。重症医学科应有备用的不间断电力系统和漏电保护装置；每个电路插座都应在主面板上有独立的电路短路器。

5.《医院洁净手术部建筑技术规范》（GB50333-2013）规定，配电线路应符合下列要求：洁净手术部必须保证用电可靠性。当采用双路供电源有困难时，应设置备用电源，并能在1分钟为自动切换。

6.《医院电力系统运行管理》（WS 434-2013）规定，对于医院应急电源，在市电突然中断的情况下，医院应急电源应立即对医院重要负荷供电。应急电源主要包括发电机、不间断电源以及应急电源装置。

7.《民用建筑电气设计规范》（JGJ 16-2008）规定，下列电源可作为应急电源：①供电网络中独立于正常电源的专用馈电线路；②独立于正常电源的发电机组；③蓄电池。

根据允许中断供电的时间，可分别选择下列应急电源：①快速自动启动的应急发电机组，适用于允许中断供电时间为15 ~ 30s的供电；②带有自动投入装置的独立于正常电源的专用馈电线路，适用于允许中断供电时间大于电源切换时间的供电；③不间断电源装置，适用于要求连续供电或允许中断供电时间为毫秒级的供电；④应急电源装置，适用于允许中断供电时间为毫秒级的应急照明供电。

8.《医院工作制度与人员岗位职责》（2011年版）制定了停电和突然停电的应急程序：①通知停电后，立即做好停电准备，备好应急灯、手电等，如有抢救患者使用电动力机器时，需找替代的方法；②突然停电后，立即寻找抢救患者机器运转的动力方法，维持抢救工作，并开启应急灯照明等；③使用呼吸机的患者，应在呼吸机旁备有简易呼吸器及应急电源，以备突然停电；如发生突然停电，立即将呼吸机脱开，使用简易呼吸器维持呼吸；④通过电话与电工组联系，查询停电的原因；⑤加强巡视病房，安抚患者，同时注意防火、防盗。

旧案重提，谈如何做好知情同意

樊　荣

一、案例事实

2007年11月21日16时左右，肖某陪已有9个多月身孕的“妻子”李某到北京某医院就诊。经过3个多小时的抢救，李某处于意识不清状态，但胎儿的父亲肖某始终不同意医院给李某做剖宫产手术，而是在手术单上写道：“坚持用药治疗，坚持不做剖宫产手术，后果自负。”最终不仅导致胎儿死于腹中，而且也使李某失去了抢救的时机，最终因呼吸和循环衰竭，心跳停止，抢救无效死亡。

孕妇李某的父母起诉称，其女儿李某因感冒、畏寒和咳嗽等疾病，在肖某的陪同下到北京某医院呼吸内科门诊就诊。院方在没有采取任何诊断手段和急救措施的情况下，将李某转到妇产科住院，并对其进行剖宫产手术的术前准备工作，后因肖某拒绝在手术同意书上签字，使手术未能进行。而北京某医院没有对李某采取有效的救助措施，最终造成“一尸两命”的惨剧，因此，北京某医院具有不可推卸的责任。故要求北京某医院赔偿其各项损失共计1 334 805元。

北京某医院答辩称，李某于2007年11月21日下午在肖某的陪同下到该院呼吸内科门诊就诊。经过检查发现，李某病情危重，医院妇产科、重症监护病房（intense care unit，ICU）和麻醉科联合对她进行了积极抢救，并请所在区危重症孕产妇抢救小组组长等专家会诊。期间，因考虑挽救母儿生命，建议进行剖宫产手术，但因自称是李某丈夫的肖某拒绝而未能进行。北京某医院认为对李某的诊断、治疗和抢救已充分尽到了法定义务，无任何过错，李某的死亡与医院的医疗行为没有因果关系。

2009年1月16日，法院委托中天司法鉴定中心对北京某医院的诊疗行为是否存在过错，以及该过错与李某的死亡后果之间是否存在因果关系进行鉴定。鉴定结果显示："患者李某的死亡主要与其病情危重、病情进展快及综合情况复杂有关。但医方在诊疗过程中存在一定的不足，如动脉血气分析不够及时以及气管插管机械通气相对较晚等。北京某医院对患者李某的诊疗过程存在的不足与患者的死亡之间无明确的因果关系。"

对此鉴定结论，法院在案件审理中曾向鉴定中心再次致函询问，鉴定中心书面回函并进一步明确：李某病情危重而且复杂，属于死亡率极高的患者，这些因素是导致患者最终死亡的主要因素。医院虽然在医疗行为中存在不足，对抢救患者有一定的不利影响，但与患者的最终死亡之间无因果关系。

法院经审理认定，北京某医院的医疗行为与李某的死亡后果之间没有因果关系，不构成侵权，不应当承担赔偿责任。最终，法院一审判决驳回了李某父母的诉讼请求。但北京某医院表示愿意给李某家属提供经济帮助。考虑到本案的实际情况，法院判定北京某医院支付李某父母10万元作为经济补偿。一审判决后，李某的父母向二审法院提起上诉，二审法院经审理维持原判。

二、提出问题

此案例中，医务人员依据其专业知识，明确知道李某及其胎儿有生命危险，急需采取手术治疗。然而，根据法律法规，对患者采取手术时，必须要取得患者的同意。无法取得患者意见的，应取得其家属的同意。然而，其家属肖某从始至终并未正确认知李某的疾病，因此，坚持作出拒绝手术治疗的决定。

那么作为掌握着专业医学知识的医疗机构及其医务人员，在明知患者的家属并未真正理解疾病的情况下拒绝手术，在面临患者知情同意权和生命健康权发生矛盾时，应如何抉择？在危及患者生命的紧急情况下，患者的知情同意权和医师的紧急医疗处置权发生矛盾时，应如何抉择？本文拟就此问题展开浅析。

三、知情同意相关法律法规沿革

1．1994年，《医疗机构管理条例》第三十三条规定："医疗机构施行手术、特殊检查或者特殊治疗时，必须征得患者同意，并应当取得其家属或者关系人同意并签字；无法取得患者意见时，应当取得家属或者关系人同意并签字；无法取得患者意见又无家属或者关系人在场，或者遇到其他特殊情况时，经治医师应当提出医疗处置方案，在取得医疗机构负责人或者被授权负责人员的批准后实施。"

2．1994年，《医疗机构管理条例实施细则》第六十一条规定："医疗机构在诊疗活动中，应当对患者实行保护性医疗措施，并取得患者家属和有关人员的配合。"

第六十二条规定："医疗机构应当尊重患者对自己的病情、诊断、治疗的知情权利。在实施手术、特殊检查、特殊治疗时，应当向患者作必要的解释。因实施保护性医疗措施不宜向患者说明情况的，应当将有关情况通知患者家属。"

3．1999年，《中华人民共和国执业医师法》第二十六条规定："医师应当如实向患者或者其家属介绍病情，但应注意避免对患者产生不利后果。"

4．2002年，《医疗事故处理条例》第十一条规定："在医疗活动中，医疗机构及其医务人员应当将患者的病情、医疗措施、医疗风险等如实告知患者，及时解答其咨询；但是，应当避免对患者产生不利后果。”

5．2010 年，《病历书写基本规范》第十条规定：“对需取得患者书面同意方可进行的医疗活动，应当由患者本人签署知情同意书。患者不具备完全民事行为能力时，应当由其法定代理人签字；患者因病无法签字时，应当由其授权的人员签字；为抢救患者，在法定代理人或被授权人无法及时签字的情况下，可由医疗机构负责人或者授权的负责人签字。

因实施保护性医疗措施不宜向患者说明情况的，应当将有关情况告知患者的近亲属，由患者的近亲属签署知情同意书，并及时记录。患者无近亲属的或者近亲属无法签署同意书的，由患者的法定代理人或者关系人签署同意书。”

6．2010 年，《中华人民共和国侵权责任法》第五十五条规定：“医务人员在诊疗活动中应当向患者说明病情和医疗措施。需要实施手术、特殊检查、特殊治疗的，医务人员应当及时向患者说明医疗风险、替代医疗方案等情况，并取得其书面同意；不宜向患者说明的，应当向患者的近亲属说明，并取得其书面同意。

医务人员未尽到前款义务，造成患者损害的，医疗机构应当承担赔偿责任。”

第五十六条规定：“因抢救生命垂危的患者等紧急情况，不能取得患者或者其近亲属意见的，经医疗机构负责人或者授权的负责人批准，可以立即实施相应的医疗措施。”

第六十条规定：“患者有损害，因下列情形之一的，医疗机构不承担赔偿责任：

（一）患者或者其近亲属不配合医疗机构进行符合诊疗规范的诊疗；

（二）医务人员在抢救生命垂危的患者等紧急情况下已经尽到合理诊疗义务；

（三）限于当时的医疗水平难以诊疗。

前款第一项情形中，医疗机构及其医务人员也有过错的，应当承担相应的赔偿责任。”

四、知情同意浅析

1. 知情同意的主体　对于知情同意的主体，多年来从相关法律法规的变化上看，其主体的倾向性也已在发生变化。由1994年《医疗机构管理条例》中的患者、患者家属或者关系人并重，到1999年《中华人民共和国执业医师法》中的患者或者其家属并列任选，发展到2002年《医疗事故处理条例》中突出患者的主体资格。这样的发展变化体现的是患者对于自身生命健康权和身体权的充分主体地位，避免他人干涉自身真实意思表示，同时也是体现患者主动参与医疗决策的发展方向。

2. 知情的条件　患者知情的条件是医务人员的充分说明。说明义务与注意义务一样，是医务人员在诊疗活动中应尽的法定义务。这一说法从1994年《医疗机构管理条例实施细则》中的“解释”，到1999年《中华人民共和国执业医师法》中的“介绍”，再到2002年《医疗事故处理条例》中的“告知”，最后发展到2010年《中华人民共和国侵权责任法》中的“说明”。这样的演变反映出的是关于医务人员说明义务的要求已不再仅仅是过去的解释告知，而是要求向患者说明。对于“说明”，《现代汉语词典》中的释义为“解释明白”。可见，这是较过去的“解释”提出了更高的要求，不但要向对方解释，还要让对方明白。正如药品中所配备的药品说明书一样，其详细描述的目的就是要让使用者明白，而不仅仅是药品告知书。

（1）说明的方式：医师与患方之间在专业知识层次上存在较大的差距。如果医师使用医学专业术语向患方进行告知，则患方很难理解明白。甚至有些医务人员在履行说明义务时流于形式，仅是简单告知，或仅让其阅读知情同意书所列的内容而不详细说明。在患方没有理解和明白的前提下，实际上讨论同意还是不同意知情同意书并非其真实的意思表示。

在本案例中，虽然医务人员多次进行告知，但肖某始终认为其爱人所患的疾病仅仅是感冒，仅需要输液吃药，而且还在责备医务人员为其爱人脱衣进行产科查体，认为着凉加重了感冒。因此，肖某根本没有明白其爱人所患疾病的危险程度，其所作的拒绝手术意见也并非其真实的意思表示。从他一直央求医务人员输液救治其爱人的行为来看，他并不是故意要让她放弃救治，而是迫切地希望她得到救治，只不过是不同意采取手术的救治方式。

因此，医务人员应当采用利于患方理解的语言进行病情说明。说明时可采取比喻、形容和类比等方式，以便于患方的理解。近年来，有些医务人员根据实践工作经验总结了一系列的医患沟通比喻，在临床实践中取得了良好效果。例如，将外伤颅内出血比喻为西瓜被摔破了，将化疗对正常细胞的损害比喻为对菜地打药的同时杀灭了益虫，将眼底静脉出血比喻为下水管堵塞等。在中国台湾，医疗机构及医务人员还将常见操作或手术的告知拍成了视频短片，形象、直观地让患方进行理解。只要医务人员勤于思考、善于换位，从患者的角度出发，便能将更好地履行说明义务。

（2）说明的内容：依据 1994 年的《医疗机构管理条例实施细则》、1999 年的《中华人民共和国执业医师法》以及 2002 年的《医疗事故处理条例》，医疗机构需向患者解释告知病情、诊断、治疗、医疗风险、临床试验和收费较高的检查治疗。2010 年的《中华人民共和国侵权责任法》将医务人员的说明义务明确要求为向患者说明病情、医疗措施、医疗风险以及替代医疗方案等情况。医患模式已由过去的父权式医疗、建议主导式医疗逐步发展为共同参与式医疗。这种模式的转变充分尊重了患者的知情同意选择权，改变了过去由医师决定诊疗方案或提供诊疗建议，患方只能被动同意的局面，从而将患者生命健康和身体的主导权由医方回归至患方，让患者在充分理解自身病情、医疗措施、医疗风险和替代医疗方案的情况下，自行选择最终的医疗方案。

3．同意的条件　对患方而言，履行同意所需的条件有以下三点：

（1）具有同意的能力：具有同意的能力是指患者具有同意的民事行为能力，有能力理解医务人员所说明的内容。一般来说，具有完全民事行为能力的人被认为是有同意的能力。对限制民事行为能力的人，根据是否能够理解医务人员所说明的内容来判定其是否具有同意的能力。10周岁以上未成年人或不能完全辨认自身行为的精神障碍患者，若能够充分理解自身病情、医疗措施和医疗风险，可视为具有一定的同意能力。而无民事行为能力的人则不具备同意的能力。

（2）充分理解知情同意的内容：如前文所述，患方充分理解知情同意的内容是知情同意有效的必要条件。这就要求医务人员应真实、全面地履行说明义务，运用多种方式使患方充分理解。可通过反向提问的方式来判断患方是否充分理解。如请患方自己叙述病情、医疗措施、医疗风险以及替代医疗方案等内容，并由医师来判断患者是否理解。这样的措施更有利于患者对医疗措施作出客观、合理的预期和判断。

（3）自愿地作出同意：患者作出同意与否的决定时必须是出于自愿。患者作出意思表示时，医师要判断其是否是真正出于自愿。有时患者出于费用、家庭和精神压力等因素作出的决定并不是其真实的意思表示。但医师应尽力发现判断并设法解决其顾虑或寻求帮助。有一个实际案例，有一位患者需要更换股骨头，在听闻进口股骨头的价格后，尽管知道不做手术就再也无法站立，患者仍然签字拒绝手术。医师猜测可能是由于担心费用问题，所以专门联系了国产股骨头公司。患者得知后欣然同意手术，从而避免了后半生不能站立的遗憾。对于相关的经济、家庭和心理问题，还可通过寻求社会工作者、民政和心理医师以帮助解决。最终目的就是要让患者尽量完全在理解自身疾病的基础上进行决定。

4．知情同意的形式　根据相关的法律法规，医疗机构及其医务人员在诊疗活动中应向患者说明病情和医疗措施。这就要求医务人员在实施任何诊疗活动时都应履行说明义务并取得患者的同意。绝大多数诊疗行为都是人为干预病理生理的过程，都有一定的侵袭性，包括抽血、服药和做 X 线检查等。

（1）公示知情同意（一般性知情同意）：患者既然选择了来院就诊，则必然要面临诊疗活动所造成的侵害，但医务人员仍旧要向患者进行说明。通常情况下，在入院须知中，医疗机构应对患者进行常规用药、检查和治疗的一般性告知并让患者签字。此外，医院还对部分内容进行公示，以取得患者的知情同意。

（2）口头知情同意：在诊疗活动中，医务人员在实施具体的诊疗行为时还应对患者进行口头说明，说明患者的病情、诊断、医疗措施和医疗风险等。例如，在护士为患者采血时，会告诉患者在抽血过程中会有疼痛，需要患者配合。采血时患者应保持上臂不动，并在采血后于采血处按压 3 ～ 5 分钟，待无活动出血后再放松。同时，采血侧应避免剧烈活动、负重和感染等，以避免出现局部出血等并发症。

（3）书面知情同意：依据相关法律法规，医疗机构及医务人员在为患者实施手术、特殊检查和特殊治疗时要取得患者的书面同意。书面同意包括但不仅限于以下形式：手术同意书、麻醉同意书、输血治疗知情同意书、特殊检查同意书、特殊治疗同意书、病危（重）通知书、临床试验性检查或治疗同意书、自费项目协议书、其他有可能出现不良后果的诊疗同意书以及医务人员认为有必要签署的其他同意书。患者因病无法签字时，应当由其授权的人员签字。

5．知情同意的替代　当无法取得患者的意见或患者不具备同意的能力时，医疗机构及其医务人员应当取得患者近亲属的同意。这便是知情同意的替代。对于替代者的身份，随着法律法规的发展，其用词由“家属或者关系人”“法定代理人或者关系人”发展到目前的“近亲属”。综合来看，“法定代理人”或者“关系人”较为全面。法定代理人的代理权是根据亲权和监护权而产生的。

依据《中华人民共和国民法通则》及其司法解释，替代同意主要应用于不具备同意能力的人，即无民事行为能力人和不具备同意能力的限制民事行为能力人。其民事活动由其法定代理人代理。对于无民事行为能力人和限制民事行为能力的人来说，监护人是其法定代理人。监护人可以将监护职责部分或者全部委托给他人，但必须以有利于被监护人为限。

监护人的选择范围包含了近亲属及关系密切的其他亲属。《中华人民共和国民法通则》中规定的近亲属包括配偶、父母、子女、兄弟姐妹、祖父母、外祖父母、孙子女和外孙子女。可见，法定代理人的范围要广于近亲属。其所代理的民事法律行为是相同的。在工作实践中，推荐的选择顺序为近亲属、其他法定代理人、其他关系人。而在近亲属中的具体选择顺序，可根据《中华人民共和国民法通则》第十六条和第十七条以及《最高人民法院关于贯彻执行＜中华人民共和国民法通则＞若干问题的意见》第十四条执行。

6. 保护性医疗措施　《医疗机构管理条例实施细则》第六十一条明确要求，医疗机构在诊疗活动中，应当对患者实行保护性医疗措施，并取得患者家属和有关人员的配合。医务人员出于保护性医疗措施的考虑而未向患者履行说明义务的，不承担相应的民事责任。医务人员向患者法定代理人或关系人进行说明并取得同意的，应视为医务人员履行了说明义务。

对于“不宜向患者说明”，是指例如会造成患者悲观、恐惧和心理负担沉重，不利于治疗的情况[1]。但在实践工作中，保护性医疗措施和患者的知情同意权毕竟是相矛盾的。医务人员不能仅靠自身判断就认为隐瞒病情对于患者而言是真正的保护而不是侵害。作为患者，尤其是面对重大疾病时，大多数人都是希望自己能够获知真实病情的。即使将要面临的是死亡，患者也有机会思考与安排处置自己的临终生命。因此，随着传统文化的改变和法律权利的认知，将来还是要推荐逐步保障患者充分的知情同意权。在目前的实践中，医务人员实施保护性医疗措施的，应取得患者近亲属和有关人员的配合，取得其知情同意，并在病历中及时记录。

7．紧急情况下的知情同意　对于经医疗机构负责人批准，对患者采取相应的医疗措施，《中华人民共和国侵权责任法》缩小了《医疗机构管理条例》中关于此情形的适用范围，仅限于抢救生命垂危的患者等紧急情况。

在紧急情况下，医疗机构及其医务人员的诊疗行为依然要进行知情同意。但在当紧急情况下不能取得患者或者其近亲属意见的，医务人员出于紧急救治的法定义务，为了保障患者的生命健康权，应立即为患者实施相应的医疗措施。这是医疗机构及其医务人员的治疗特权。但治疗特权的适用范围不宜过广，应避免滥用治疗特权而造成对患者的知情同意权的侵害。在非紧急情况下，如不能取得患者或者其近亲属的意见，医务人员要尽力通过充分沟通去获取其真实的意思表示，从而采取相应的医疗措施。

对于“紧急情况”的定义，现行的医疗法规和规章的界定为：患者因疾病发作、突然受到外伤及异物侵入体内，身体处于危险或非常痛苦的状态，在临床上表现为急性外伤、脑挫伤、意识丧失、大出血、心绞痛、急性严重中毒、呼吸困难以及各种原因所致的休克等[2]。其紧急性包括时间上的紧急性和事项上的紧急性，即要在较短的时间内进行关乎患者生命的救治措施。

对于“不能取得患者或者其近亲属意见”，主要是指患者不能表达意志，也无近亲属陪伴，又联系不到近亲属的情况，以及患者或近亲属在“重大误解”下拒绝采取医疗措施的情况。

本案中，患者李某当时意识丧失。医院组织多科会诊后认为病情危重，必须立即行剖宫产术。可见，患者当时的情况应属于紧急情况。虽然患者不能表达，但其近亲属肖某明确表示拒绝手术。依据本条款，医务人员就没有采取紧急医疗措施的权利。医务人员明知不立即行剖宫产将危及患者的生命，却因为患者近亲属的拒绝而束手无策，最终导致患者未得到及时救治而死亡。

8．医疗违法阻却事由 《中华人民共和国侵权责任法》第六十条是关于医疗违法阻却事由的内容，其中与知情同意相关的是第一款中的前两项内容。

在第一项中，患者或者其近亲属不配合医疗机构进行符合诊疗规范的诊疗。此项内容要结合第二款来进行解读。如果医疗机构及其医务人员未履行说明义务，造成患者或者其近亲属不能完全理解而不配合规范诊疗，造成患者损害的，医疗机构及其医务人员也需要承担相应的赔偿责任。而如果医疗机构及其医务人员在充分说明的情况下，患者或者其近亲属出于故意或者过失依然不配合进行规范诊疗，造成患者损害的，医疗机构及其医务人员不承担赔偿责任。

在第二项中，医务人员在抢救生命垂危的患者等紧急情况下已经尽到合理诊疗义务。关于“紧急情况”的定义，前文已有叙述。这里的合理诊疗义务包含了四个方面：

（1）对患者伤病的准确诊断。

（2）治疗措施的合理、适当。

（3）谨慎履行说明告知义务。

（4）将紧急救治措施对患者造成的损害控制在合理限度之内。

《中华人民共和国执业医师法》第二十四条规定：“对急危患者，医师应当采取紧急措施及时进行诊治；不得拒绝急救处置。”医师具有对急危患者采取紧急救治的义务。在紧急情况下，医疗机构及其医务人员对患者进行准确诊断后，履行了说明告知义务，为了患者的生命健康权，尽管未能获得患者或者其近亲属的同意，尤其是当其近亲属作出明显违背患者利益的意思表示时，医务人员为患者采取了合理、适当的医疗措施，尽到了合理的注意义务。即使对患者造成了知情同意权的损害甚至合理限度内的医疗损害，医疗机构不承担赔偿责任。

因此，就本案例而言，对于急危患者李某，医务人员出于医师专业知识的判断，已经向其近亲属肖某履行了说明告知义务。但患者近亲属存在重大误解，并作出明显违背患者利益的意思表示。医务人员应视为“不能取得患者或者其近亲属意见”，而对于患者所处的紧急情况，医务人员应根据《中华人民共和国侵权责任法》第五十六条规定，立即进行上报并采取救治措施。

参考文献和注释

1. 王胜明.《中华人民共和国侵权责任法》条文解释与立法背景.北京：人民法院出版社，2010：214-217.
2. 王胜明.《中华人民共和国侵权责任法》条文解释与立法背景.北京：人民法院出版社，2010：258-260.
3. 王胜明.《中华人民共和国侵权责任法》条文解释与立法背景.北京：人民法院出版社，2010：237-241.

将患者输液卡记错名后质疑输液差错案件评析

樊　荣　匡莉萍*

一、案例事实

1. 患者病情摘要　死亡患者王某，男，65岁。家属：小王。关系：父子。

2013年8月9日，患者王某因“无明显诱因出现记忆力下降，多饮、多尿半年，并伴有嗜睡及情感方面的改变”就诊，以“颅内占位性病变”收入某院神经外科病区。经核磁共振和术前常规检查，确定诊断为颅咽管瘤（鞍上，第三脑室）。

诊断情况：2013年8月18日，术前讨论拟行手术切除肿瘤，并提出注意保护下丘脑等重要部位，严密注意并发症的出现。严格执行知情告知并征得家属同意后，于2013年8月19日在全身麻醉下行“经胼胝体入路肿瘤切除术”。术后病理证实为“成釉细胞型颅咽管瘤（WHO I级）”。

术中可见肿瘤突入第三脑室，已达鞍区，与周围组织和神经粘连严重。术后患者神志模糊，一般状态尚可，监测血钠波动在157～167mmol/L。患者曾有缓解，但是始终没有恢复正常，并伴有精神症状。

---

*匡莉萍，北京市第二医院。

2．患者死亡前的诊疗经过

2013 年 8 月 31 日 8 点 15 分，患者呼吸加快，呼吸频率为 25 次 / 分，脉搏 120 次 / 分，血氧饱和度监测显示为 95%。立即请呼吸科会诊并完善心肌酶和电解质等检查。

2013 年 8 月 31 日 9 点 14 分，患者病情无好转。责任护士（有正式执业资质的护师）为患者更换液体。新换液体为 5% 葡萄糖氯化钠，内含奥美拉唑 40mg、胰岛素 8U 和 10% 氯化钾 10ml（该液体为差错输注液体）。

诊疗经过：

2013 年 8 月 31 日 9 时 35 分，该责任护士巡视患者，发现患者突发右上臂紫癜。查血氧饱和度为 85%，随后血氧饱和度下降至 73%。

2013 年 8 月 31 日 9 时 40 分，患者出现呼吸和心跳停止。医师立即组织抢救，行气管插管和心肺复苏，并请麻醉科会诊。

2013 年 8 月 31 日 10 时 32 分，给予呼吸机辅助通气，持续胸外按压，患者的心率及血氧饱和度持续下降。同时，向患者家属交代目前患者病情危重，呼吸和循环衰竭，随时有可能出现呼吸和心脏停搏而导致临床死亡，恢复的可能性不大，预后极差。

3．输液差错发现经过　由于在术前知情告知时患者家属已经充分了解了该手术的高风险和术后死亡率，此时家属主动提出放弃抢救，自动出院，返回老家。10 时 50 分停止抢救，家属带患者出院。

后据患者家属反映，患者在返回当地途中死亡。其家属偶然发现患者携带液体输液卡的名字并不是患者本人，而是另外一位患者“蒋某”。为此家属对患者的死亡原因提出异议。

4．院内讨论结果　院方接到患者家属的投诉后，院领导非常重视，立刻责成科室进行调查，分别组织责任科室和院内专家讨论会。初步结论如下：

（1）按照患者的病情变化判断，患者发生猝死的原因可能为急性肺栓塞所致，也不除外手术后继发的下丘脑功能衰竭。

（2）经查，责任护士确实将26床蒋某的液体错输给了22床死亡患者王某。造成差错的原因为输液时未严格执行查对制度及患者身份确认，未按照规程扫描腕带所致。

（3）不能明确输液差错与患者死亡之间有无因果关系。

5．最终处理结果　院方反复与患者家属沟通，患者家属同意通过医患纠纷人民调解委员会（简称医调委）调解解决。

2013年9月2日，经过医调委工作人员的协调，院方与患者家属沟通并达成一致调解意见。

2013年9月4日9：00，正式签署调解协议，当日11：00履行完法院司法确认程序，并做一次性终结处理。

二、案例评析

医疗损害责任的构成有三个要件：过错、损害结果和因果关系。

就本案而言，护士的责任心不强，疏忽大意，未履行查对制度的护理职责要求[1]，未按照《常用临床护理技术服务规范》[2]进行临床实践操作，其行为构成过错。医务人员未尽到与当时医疗水平相应的诊疗义务。本案例中最终患者死亡。在此案中，判定医疗损害责任最关键的是医务人员的违法行为与患者损害结果之间是否存在因果关系。

本案例中，患者因颅咽管瘤接受了经胼胝体入路肿瘤切除术。术后患者的一般状况尚可，但间断存在高钠血症并伴有精神症状。8月31日，在护士输错液之前的1小时，患者即已出现了呼吸和心率加快，血氧饱和度下降，因而急请呼吸科会诊并完善了相关检查。此疾病早期的发生和发展与输错液的行为不具备时间上的先后顺序，不具备因果关系。

此后，护士错将26床蒋某的液体输给了22床患者。就该患者的病情而言，当时已是术后第 12 天，患者虽然间断存在高钠血症，但一般状况尚可。而且在对高钠血症治疗时，并不禁止钠的摄入。在高渗性失水早期可以给予糖盐溶液先纠正休克，再用低渗溶液降低晶体渗透压，而后再使用等渗溶液补充血容量。当日 22 床患者本应输注的第三瓶液体是 0.9% 100ml 氯化钠注射液，而误输注的液体为 5% 葡萄糖氯化钠，内含奥美拉唑 40mg、胰岛素 8U 和 10% 氯化钾 10ml。这几种药物是神经外科的常规药物。奥美拉唑预防应激性溃疡，葡萄糖加胰岛素以控制血糖，氯化钾则是维持内环境稳定的药物。从溶液载体来看，按此浓度、用法、用量和使用时间，并不足以导致患者突发疾病而致命。

因此，在判定两者的因果关系时，院方认为应充分分析和考量其专业性问题，应申请司法鉴定或进行尸检来判断因果关系。综合患者当时在被输错液之前的早期病情变化以及后续疾病的快速进展，根据疾病特点和转归，医院组织了院内专家进行讨论。专家组最终认为，不能明确输液差错与患者死亡之间有无因果关系，造成患者猝死的原因可能为急性肺栓塞所致，也不除外手术后继发的下丘脑功能衰竭。而患方坚持认为是错误用药导致了患者死亡。患者家属拒绝尸检，客观上造成无法进行鉴定。

虽然从临床医学的观点来说，导致患者猝死的原因更多的是考虑急性肺栓塞或下丘脑功能衰竭，但从法理的角度分析，判断过错医疗行为与损害结果之间的因果关系，既不要求达到充分条件，也不要求满足必要条件，而是要求具备“相当性”。广州市中级人民法院官健认为，是否符合相当性之要求，实质上是“一个可能性的判断过程”。这种“可能性”可以表现为增加了损害发生的概率，也可以表现为减少了损害得以避免的机会。如果把医疗活动中患者发生损害作为一种风险的话，若医方没有过错，则这种损害属于合理风险；若医方之过错可以增加损害发生的概率或者减少损害得以避免的机会，该过错为损害发生添加了不合理之元素，即可认定该过错医疗行为与损害后果之间存在相当因果关系[3]。

就本案而言，如果没有输错液的行为，患者也可能由于急性肺栓塞或下丘脑功能衰竭而死亡。不能明确输错液的行为与患者死亡之间的因果关系，但也同样意味着不能排除为一个高钠血症患者输注500ml 0.9% 氯化钠导致其死亡的可能性，即使这种可能性在临床上看来很低。输错液的行为无疑增加了患者死亡的可能性，为死亡的发生增加了不合理的因素。因此，从法律角度分析，输错液的行为与患者死亡之间存在着相当因果关系。

三、对策和建议

“人非圣贤，孰能无过。”医务人员同样会犯错。但正是因为医务人员特殊的职业属性，所面对的是健康与生命，因此，特殊的职业赋予了医务人员超出一般注意义务的特殊注意义务。日本学者将这种注意义务称为“良父义务”。医务人员在诊疗活动中应时刻像一名“良父”一样对待自己的患者，履行最善的注意义务。但在实际工作中，护士队伍人员数量严重不足，他们的工作负荷重，精神压力大，多是合同制，工资待遇低，工作时间不规律，生物钟紊乱，与医师相比，有时不会受到尊重，每天身处紧张的医患关系的一线，时常遭受患者或家属不良情绪的宣泄，同时还要承担较重的家庭责任。以上诸多因素造成护理队伍人员流动频繁，人员流失率较高。因此，在出现差错的时候，作为医院管理者，应综合分析事件发生的原因，不应简单地将责任直接地归于当事护士处理了事。在这方面，北京大学人民医院医务处赵越处长坚持多年的“见不贤而内自省”的管理思路很值得赞赏。即在发生不良事件或差错后，应着力通过管理优化、流程再造、加强环节质量控制和节点管理来预防此类不良事件的发生。因此，针对查对环节的管理，笔者提出以下建议：

1．加强护理人员的法制教育，强化风险意识，培养慎独精神 让大家从思想上增强责任意识，时刻以法定义务作为行为的底线，将职业要求贯彻在工作中的每一个细节，用心做好。通过法制培训，强化风险意识，主动预防风险的发生，并积极参与管理流程改造，避免环节漏洞。尤其是在独自操作时，更应该严谨，实施自我管理、自我警示和自我质量控制。

2．实施高峰时段弹性排班制度　合理评估工作负荷，针对工作中的高峰时段，优化人力资源配备，采取弹性排班制，通过人员的补充以减轻每个人的相对工作负荷，增加查对的时间，减少错误概率。

3．严格执行查对制度　护士在对患者输液之前，应与患者落实查对制度。同时要采用反向查对，例如，“请问您叫什么名字？”“请问您的住院号是多少？”让患者回答护士的问题来进行核对。这样就避免了单向提问可能存在的没有听清的问题，从而提高查对的准确性。2011 年颁布的《医院工作制度与人员岗位职责》中的“查对制度”要求执行医嘱时严格执行“三查七对”，在输液前、中、后查，核对床号、姓名和服用药的药名、剂量、浓度、时间、用法和有效期。

4．优化输液卡制度，将核对签字前移　将过去输液完成后与患者核对并让患者在输液卡上签字，改变为在进行每一组输液之前即与患者核对身份、药品并签字。这样既落实了每一组输液的查对制度，防范了查对错误的风险，又能够同样保证输液工作的完成时限，提高了护士在独立输液时的诊疗安全系数。

5．规范患者身份识别方式　根据《国际患者安全目标》，对住院患者至少要求使用两种确认患者身份的方法，如患者姓名、身份证号、出生日期、手腕条形码或其他方式。两种确认患者身份的方法不包括患者房间号、床号或特定区域代码。因为后者在实际工作中的核对效力较差，经常由于房间调换而发生改变，在整个住院过程中不具备唯一性。

6．优化输液摆放　在治疗室配液及治疗车摆放等环节中，根据患者的医嘱单，将输液分次分筐放置，并贴好输液标签，以避免操作中的误取误放。通过空间上的相对区分，来降低区分误差。

7．发挥信息化应用优势　简化临床操作流程，将互联网技术应用到临床实际工作中，利用信息化手段来降低人工核对的差错概率。通过信息网络、智能化设备和全程物流追溯来保证临床工作的准确性。例如，在查对中，可使用掌上电脑等类似的便携式电子设备，通过扫描输液卡、输液和患者腕带三者进行方便、快速的查对；在输液过程中，使用重力感应设备，输液快结束时自动发送信息，提早警示护士准备续液，并有充足的时间进行信息核对。此措施可避免护士在接受呼叫后，先至患者床旁查看呼叫原因，核实是否需要续液等流程，同样避免了原流程中需要为患者暂时关闭输液所引起的回血和管路凝集堵塞等风险的概率。这样，不仅提高了工作效率，还提高了工作的准确性。

8．实施定时巡视制度　尤其在高峰时段，应安排一名经验丰富的护理人员进行巡视，查看并核对患者与输液信息，观察在患者输液过程中的管路通畅情况、用药后效果及不良反应情况、局部红肿疼痛等相关情况，以及时避免差错的发生。

参考文献和注释

1．《医院工作制度与人员岗位职责》中的“查对制度”规定，临床科室在以下情况下要进行查对：①开医嘱、处方或进行治疗时，应查对患者姓名、性别、床号、住院号（门诊号）。②执行医嘱时要进行“三查七对”：摆药后查；服药、注射、处置前查；服药、注射处置后查。对床号、姓名和服用药的药名、剂量、浓度、时间、用法、有效期。③清点药品时和使用药品前，要检查质量、标签、有效期和批号，如不符合要求，不得使用。④给药前，注意询问有无过敏史；使用毒、麻、限剧药时要经过反复核对；静脉给药要注意有无变质，瓶口有无松动、裂缝；给多种药物时，要注意配伍禁忌。

2．《常用临床护理技术服务规范》规定，密闭式周围静脉输液技术的工作规范要点为：遵循查对制度，符合无菌技术、标准预防、安全给药原则。

3. 奚晓明. 民事审判指导与参考. 总第58辑. 北京：人民法院出版社，2014：6.

一起患者坠床事件所引发的纠纷浅析

樊 荣 陈兰兰*

一、案例实情

2014年8月，一位70岁患者谢某因“突然晕倒3小时”经急诊以“急性脑梗死”收入某医疗机构。该医疗机构是优质护理的试点医院。主管医师接诊后经过对患者进行病情评估，认为患者存在跌倒和坠床的风险，遂要求患者家属陪住或雇佣与医院签约的护工公司的护理员承担24小时陪护职责。但患者家属拒绝了医师的要求。医务人员让患者签署了风险告知书，并注明由于未配备护理员所导致的风险将由患者及家属自行承担，医疗机构不承担责任。

护工公司护理员的费用是140元/天，但同房间的另一名住院患者自行雇佣了一名保姆照看，费用是70元/天。谢某的家属遂与该保姆商量让其协助照看谢某，最后商议价格为50元/天，并告知了护理人员。

入院后第二天，谢某将身体倚靠在床档处输液。护士发现后提醒该患者，其有眩晕症状，需要坐好以防止坠床。床档是防止患者坠床的，不能倚靠。护士同时嘱咐保姆看护好患者。患者口头上答应，却依然靠着床档。此时保姆到卫生间洗衣服，未在患者的身旁照看。正在此时，床档突然折断，患者也随之跌落在床

* 陈兰兰，北京大学国际医院。

旁。医务人员急查头颅CT，除外头颅外伤。后患者诉腰痛，遂请外科会诊，进行腰椎三维CT重建检查，示L1、L2腰椎右侧横突骨折。

经查该病床已使用了4年，超出产品的2年保修期。查看产品说明书，其中"注意事项"明确注明："不宜倚靠两侧半自动护栏。移动床体时，不要抓住两侧的护栏。"后来医务人员对床档进行了检查，发现当压力负荷较大时，确实有折断情况，考虑是轴承长期使用后损耗所致。

那么，谁应该为患者的坠床承担责任？患者签字拒绝后是否医疗机构就能免责？如何防范患者坠床？医务人员在类似事件中，应如何与患者家属充分沟通，使其配合护理工作？

二、责任浅析

1. 关于病床　病床属于医疗器械。对由于病床的问题导致患者坠床，造成损害的，《中华人民共和国侵权责任法》第五十九条规定："因药品、消毒药剂、医疗器械的缺陷，或者输入不合格的血液造成患者损害的，患者可以向生产者或者血液提供机构请求赔偿，也可以向医疗机构请求赔偿。患者向医疗机构请求赔偿的，医疗机构赔偿后，有权向负有责任的生产者或者血液提供机构追偿。"这里的"缺陷"，参照《中华人民共和国产品质量法》第四十六条的规定，"是指产品存在危及人身、他人财产安全的不合理的危险。

依据行业标准《医疗机构患者活动场所及坐卧设施安全要求中第2部分：坐卧设施》（WS 444.2-2014）与《病床》（YY 0003-90），其中规定："床框两侧可安装床栏、输液架等附件。附件应具有足够的强度，使用时应牢固、可靠，安装与拆卸应方便。"而该案例中，由于床档轴承长期使用损耗，造成承受压力负荷不足，不符合标准中"足够强度、牢固、可靠"的要求。

在坠床发生时该病床不符合相关的行业标准，造成缺陷的原因是由于医疗机构长期使用而缺乏定期检测和维修。产品在使用期限内需要定期进行维护和保养。保修期仅仅是生产厂家为使用者进行免费维修的期限，并不等同于该产品的使用期限。超出保修期并不代表该产品过期失效，需要报废。对产品的损耗性组件进行定期更换和保养，即可以保证产品的继续正常使用和符合标准要求。这便是医疗机构在产品超出保修期后应履行的职责。

因此，医疗机构在医疗器械的采购、验收、储存、出入库、维修、日常维护、定期检查和消毒等各个环节均需要尽到合理的注意义务。若医疗机构未尽到合理的注意义务，导致医疗器械存在缺陷，造成患者损害的，则医疗机构应承担相应的赔偿责任。轴承作为病床的一部分，若其在正常使用的情况下，在自身设计使用期限内出现缺陷，造成患者损害的，则生产者也应承担相应的赔偿责任。

2．关于保姆　本案例中的保姆虽然不是医疗机构签约护工公司提供的护理员，但其职责与护理员相同，因此，可以称之为“非正式护理员”。

患方直接与护理员签订协议或仅口头达成协议，成立劳务合同关系（又称雇佣关系）。护理员个人作为劳务提供方为接受劳务的患者提供劳务服务，由接受劳务一方按照约定支付报酬。

根据《关于进一步加强护理管理工作的通知》与《医院工作制度与人员岗位职责（2011年版）》，护理员的岗位职责包括：

（1）及时收集和送出临时化验标本。

（2）外送患者（途中无危险者）进行各种检查。

（3）对规定的物品进行清洗和消毒。

（4）与医护人员密切配合，在护士的指导下担任患者的生活护理（协助患者进餐、排泄和洗浴等）以及部分简单的基础护理工作。

（5）自觉遵守医院的各项规章制度，不随地吐痰，不在院内吸烟，不串病房，不在病房里洗澡、洗头、洗衣服和蒸煮自带的食物，不自带行军床或躺椅等。

（6）不吃患者的食物，保持病房的安静和清洁卫生。

（7）有事离开患者时，必须通知医护人员。不得私自将患者带离至院外。

（8）护理员不能从事护理技术性操作及对危重患者的生活护理。

本案例中，该保姆在患者输液的过程中，未在患者的身旁照看，而是到卫生间里洗衣服，甚至在护士对其进行提醒后仍未回到患者身旁，导致未能及时发现并劝阻患者避免坠床，违反了原卫生部《关于进一步加强护理管理工作的通知》[1]与《医院工作制度与人员岗位职责（2011年版）》[2]中护理员的岗位职责。

“非正式护理员”是受患方雇主雇佣提供劳务的个人。此类护理员不接受医疗机构的管理，也没有护理服务机构或中介公司对其进行管理，仅按照雇主的要求提供劳务。在工作中如护理员由于过错造成了患者损害，根据《中华人民共和国侵权责任法》第三十五条[3]和《最高人民法院关于审理人身损害赔偿案件适用法律若干问题的解释》第九条[4]，应由雇主承担责任。护理员因故意或者重大过失导致患者损害的，应当与雇主承担连带赔偿责任。雇主承担连带赔偿责任的，可以向护理员追偿。但患者为雇主，作为雇工的护理员造成雇主损害的情况，暂无法律的明文规定。但依据雇主责任及侵权赔偿的法理，雇工由于一般过失造成雇主损害时雇主应责任自负；但在雇工存在严重过失或故意造成雇主损害时，雇工则应承担赔偿责任。

3．关于医疗机构　首先，在本案例中，该医疗机构是优质护理试点单位。根据《医院实施优质护理服务工作标准（试行）》的要求，应实施责任制整体护理。病房实施责任制分工方式，责任护士为患者提供整体护理服务，履行基础护理、病情观察、治疗、沟通和健康指导等护理工作职责，使其对所负责的患者提供连续和全程的护理服务。

关于整体护理，原卫生部制定的《住院患者基础护理服务项目（试行）》规定，住院患者基础护理服务项目包括晨间护理、晚间护理、对非禁食患者协助进食/水、卧位护理、排泄护理、床上温水擦浴、其他护理和患者安全管理八个方面。其中，患者安全管理包括评估住院患者，对存在的危险因素采取相应的预防措施并向患者进行指导，如跌倒、坠床和烫伤的预防等。根据评估结果对患者进行安全方面的指导，嘱患者注意自身安全，提高自我防范意识。提供安全的住院环境，采取有效措施，消除不安全因素，降低风险。

因此，对于优质护理病房，提倡护士负责整体护理，使用护理员并不是常规。《国家卫生计生委办公厅关于开展优质护理服务评价工作的通知》要求："病房管理井然有序，不依赖患者家属或家属自聘护工护理患者，陪护率明显下降，保障患者医疗安全。"那么，当患者拒绝雇佣护理员时，实施优质护理的医疗机构不能置之不理，更不应让其签署告知书承诺后果自付。这是对自身护理职责的逃避。

其次，患者家属在雇佣保姆后，曾告知护理人员。但护理人员对此未表示异议。《医院实施优质护理服务工作标准（试行）》要求"护理员必须经过专业培训"。北京市卫生局、北京市人力资源和社会保障局、北京市工商行政管理局联合发布了《关于加强护理员规范管理的通知》，其中明确要求："凡在本市医疗机构专职从事对患者生活护理的人员，应在护理员定点培训学校参加护理员职业技能培训，取得相应证书方可上岗。各医疗机构按标准配置护理员，并负责本机构内护理员的管理，严格探视陪住制度，杜绝无资质的'黑护工'为患者提供护理服务。"护理人员明知保姆未经过培训，不具备相应的证书，可能会对患者安全造成风险，而且明知政策不允许"黑护工"为患者提供护理服务，却对其保持了默许的态度。这既是对政策的违背，也是对注意义务的违反。

再次，护理人员在发现患者倚靠床档时，明知道床档不宜倚靠，存在坠床风险，却仅仅停留在口头告知上，未能立即劝阻患者恢复正常坐位。明知有损害风险，能够避免，却未去避免风险，同样也是对注意义务的违反。

最后，《医疗卫生机构医学装备管理办法》第三十五条规定："医疗卫生机构应当按照国家有关法律法规做好医学装备质量保障。医学装备须计（剂）量准确、安全防护、性能指标合格方可使用。"第三十八条规定："医疗卫生机构应当加强医学装备预防性维护，确保医学装备按期保养，保障使用寿命，减少故障发生率。"而且，《医疗机构患者活动场所及坐卧设施安全要求　第 2 部分：坐卧设施》中的检查制度也明确要求："医疗机构应落实患者坐卧设施各区域安全负责人和检查、维修人员，建立健全各级责任制度，不定期与定期巡查、检查制度，定期巡查每月不少于一次。"而案例中的医疗机构设备管理人员未能履行职责，导致未能及时发现与维修病床缺陷，造成了患者坠床，应承担相应的责任。

4．关于患方　患者入院时即被医务人员告知疾病的风险，有配备护理员或陪住人员的必要性，应该雇佣医院签约护工公司的有相关证书的护理员，若不配备将可能面临的风险。而且入院须知上对护理员的雇佣也有明确说明，且不得使用"黑护工"。因此，可以认为患者对此是知晓并理解的。但患方明知这些要求和风险，却依然违反医院的规定，拒绝雇佣正规护理员而雇佣非正式护理员（保姆）。而且，在护士提醒患者倚靠床档存在风险后，患者不将劝告放在心上。

《中华人民共和国侵权责任法》第六十条规定："患者有损害，因下列情形之一的，医疗机构不承担赔偿责任：(一) 患者或者其近亲属不配合医疗机构进行符合诊疗规范的诊疗；……前款第一项情形中，医疗机构及其医务人员也有过错的，应当承担相应的赔偿责任。"医疗机构及其医务人员已经尽到了告知说明义务，患方对诊疗措施及其风险和后果具有合理的认识，却仍然疏忽大意，不配合相应的诊疗，造成患者损害的，则患方应对自身损害结果负有相应的责任。

5．综合分析　详见图1。

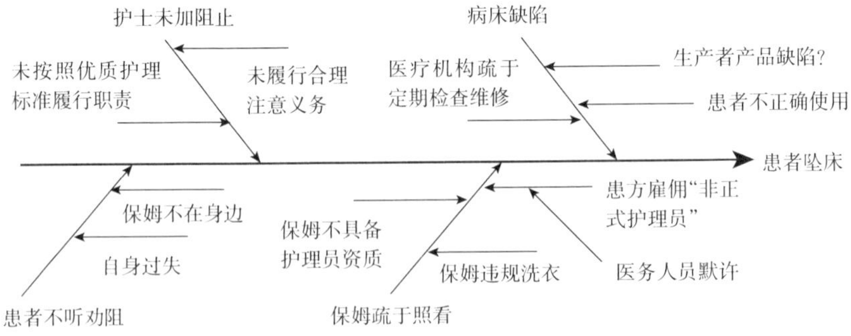

图1　坠床原因分析（鱼骨图分析法）

采用鱼骨图分析法对患者坠床事件进行原因分析，综合得出医疗机构、保姆（"非正式护理员"）与患方对于最终患者的损害结果均应承担责任。如果厂家生产的病床本身不存在质量问题，则不需要承担赔偿责任。对于责任划分比例，则需要法官根据案例事实进行最终的裁决。

三、关于患者签字拒绝，医疗机构是否免责的探讨

患者签字所拒绝的是雇佣护工公司的护理员，但并不意味着拒绝配合诊疗活动，也并不意味着拒绝医院护理人员的照护。尤其是实施优质护理的病区，基础护理作为整体护理的一部分，本身就应该由护理人员落实完成的。这是护理人员的工作职责之一。患者签字拒绝并不是护理人员的免责条款，不能代表护理人员可以不必履行应有的义务。当护理人员未尽到合理的注意义务，造成患者损害时，则需要承担相应的赔偿责任。

四、患者坠床的防范措施

坠床是临床上较为常见的护理风险。特别是对于肢体活动不利、自控体位较差且患有脑血管疾病或精神疾病的老年患者。根据北京市卫计委《老年护理常见风险防控要求》（DB11/T 3002—2015），护理人员的基本风险防控措施包括：

1．应将呼叫器及常用物品放在老年人易取处。

2．卧床老年人出现躁动或癫痫发作时，应有专人陪护，并经告知老年人或家属后给予保护性约束。

3．老年人在卧床状态下，应固定床档；应将电动床床面保持在最低位，使用后应及时复位。

护理人员应切实履行以上职责，再加上符合整体护理所要求的内容，才能说明对患者尽到了合理注意义务。

五、关于取得患方配合的沟通要点

1．原因分析　为了能够让患者积极配合诊疗需求而雇佣护理员，医患之间要保持较好的沟通，做到充分告知，而不是先签署拒绝意见，区分谁应当为事情的结果负责。这就会给患方造成推卸责任的感觉，觉得医务人员只是想保护自己，没有从患方的利益出发考虑问题。

关于患者知情不同意的原因，一般有下列几种情况[5]：

（1）出于提高诊断的准确性和治愈率而提出的补充和修改意见。

（2）从他处得知有更好的诊断和治疗方法。

（3）怀疑或不同意医方作出的诊断和治疗方案。

（4）成年患者出于宗教信仰和价值观念的不同而不同意医方的诊治安排。

（5）由于经济困难，难以支付费用，而不同意医方对诊治的安排。

（6）由于外来的某种干扰而造成的不同意。

医师必须对患者不同意的原因进行具体分析，以便应对。本案例中，患方主要是由于经济因素而拒绝雇佣正式护理员。医务人员需要做的并不是任由其忽略安全，而是针对患方的考虑，重点沟通雇佣正式护理员的必要性。比如，通过合法性、专业性及监管落实等多种方面，去让患方主动考虑到，这些措施的目标都是为了患者的安全。

2．“患者安全”原则　“患者安全”是卫生保健的一项基本原则。医疗过程中的每一个环节在一定程度上都存在不安全性。2002 年 5 月 18 日，第五十五届世界卫生大会审议了关于《保健的质量：患者的安全》的报告。从 2004 年发起世界卫生组织患者安全规划以来，有 140 多个国家在努力应对不安全医护造成的挑战。

关注不良事件的发生是对卫生保健质量的挑战，是一个可避免的重要原因，并且造成极高的财政损失和卫生服务的机会成本。通过预防不良事件和从总体上改进患者安全和卫生保健质量，可实现显著提高卫生系统的绩效。因此，有必要将促进患者安全作为所有卫生系统的一项基本原则。

要改进患者安全，就需要作出复杂的全系统的努力，其中涉及提高绩效、环境安全和风险管理方面的广泛行动，包括感染控制、护理安全、安全使用药物、设备安全、安全的临床实践和安全的医疗环境。

3．沟通技巧　临床上，医患、护患之间的高质量沟通可以有效地获得患者及家属对医务人员的信任，降低患者及家属紧张的情绪，提升患者满意度和对治疗的配合度，促进患者安全。对医务人员来说，也可以减少很多不必要的工作量。

目前在美国医疗机构中广泛使用 AIDET 法进行医患沟通。

A（Acknowledge）：打招呼。目光交流和微笑等非语言方式都可以作为与患者和家属打招呼的方式。重点：展示友善和真诚的态度，为良好的交流奠定基础。

I（Introduction）：自我介绍。介绍你的姓名、科室和工作经验等，并介绍接下来要为患者做什么。重点：破冰，建立患者对自己的信任，减少患者的茫然和焦虑。

D（Duration）：预计时间。告诉患者你所要为他（她）做的诊疗活动需要多长时间。重点：避免患者因茫然等待造成的紧张和焦虑等负面情绪。

E（Explanation）：解释。向患者及家属解释你将要为患者做什么。重点：减少患者的不安，增加医患合作，提高诊疗效果。

T（Thank you）：感谢。感谢患者配合你的诊疗工作，并询问患者有无需要帮助的地方。重点：体现对患者的尊重和友善，减少误会，从而更高效地落实诊疗计划。

以上沟通技巧可以有利于医务人员在实践工作中学习和借鉴。

参考文献和注释

1.《关于进一步加强护理管理工作的通知》规定，护工岗位职责的工作内容可包括：外送患者（途中无危险者）进行各种检查，送取各类检查化验标本、报告单及病房用物，规定物品的清洗、消毒，在护士指导下对患者进行简单生活护理和床单位的清洁消毒等工作。护工不能从事护理技术性操作及对危重患者的生活护理。

2.《医院工作制度与人员岗位职责（2011 年版）》中对护理员的职责进行了规定：①在护士长领导下和护士指导下进行工作。②担任患者生活护理和部分简单的基础护理工作，不得从事临床护理技术操作。③随时巡视病房，应接患者呼唤，协助生活不能自理的患者进食、起床活动及递送便器等。④做好患者入院前的准备工作和出院后床单、铺位的整理以及终末消毒工作。协助护士搞好被服、家具的管理。⑤及时收集送出临时化验标本和其他外送患者工作。

3.《中华人民共和国侵权责任法》第三十五条规定：“个人之间形成劳

务关系，提供劳务一方因劳务造成他人损害的，由接受劳务一方承担侵权责任。提供劳务一方因劳务自己受到损害的，根据双方各自的过错承担相应的责任。”

4.《最高人民法院关于审理人身损害赔偿案件适用法律若干问题的解释》第九条规定：“雇员在从事雇佣活动中致人损害的，雇主应当承担赔偿责任；雇员因故意或者重大过失致人损害的，应当与雇主承担连带赔偿责任。雇主承担连带赔偿责任的，可以向雇员追偿。”

5. 北京大学医学部医学人文学院等．如何应对知情不同意．医学与哲学，2008，29（10）：8.

以两个案例看医院如何应对患者家属意见不一致

樊 荣 万 欣 睢素利 葛宝路 宋 成 张 广*

医疗是一把双刃剑，在治疗疾病的同时往往存在着一定的创伤性。因此，开展医疗活动时必须要取得患者或其家属的知情同意。同时，《中华人民共和国执业医师法》第二十四条明确规定："对急危患者，医师应当采取紧急措施进行诊治；不得拒绝急救处置。"但在实践中，当医务人员对急危患者开展急救处置却碰到患者或其家属拒绝的时候，患者的生命健康权、知情同意权和医务人员的紧急救治职责便出现了冲突，于是形成了决策困境。这是医学界和法学界共同面对的难题。

一、案例实情

案例 1

由于病情需要，需对某患者进行气管切开，但患者本人拒绝行气管切开。医师在病程记录中对此予以记录。患者也未授权任何子女代签知情同意书。患者的意识一直非常清楚，有完全民事行为能力。后来医师请其中的一个子女签了字，做了气管切开，

* 万欣，北京道信律师事务所；睢素利，北京协和医学院人文学院；葛宝路，山东普瑞德律师事务所；宋成，北京中伦文德（成都）律师事务所；张广，北京门头沟区人民法院。

但后来发生了严重后果。法院会支持侵犯患者本人的知情权而要求医院承担全部责任吗?

案例 2

某患者不喜欢受到束缚，把医院比喻为“善良的专政”，厌恶被束缚在病床和医疗器械上。患者曾经拟下一份“尊严死”的生前预嘱，还让家人在遗嘱上签字，不允许在他身上使用插管、呼吸机和心脏电击等急救措施。但最终在患者病重时，家属还是让医师给其使用了呼吸机，并进行心肺复苏等常规急救。医师明知患者之前的生前预嘱内容，那么是否能使用呼吸机等急救措施?如果使用，患者在被抢救成功后，可以起诉医院的行为侵害了其知情同意权与选择权吗?

二、案例评析

1．患者本人知情同意权与近亲属知情同意权的冲突　对患者进行有创性检查或治疗时，如患者是具备完全民事行为能力的人，则其本人才是知情同意权和选择权的主体。其家属不具备代替本人支配其身体、进行知情同意的权利。

关于知情同意的主体，从 1994 年的《医疗机构管理条例》到 1999 年的《中华人民共和国执业医师法》，发展到 2002 年的《医疗事故处理条例》，2010 年的《中华人民共和国侵权责任法》和《病历书写基本规范》；从最初的患者、患者家属或者关系人并重，发展到患者或者其家属并列任选，进而到突出患者的主体资格。这样的发展变化体现的是患者对于自身生命健康权和身体权具有的充分主体地位，并避免他人干涉自身真实意思表示。

同意权是患者本人的权利，近亲属的同意权只能在患者本人无法表达时才有效。无论从伦理上看，还是从法律上看，均应当尊重个人权利。选择放弃抢救，是对权利的放弃，不损害他人权利。家人代行决定权，则剥夺了当事人的意志，应严格限制。医院也不应在明知患者意识清醒并且有明确意思表示时，再去听取家属的意见而忽视患者的决定。因此，在案例1中，医院应认定侵犯了患者的知情同意选择权。患方主张精神损害赔偿的，医院应当承担责任，但是签字同意的子女也应承担部分责任，或因此而减轻医院的责任。另外，对于人身损害责任，则需要看气管切开行为本身是否符合诊疗规范，与患者的损害结果之间是否具备因果关系。

2．患者知情同意权与医师紧急救治义务的冲突　对于一个人的身体而言，医师不具有比患者本人更多的权利。与一般人身伤害侵权行为相比，医院对患者进行有创检查和治疗行为的重要特点就是患者自身的同意。患方有在知晓病情和医疗措施的情况下表达医疗意愿的权利。当患者有真实意思表示放弃救治时，医疗机构和医务人员应当尊重其意愿，而不应由医务人员自己在知情同意权与生命健康权之间作出选择。

有人认为，患者之前的遗嘱也不能代表患者现在的实际意思表示。毕竟患者的这种知情同意是在之前作出的意思表示，也许患者发生事故后有了需要使用呼吸机延续生命的意向。但这种说法并无相关依据，只是单纯的猜测。因此，对于这种紧急救治义务，在突发疾病需要急救时可代行。而在患者本人有明确意思表示时，则不可代之。

另外，建议将患者的知情同意权和医方紧急医疗的冲突解决纳入到医疗纠纷人民调解的范围之内。医疗纠纷人民调解委员会是由具有较强专业知识和调解技能、热心调解事业的离退休医学专家、法官、检察官、警官，以及律师、公证员、法律工作者和人民调解员组成。通过各自的专业背景，可以较好地解决相关冲突中的医学、法律和伦理问题，并且具有比较强的专业性、客观性和公正性。通过人民调解委员会的调解工作，可对类似冲突作出第三方的、独立公正的调解意见，并由各方签署相应的法律文件。在条件具备时可以根据《最高人民法院关于人民调解协议司法确认程序的若干规定》第四条的规定，双方当事人同时到法院申请司法确认，人民法院可以当即受理并作出是否确认的决定。这样的解决方式就可以既兼顾侵权责任法的规定，同时最大限度地减少医患双方为知情同意权与紧急医疗职责产生的冲突，从而构建和谐的医患关系。

3．关于生前预嘱　生前预嘱可以理解为患者提前行使了自己的自主决定权，假设了已经对某种情况下自己的病情和可能有的医疗措施充分知情的情况下，提前表达了自己对不使用或者停止已经使用的某种或某些医疗措施的意愿。期望如果在自己丧失意识不能够表达意愿的情况下，如果在诊疗过程中发生了自己预嘱中假设的某种情况，则自己在预嘱中表达的医疗意愿可以实现。生前预嘱的内容涉及的是极为重要的个人选择，这样就要确保预嘱是设立预嘱人的真实意思表示。因此，对预嘱在形式上也应当有所要求。

首先，预嘱的设立人应该具有可以表达自己意愿的相应的行为能力，意识清楚，可以明确表达自己的意愿。另外，预嘱设立人要充分知晓并且充分理解预嘱的内容。签署预嘱一定是设立人的自愿行为，没有受到外界的影响、指引或者暗示，更没有“被预嘱”的情况。在形式上，最好是自己书写，并有签名和日期。打印的版本也最好有手写的签名和日期。如果需要他人代笔的，要由与设立人没有利害关系的人书写，并且最好有2个以上无利害关系的人作为见证人在场。如果为他人代笔，也最好有设立人的签名。这就在形式上保证了是设立人真实的意思表示，也是个人期望实现在医疗中的自主权的真实意愿。

从长远来看，生前预嘱值得我国借鉴，可以积极推行这一做法。目前，国内有一家“选择与尊严”网站，是由北京生前预嘱推广协会主办的。通过回答五个问题，写下“我的五个愿望”，以实现个人的“尊严死”。从法理上看，医院应该遵从患者的生前预嘱。患者有知情同意权和选择权。在患者慎重思考后，决定写下自己的生前预嘱，是患者的真实意思表示。患者生前预嘱的效力应高于家属的意见。仅在患者之前未表示意见且现在无法表达意见时，医院才应征求其家属的意见。

4. 国外经验借鉴　法国国民议会2004年通过的《患者权利与生命末期法》对于意识清醒的非生命末期患者采取的措施为：尊重患者的意见，竭尽全力说服患者接受治疗，寻求医院或法院等其他帮助，将所有情况详细记录在病程中。而对于意识清醒的生命末期患者采取的措施为：向患者提供相应的信息后尊重患者的意愿，保证患者的尊严。这对我国也非常有借鉴意义。

另外，2008年3月，德国社民党议员约阿希姆·施廷克尔联合205名联邦议院议员提出了法律草案，要求在德国民法典中增加对患者处分的规定，以便从法律上明确患者处分的效力。后来又有议员提出了两个相关法律草案。德国联邦议院2009年6月18日对三个法律案进行了表决，最终通过了施廷克尔牵头提出的《照管法第三号修改法》，也称《患者处分法》。所谓患者处分，是指一个人预先作出一项决定，作为自己处于无法自主决定状态下的意思表示，表明在特定情况下是否接受以及接受什么样的治疗措施。这是一种预防性的准法律行为，目的是当患者出现无法自主决定的情况时，如处于重度痴呆、昏迷或植物人等无法表述自己意思的状态时，仍然可以对亲属或医护人员施加影响，维护其自主决定权。从定义上不难看出，德国的患者处分相当于我国正在推广的生前预嘱。

《患者处分法》终结了患者处分法律条件问题上的长期争论，明确了患者处分的效力。该法的要点是：

（1）患者处分必须采用书面形式，并且随时可以撤销。

（2）当患者处分设立人处于不再能够作出决定的状态时，其照管人和全权代理人受患者处分的约束。但是他们必须审查患者处分是否与患者当前的生命状态和治疗状态相符，如果相符即实施患者的愿望。

(3) 如果患者事先未作出处分，或者患者处分与患者当前的生命状态和治疗状态不相符合，照管人或全权代理人应当考查确定患者的愿望并在此基础上作出决定。考查时应当考虑患者以前表达过的意愿、看法及其伦理宗教观念。

(4) 患者处分没有疾病类型和疾病阶段的限制，即法律没有规定对某些特定情况可以不实施患者处分。

(5) 如果医师和照管人或全权代理人对患者的意思意见一致，则不需要法院介入；如果意见不一致，则在作出关乎患者生死或可能对其产生长期、严重健康后果的重大决定时，必须取得法院的批准[1]。

希望我国能够借鉴其他国家的立法经验，及早通过法律来明确处理依据，以解决目前临床中常见的决策困境。

参考文献和注释

1. 郑冲 . 德国联邦最高法院作出与患者处分相关最新判决 . 比较法研究 , 2010(5):158-160.

护理员导致医疗损害时医疗机构的责任浅析

樊　荣　陈德华　李欣慧[1*]

当前，随着社会老龄化程度的加深，老年患者住院生活护理需求进一步加大，而“421”家庭模式（即4个老人、一对夫妻和一个孩子）客观上导致子女无法充分保证对老人的床边生活护理，加之医疗机构护理人员绝对不足，共同导致了依然是医疗机构为住院患者提供生活护理的不可忽视的力量。

在实践中不时出现因护理员的过失而导致患者受到伤害的事件，因为患者住院治疗的特殊时间和患者的特殊身份，患者或家属基于现实考虑，往往将医疗机构作为首要追究责任的对象。医院是否应承担因护理员的过失而造成患者损害的赔偿责任往往成为案件争议的焦点之一。

一、案例实情

案例1

2009年11月，谢老太在某医院进行了髋关节置换手术，术后按医嘱进行二级护理。家属提出需要一对一的24小时护理服务，遂聘请了其指定的某护理服务有限公司推荐的护理员罗某。谢老

* 陈德华，柳州市中医院；李欣慧，北京市中医医院。

太的身体逐步恢复。然而，就在其准备于12月18日出院的当天早上7时，家属却接到医院的电话。电话称谢老太因喂食阻塞窒息，已无心跳和呼吸，目前正在抢救。经过3次抢救，谢老太于12月27日因吸入性肺炎导致呼吸和循环衰竭离开人世。

家属认为，护理公司因野蛮喂食导致老人呛食和严重窒息，应承担全部责任。医院作为病房和护理员管理者，未尽到审查和监管义务，对死亡应承担连带赔偿责任，要求赔偿近26万元。

法院审理后认为，护理员过量喂食导致谢老太噎食病危，应该对此承担主要责任。由于喂食是履行职务行为，赔偿责任应由护理公司承担。法院判护理公司承担70%的责任，赔偿近13万元。另外，由于护理员不是医院职员，家属也无证据证明医院在喂食事件上有侵权行为，因此，判医院无须担责。

案例2

2013年初，王先生65岁的父亲因患脑血管病住进了医院。由于王先生和妻子无暇照料，加之那段时间陪护中心的护理员供不应求，便联系了院外“黑护工”周大姐。在王先生知道其没有护理员所需的相关证件时，依然让其照顾父亲的生活护理和饮食起居，口头约定每天工费为100元，并且没有签着书面合同。

此后，王先生和妻子多次在探视时发现周大姐脱岗聊天。直到一天他接到医院来电，告知其父亲在医院的洗手间摔倒。他到了医院后得知父亲想上厕所时，没有看到周大姐，于是就自己扶着墙去，结果摔倒，并导致足部骨折。王先生将医院及“黑护工”周大姐都告上了法庭。

法院审理认为，周大姐与王先生以口头约定的形式形成雇佣关系，因此，周大姐就应该履行对王老先生提供生活护理的义务。护理员的职责要求其24小时陪伴在侧，可周大姐经常出现脱岗聊天的行为，应认定为违反约定。王老先生的年纪大，且患病后行动不便。由于周大姐违反约定义务，导致王老先生在没有人陪同的情况下独自去厕所而致摔伤。“黑护工”周大姐应承担相应的赔偿责任，而医院不必承担赔偿责任。

二、关于规范称谓

1997年卫生部《关于进一步加强护理管理工作的通知》[1]中使用的是“护工”一词，但2010年原卫生部在《关于加强临床护理工作的通知》[2]中使用的是“护理员”一词，但对于两者的概念和区别，原卫生部并没有给出明确的定义。

在地方规范性文件中，则更是多样化。2009年，北京市《关于加强护理员规范管理的通知》中[3]使用的是“护理员（含护工）”并对其进行定义。

2004年，上海市卫生局《关于加强上海市医疗机构护理员、护工管理的通知（修订）》[4]则对“护理员”和“护工”进行了区分定义。

2011年，广东省汕头市《加强汕头市医院陪护工管理的意见》统一将从业人员称为“陪护工”。2013年，福建省《关于开展规范医院护工管理试点工作的意见》明确将医院护工岗位从业人员称为“护理员”。

由上可见，由国家到地方，对为住院患者提供以生活护理和陪伴照顾为主要内容的非执业护理的从业人员并无统一称谓。总体上看，统一称之为“护理员”更能符合行业规范和专业化发展的方向。值得说明的是，“护理员”这一称谓包括了有关规范性文件中的护工、陪护工和护理员。

三、护理员的分类

根据合同相对人，将护理员分为了三类。

第一类，患方与医疗机构签订服务合同。患方的合同相对人是医疗机构。护理员是由医疗机构聘用或者第三方派遣至医疗机构为患者进行生活护理的从业人员。护理员根据患方与医疗机构签订的服务合同内容为患者提供生活护理服务，属于职务行为。

第二类，患方与经工商局或社团登记的有资质的护理服务机构（中介公司）签订服务合同。患方的合同相对人是第三方的护理服务机构（中介公司）。护理员根据服务合同为患者提供生活护理服务，属于职务行为。

第三类，患方直接与护理员签订协议或仅口头达成协议，成立劳务合同关系（又称雇佣关系）。护理员个人作为劳务提供方，为接受劳务的患者提供劳务服务，由接受劳务一方按照约定支付报酬。

四、关于责任主体

1．第一类护理员作为工作人员，执行工作任务，为患者提供生活护理服务，并接受医疗机构的管理。包括日常事务管理、培训管理、资质准入和业务管理等。如果护理员在工作中由于过错造成了患者损害，根据《中华人民共和国民法通则》第四十三条及《中华人民共和国侵权责任法》第三十四条，其责任主体为用人单位或用工单位，即医疗机构。用人单位承担责任适用无过错责任，这种规定在学理上称为替代责任。

2．第二类护理员作为工作人员，执行工作任务，为患者提供生活护理服务。患方与第三方护理服务机构（中介公司）签订服务合同。护理员与第三方护理服务机构（中介公司）是劳动关系，接受其管理与资质准入。如护理员在工作中由于过错造成了患者损害（如案例1），根据《中华人民共和国侵权责任法》第三十四条，其责任主体为第三方护理服务机构（中介公司）。医疗机构不是合同当事人，不应承担责任。

3．第三类护理员是作为个人，受患方雇主雇佣提供劳务。此类护理员不接受医疗机构的管理，也没有护理服务机构或中介公司对其进行管理，仅按照雇主的要求提供劳务。此类护理员如在工作中由于过错造成了患者损害，根据《中华人民共和国侵权责任法》第三十五条和《最高人民法院关于审理人身损害赔偿案件适用法律若干问题的解释》第九条，应由雇主承担责任。护理员因故意或者重大过失导致患者损害的，应当与雇主承担连带赔偿责任。雇主承担连带赔偿责任的，可以向护理员追偿。但如患者为雇主，作为雇工的护理员造成雇主损害情况，暂无法律的明文规定。但依据雇主责任及侵权赔偿的法理，雇工一般过失造成雇主损害时雇主应责任自负；但在雇工存在严重过失或故意造成雇主损害时，雇工则应承担赔偿责任（如案例2）。

由此可见，在第二类和第三类护理员过失造成患者损害时，医疗机构均不是责任主体。

五、关于管理责任

在实践中，患方在聘请第三方护理员或个体护理员造成患者损害情况时，患方经常以医疗机构未尽到对护理员的管理责任为由要求承担赔偿责任，而从部分一般规范性文件中似乎也能找到医疗机构对护理员管理的要求，故有必要对此问题进行探讨。

原卫生部《关于进一步加强护理管理工作的通知》[5]规定护理员由护理部统一管理。《医院工作制度与人员岗位职责（2011年版）》中的“护理员职责”[6]明确要求，护理员要在护士长的领导下和护士的指导下进行工作。2009年北京市《关于加强护理员规范管理的通知》[7]规定各医疗机构按标准配置护理员，并负责本机构内护理员的管理，严格探视陪住制度。2013年福建省《关于开展规范医院护工管理试点工作的意见》[8]规定护理员的日常事务管理各自负责，而业务管理统一由医院护理部负责。

但是，从上面这些规范性文件并不能得出医疗机构应对所有的护理员进行管理指导的法律义务，也不能成为要求医疗机构承担赔偿责任的依据。

1．在非医疗机构指派护理员提供服务的情况下，劳务服务合同的主体均不是医疗机构。如果是劳务公司员工作为护理员，根据《中华人民共和国劳动法》和《中华人民共和国劳动合同法》的规定，单位员工应遵守用人单位的规章制度，接受用人单位的管理。而对于个人间的劳务关系，雇员是为雇主服务的，设备由雇主提供，时间和地点由雇主指定，并接受雇主的指示。作为第三人的医疗机构，并非合同当事人，更不可能承担或行使劳务服务合同的权利义务。

就民事法律关系而言，医疗机构既无权利也无义务对他人之间的服务合同内容进行管理，患方有自由选择缔结民事服务合同对方当事人的权利，医疗机构无权指定患者必须聘请什么第三方机构或什么护理员提供劳务服务。

2．部分规范性文件关于医疗机构对护理员的管理是指由医疗机构护理员提供生活护理服务的情形，而非针对患者外请的劳务公司护理员及个体护理员。

比如，原卫生部《关于进一步加强护理管理工作的通知》第三条“建立、健全护工制度”中第二项“护工的聘用原则”中规定，医院“可以根据临床实际需要，聘用护工，护工不属于护士编制”“护工属临时工作人员，可以由医院统一选聘”。原卫生部《关于加强医院临床护理工作的通知》中也规定：“在护士人力暂时不能满足临床护理工作的情况下，经同级卫生行政部门同意，医院可以聘用少量经过培训的护理员协助护士从事患者生活护理。”

这些规定说明，要求医院对护理员管理是以护理员系医院员工为前提的，非医院员工的护理员并无适用该规定的前提条件。

而上海市2004年发布的《关于加强上海市医疗机构护理员、护工管理的通知（修订）》就根据提供服务人员身份对管理的主体进行了区分，符合法律精神，也有一定的可操作性。

3．原卫生部及地方卫生行政部门的一般规范性文件并非调整民事法律关系的法律依据，当然也并不具有设立或变更民事合同权利和义务的效力，不能成为法院民事审判的法律依据。

4. 从医疗机构应承担安全保障义务角度而言，医疗机构应合理承担的安全保障义务，包括：应审查第三方护理服务机构（中介公司）的资质；要求在其管理范围内活动的人员遵守其有关环境、安全管理、秩序维护方面管理制度与应急预案，如探视陪伴制度和防火应急预案等，以维护良好的秩序和相关人员人身财产的安全。但这并非是对护理员业务上的指导管理和组织上的管理。医疗机构未尽安全保障义务承担赔偿责任与承担护理员损害赔偿责任在法律关系和法律规定上等均不同，不应混淆。

六、结论与建议

综上所述，医疗机构是否应就护理员在提供生活护理服务过程中造成患者损害承担责任，取决于医疗机构是否与患方缔结劳务服务合同，医疗机构是否为责任主体。

医疗机构是否在第三方护理员的过错中承担管理责任，既取决于双方服务合同中是否对于医疗机构的管理责任进行明确，同时还取决于事件本身中医疗机构的管理是否同样存在过错。因此，建议医疗机构在患方与第三方护理服务机构（中介公司）所签订的服务合同中将自身的管理权责进行明确。

对于第三类护理员，因其缺乏合同制约，缺乏专业培训，技能欠缺规范，人员流动性大以及缺乏有力监管，所以对患者的生活护理存在较大风险。医疗机构应尽到告知义务，避免此类护理员为患方提供服务。而在实际工作中，患方通常将此类护理员以家属或保姆的身份作为陪伴人员对患者进行生活护理，医疗机构除了教育和劝导外，并无执法权对其进行驱离或处罚，仅可在其影响正常医疗秩序时寻求相关执法部门的协助。医疗机构只要向患方尽到了充分的风险告知义务，并且提供了聘用正规护理员的途径，则不需要承担赔偿责任。建议医疗机构在住院患者的入院须知中增加关于护理员聘用的告知条款，并且在院内的显要位置公示正规护理员的聘用途径。同时，建议医疗机构加强对陪伴人员的管理，严格执行探视陪伴制度，确定陪伴适用原则，实施陪伴人员登记备案制度，以患者为中心，加强护理巡查，对陪伴人员的护理结果向患方告知，并提出评价与建议，使患方自身履行好管理职责。

参考文献和注释

1. 《关于进一步加强护理管理工作的通知》规定："护工必须经省级卫生行政部门指定的医疗卫生机构培训，完成规定的课程，并取得省级卫生行政部门颁发的合格证书，方可从事护士工作。"
2. 《关于加强临床护理工作的通知》规定："护士必须履行对患者的基础护理职责。在护士人力暂时不能满足临床护理工作的情况下，经同级卫生行政部门同意，医院可以聘用少量经过培训的护理员协助护士从事患者生活护理。"
3. 《关于加强护理员规范管理的通知》规定，护理员是在注册护士指导下为住院患者提供生活照顾的人员，主要工作内容包括床单位的清洁，协助患者进餐、排泄、洗浴等。
4. 《关于加强上海市医疗机构护理员、护工管理的通知（修订）》规定，护理员是指在医疗机构中，由医疗机构聘用为患者提供生活护理及简单的基础护理的社会人员。其工作范围除日常生活护理外，还可辅助护士从事清洗消毒、协助患者康复训练等简单的基础护理活动。护工是指在医疗机构中，由患方聘用为患者提供日常的生活照料的社会人员。其工作范围主要是日常生活护理，包括协助患者用餐、排泄、沐浴、床单位的清洁等。
5. 《关于进一步加强护理管理工作的通知》规定："护工由护理部统一管理，各护理单元护士长具体负责护工的工作安排和质量监督。"

6.《医院工作制度与人员岗位职责（2011年版)》中的“护理员职责”规定，护理员要护士长领导下和护士指导下进行工作。

7.《关于加强护理员规范管理的通知》规定：“各医疗机构按标准配置护理员，并负责本机构内护理员的管理，严格探视陪住制度，杜绝无资质的‘黑护工’为患者提供护理服务。”

8.《关于开展规范医院护工管理试点工作的意见》规定：“医院应设立护理员管理机构负责护理员的日常事务管理。其中，医院或者患者通过医院聘用护理员的，护理员管理机构由医院设立，劳动中介公司派遣的，由劳动中介公司负责设立。护理员的业务管理统一由医院护理部负责，各护理单元护士长具体负责护理员的工作安排和质量监督管理。”

关于急诊资源滥用的现状、原因与完善对策探讨

樊　荣

2006 年，美国医学研究院（Institute of Medicine，IOM）将急诊科的拥挤列为 21 世纪急诊医学面临的五大问题之首。急诊本应是承担急危重症患者紧急抢救、快速处置和合理分流的场所，但是，如今各大医院的急诊均面临拥挤不堪的现状。患者候诊时间过长的现象极为普遍。非急诊患者占用了大量急诊资源，真正需要紧急救治的患者却常因故得不到及时的处置。急诊资源滥用已成为了行业内的普遍共识。

一、急诊现状

1．“急诊不急” 2012 年，原卫生部颁布的《医院急诊科规范化流程》行业标准（WS/T 390-2012）对急诊患者的等候时间作出了规定：对 1 级和 2 级患者应立即处置，3 级和 4 级患者的候诊时间不应超过 30 分钟，急诊患者留观时间不应超过 72 小时。然而，实际情况是，在北京市某三甲医院儿科的夜间急诊，患者基本需要候诊 2 小时以上，有的甚至需等待 4 小时才能成功就诊，而且这种情况在国内三甲医院儿科急诊普遍存在。2014 年初，北京市卫生局联合北京市急诊质控中心对各大医院急诊工作进行了检查，发现在急诊就诊的患者中，非急症患者占 32%[1]。

2．慢性病患者滞留　在检查中，同时发现，在各大医院急诊压床现象严重。住院 3 天以上的急诊滞留患者超过 5 人的医院有 15 家。其中，有一家三甲综合医院的急诊科居然有 40 名患者滞留 3 天以上。急诊成了各大医院压床最严重的部门。而在留观患者中，慢性病、复合病和终末期疾病等情况的患者也占有较大的比例。在北京某著名三甲医院急诊科中，慢性病滞留患者占了 20%。

3．分诊不力　为了使急危重症患者能够得到及时救治，2011 年，原卫生部发布了《急诊患者病情分级试点指导原则（征求意见稿）》，指导各试点医疗机构急诊根据病情分级就诊的工作。但在实际工作中，只有危重症的患者能被直接送入抢救室处置，而对急症和非急症患者却无法妥善落实分级就诊。患者均认为自己的病情最紧急，需要立即就诊。医师限于繁忙的工作，无暇对候诊患者进行充分解释。而且医师根据分级标准判断急症与非急症往往导致医患矛盾的升级。为了避免纠纷，只能按照挂号顺序就诊。如患者自觉症状较重，想优先就诊的，只能是在患者之间协商解决。

4．矛盾风险突出　在人满为患的急诊，对医院急诊人力资源和医疗资源的配备形成了严峻的考验。急诊医师常年处于高负荷的工作状态，对医疗质量与医疗安全的管理也提出了极大的挑战。随着急诊拥挤情况的加剧，将会导致急诊用药错误的概率以及急诊患者的死亡率显著增加、医疗质量和应急处置能力下降、患者的就诊满意度下降。医患矛盾冲突以及医疗纠纷发生率明显升高等一系列问题。

二、原因分析

1．患者原因　患者选择急诊，是希望获取迅速的处置。但在所要求的处置中，有的是救命，有的却是开药等非急症就诊。在非急症就诊的急诊患者中，主要有以下三类：第一类是“求方便”。

这类患者由于工作繁忙，在工作时间无法请假就医，只能等下班后就诊，而很多医院下班后只有急诊提供服务，因此只能在急诊就诊。第二类是“求快捷”。虽然能通过门诊挂号，但排队等候的时间过长，患者就是想开个药或做个化验，为了节省时间，便选择急诊就诊。第三类是“求蹊径”。由于门诊号源紧张，挂不上号，但急诊不限号源，于是便另辟蹊径至急诊挂号就诊。因此，急诊患者中有 1/3 的非急症患者占据了大量医疗资源，并且在一定程度上影响了急诊分级就诊的秩序，使本身就处于高负荷运转的急诊医师没有足够的精力和时间按照病情及时处置真正需要紧急救治的患者。

2. 医院原因　针对患者在工作日就医不便的情况，近年来，卫生行政部门和各医疗机构采取了一系列的举措，比如节假日全天候门诊、提前开诊、延时门诊和夜间门诊等。但仍有很多医院由于人员紧张和科室协调的问题，尚未开展此项工作，导致其急诊的工作压力必然加大。此外，针对需要紧急抢救或手术的患者，往往能够通过开放“绿色通道”及时收治入院。但针对因慢性病滞留于急诊的患者，医院的因素占主要成分。主要有三类原因：第一类是“无床可收”，病房床位紧张，无空病床可进行收治；第二类是“有床排队”，病房床位周转虽有空床，但医师认为同是慢性病患者，不应将急诊患者和门诊患者区别对待，应当同样排队等候住院，急诊患者不能因为在急诊就诊就优先入院；第三类是“有床不收”，由于医院对病区通常具有周转率和平均住院日等绩效考核指标，为了指标的“美观”和考核的奖励，病区不愿收治这些年龄偏大、病程较长或病情处于终末期的患者，便会以各种理由拒绝收治。对于此类情况，医院的管理者也感到很无奈，因为上级卫生行政部门和医保管理部门同样在以这些绩效考核指标来考核医疗机构，并且直接影响到医疗机构的财政拨款和总额预付。

除了院内的原因，基层医疗机构建设规模和能力不足也是造成大医院急诊拥挤的原因。中国进入老龄化社会后，居民死亡疾病谱已经从传染性疾病转为了慢性非传染性疾病。2013年居民死亡疾病谱排在前三位的为心脏病、恶性肿瘤和脑血管病。这三种疾病也是在大医院住院患者中数量最大的疾病种类，同样也是较为压床的疾病种类。由于老年护理院、康复医院和街道卫生服务中心等医疗资源的短缺和医疗水平的不足，对于需要康复治疗和护理的患者，或是找不到医疗机构接收，或是不信任其诊治能力。他们宁愿挤在大医院的急诊，也不愿转去基层医院住院治疗。

3．政策原因

（1）院前急救转运政策：院前急救与医疗机构急诊部门的紧密对接一直是评价医院急诊工作的重要内容之一。无论是信息的互联互通、对患者的不间断抢救，还是病历资料交接的质量控制，均是对于两者紧密对接的客观要求。

急救车一直以来就是与医院的急诊科相对接的方式。《急诊科建设与管理指南（试行）》中明确规定："急诊科入口应当通畅，设有无障碍通道，方便轮椅、平车出入，并设有救护车通道和专用停靠处；有条件的可分设普通急诊患者、危重伤病患者和救护车出入通道。"

但在目前的实际工作中，急救车所承担的工作范围较过去已经扩大了。《北京市救护车管理办法》对救护车做出了明确定义："救护车指医疗卫生机构用于日常院前急救、转运伤病员、处理紧急疫情、突发事件紧急救援现场处置、重大活动或特殊事件医疗保障以及运送血液等特殊物品的专业特种车辆。"其中转运伤病员的比例在逐年升高。北京市的院前急救系统是由"120"和"999"两个服务网络组成的。2012年底，北京市院前急救系统的呼叫满足率已到达92.6%。但由于急救医师、护士和担架工人员的短缺，导致这一比率很难提升[2]。在所有的急救呼叫中近三成均是"非抢救型"呼叫，使原本是抢救患者生命的急救车，如今越来越多地成了"转院车"或"回家车"。但这些非抢救型急救车却依旧不加区分地对口医院的急诊科。那些无法回家又住不上院的慢性病患者便自然滞留到了急诊。这类“非抢救型”患者每日源源不断地被送至各大医院的急诊科，不仅造成院前急救资源的滥用，同样也催生了急诊慢性病患者的滞留以及急诊资源的滥用。

（2）急诊分级就诊政策：依据 2012 年卫生部颁布的《医院急诊科规范化流程》行业标准（WS/T 390-2012），将急诊患者根据病情严重程度和占用急诊医疗资源的数量分为 1 ～ 4 级。1、2 级患者直接进入红色区抢救，3 级患者进入黄色区按顺序就诊，4 级患者被推荐进入设立急诊快速处置诊室的绿色区就诊。但实际情况是很多大医院没有相应的空间和人员去设立急诊快速处置诊室。由于之前叙述的分级不力，结局就是 3 级、4 级的患者均按照顺序在候诊区候诊。

《医院急诊科规范化流程》对于急诊留观的指征也进行了规定：①暂时不能确诊，等待诊断性检查结果的。②病情有潜在进展风险。③患者需要候床住院。尤其是最后一项——候床住院成为了留观的指征，使慢性病患者滞留急诊的行为具有了行业标准的支持，为急诊医疗资源的滥用披上了一层合法、合理的外衣。

（3）医保报销政策：①急诊留观费用报销政策。以北京市为例，《北京市基本医疗保险规定》规定：“急诊抢救留观并收入住院治疗的，其住院前留观 7 日内的医疗费用”可报销。但是鉴于北京市大医院住院紧张导致参保人常常滞留急诊的实际情况，为了解决参保人的实际费用负担，自 2011 年起，北京市人力社保局发布了《关于持社会保障卡住院就医结算有关政策调整的通知》，对此更新为“在急诊留观发生符合基本医疗保险支付范围的相关医疗费用，按住院医疗费用报销的有关规定执行。”这确实减轻了参保人的后顾之忧，也使部分参保人把滞留急诊当成了变相住院的一种方式，从而把本应抢救生命的急诊医疗资源过多地用于日常诊疗的住院医疗服务，这无疑也是一种对急诊资源的滥用。②异地就医费用报销政策。目前全国大部分省市对于异地就医都是采取申请加审批制。长期异地就医的，需要进行申请异地定点医疗机构审批后方可就医。但同时为了保障参保人的权益，在外出紧急情况下，至异地医疗机构急诊就医并住院发生费用的，可全额垫付后凭发票回参保地根据政策报销。而北京、上海和广州等大城市医疗技术水平较高的医疗机构需要接待来自全国各地的各类患者，其中很多患者为了能够使费用报销，便只能通过急诊的途径寻求住院，这又造成了急诊资源的过度占用。

三、讨论

急诊是急危重症患者的生命线，不是快捷开药或开检查化验的简易门诊。留观是尚未确诊和病情不稳定患者的观察区，不是住院的等候区，更不是住院病区。应该将急诊还给急危重症患者，将有限的急诊医疗资源还给需要争分夺秒、全力抢救的患者。这才应该是我们制定制度的最终目标，而单靠医务人员的严格分诊、高负荷劳动和充分医患沟通是无法妥善解决的，必须制定相关的政策，从源头上加以确定与规范。

四、对策和建议

要解决急诊资源滥用的问题，主要在于严格入口、规范过程和拓宽出口三个方面。

1. 严格入口

（1）加强需要紧急救治的急诊急危重伤病标准的政策宣传，以增进患者的理解：国家卫计委为了配套疾病应急救助制度的政策落实，在2013年11月颁布了《需要紧急救治的急危重伤病标准及诊疗规范》，目的在于明确在哪些急危重伤病患者面前，不必考虑患者的身份和费用等因素，必须采取及时、有效的诊疗。同时，此急危重伤病标准也为急诊患者的分级参考提供了较为明确的疾病范围，更便于医务人员在急诊实际工作中落实。但若要将此划分标准落到实处，必须让患者首先知晓并理解此分级标准的意义所在。只有取得了患者的理解，在急诊分级分诊工作中，患者才会支持与配合，从而使急诊形成规范、有序的就诊秩序。因此，应在急诊区域通过海报张贴、媒体宣传和标准公示等形式对患者进行宣教，逐步提高患者的就医素养，取得患者的协作。

（2）建立并完善医院门诊便民服务措施：根据患者就医时段及就诊量的统计分析，可建立医疗机构的节假日全天候门诊、提前开诊、延时门诊和夜间门诊等门诊便民服务措施，并动态观测患者就诊量的变化，积极调整人员配备，以保障患者的就医需求，并减轻急诊的工作压力。

（3）制订院前急救与急救车转运规范，根据病情分级区分对接部门：制订院前急救与急救车转运规范，改变过去对接急诊的单一模式。在运送途中，即对患者的病情进行评估分级，参考《需要紧急救治的急危重伤病标准及诊疗规范》，将 1 ～ 3 级急危重伤病患者直接运送对接急诊，而将 4 级非急症患者运送到对接医院门诊。

（4）规范按照病情严重程度的分诊原则和就诊次序，合理分流非急症患者：修订《医院急诊科规范化流程》，先分诊，后挂号，规范按照病情严重程度的分诊原则，制定可将 4 级非急症患者分流至门诊就诊的制度，以形成急诊分诊人员的制度依据。

2．规范过程

（1）规范急诊留观标准：应树立对尚未确诊和病情不稳定的急诊患者的留观标准。对于已确诊且病情稳定，仅需要常规住院治疗的患者，应规范分流标准，将此类患者及时转诊至基层医疗机构住院治疗。

（2）适当区分留观与住院的医保报销待遇：与住院相比，急诊留观的诊疗环境较差，医护团队人员较不固定，发生院内交叉感染的概率较大，患者的安全保障较低。综合而言，急诊留观不应与住院享受同样的医保报销待遇，不应鼓励患者将两者等同化。急诊留观的报销比例应适当低于住院报销比例，并且应设定一定天数的留观报销限制，不应在报销留观费用天数上无限制。

（3）完善异地就医报销制度，解除参保人到大城市大型医疗机构就医的制度壁垒，制订门诊转诊异地就医的费用报销机制。简化审批流程，经本地三级医院门诊转诊至异地就医的费用即可予以报销。将审批权限赋予本地医疗水平较高的医院医务人员，并加强日常监管。转变仅能通过急诊就诊入院的费用报销标准和烦琐的异地定点医疗机构的审批流程，以避免大医院急诊医疗资源的无谓滥用。

3．拓宽出口

（1）完善医院绩效综合考核办法，避免周转率或平均住院日等单一运行指标考核：从上级部门对医疗机构的综合考核，到医疗机构对临床科室的绩效考核，均要避免仅靠周转率或平均住院日等单一运行指标的考核办法。应完善绩效综合考核办法，重点体现医疗机构救死扶伤的社会责任和公益性本质，避免对医院经济运营相关指标的过度倚重，减轻医疗机构和临床科室的经济运营压力，使其避免因为运营指标的压力而推诿患者。

（2）严格执行急诊患者优先收治制度：各临床科室应严格执行急诊患者优先收治制度，在各病区预留一定数量的机动床位，以便随时收治急诊患者。处于应急状态时，医院管理部门统筹全院床位安排紧急收治工作，以保障对急诊患者进行及时、合理的分流，减轻急诊救治压力。

（3）加强基层医疗机构规模与能力建设，加快区域统筹医疗服务体系建设：卫生行政部门应大力加强基层医疗机构规模与能力的建设，尤其是二级综合医院、老年护理院和康复医院等医疗机构，使其有能力接纳大医院急性期救治后需要康复的患者、慢性病患者、常见病患者和终末期疾病患者等，从而合理地分流患者，积极分担大医院的就诊压力，保障对患者进行连续、有效的治疗，推进双向转诊和分级诊疗的政策落实。同时加快区域统筹医疗服务体系的建设，探索医疗联合体、医疗共同体和医疗联盟等合作模式，以充分保障对患者进行妥善的救治。

参考文献和注释

1. 李秋萌 . 北京急诊质控中心：医院急诊科超三成非“急诊”. 京华时报，2014-1-2，第 007 版 .
2. 王梦婕 . 北京市卫生局应急办：急救最缺的是人不是车. 中国青年报，2012-12-13，第 03 版 .

关于患者长期滞留医院的现况、法律问题与初步建议

樊　荣　匡莉萍*

近年来，我国的医患关系总体上较为紧张，局部矛盾突出，涉医违法行为也在逐年增多。在诸多行为中，患者长期滞留医院的问题尤为突出，往往拖延多年也得不到解决，成为医疗机构“难以抚平的伤疤”。

一、现况分析

以北京市为例，2014 年 8 月 22 日，首都社会治安综合治理办公室、市卫计委、市公安局、市委宣传部、市高级人民法院、市人民检察院、市民政局、市司法局和市医管局 9 个部门联合召开了北京市集中开展涉医突出问题专项治理部署会。会议决定在全市范围内依法开展涉医突出问题专项综合治理，着力解决“滞留医院强占病房、扰乱医疗秩序、扬言威胁医务人员的人身安全和伤医”4 类涉医突出问题。其中滞留医院强占病房被列在第一位。

在此次 9 部门召开的专项治理部署会上，按照要求，全市有二十余家三级医院陆续报出了滞留医院强占病房类事件 48 件，平均每家医院 2.4 件。会议上一位多年从事医疗纠纷综合事务管理的

* 匡莉萍，北京市第二医院。

业内人士指出：“实际上，这只是冰山的一个小角而已。”在这48件事件中，滞留时间最短的已超过半年，最长的已有六七年甚至更长。

对上述事件进行汇总，患者已达到出院标准却长期滞留医院，主要有以下五类原因：

1．家庭养老因素　此类患者多是由于因疾病需要长期照料而无家属能够照料。家属能够支付医疗费用，但认为疾病未治愈，患者仍不能独立生活而拒绝接患者出院。

2．失能、失联因素　此类患者多是本人丧失了生活自理能力，而又无法联系家属和相关负责部门。常见的有流浪乞讨人员、无家可归人员、被家属遗弃人员和精神障碍人员等。患者长期拖欠医疗费用，以医院为家。医院出于救死扶伤的公益性原则，长期对其进行照料和救治。患者虽已达到出院标准，但因找不到接收人员或单位而长期滞留。

3．费用报销因素　此类患者多是因慢性疾病依靠药物维持治疗而需要长期照料，家属由于患者居家治疗或在有医疗服务的养老院治疗的费用较高且不能报销，而拒绝接患者出院。

4．医疗纠纷因素　因患者或患者家属认为医院在诊疗行为中存在过错而造成医疗损害，从而以要求医院将其治疗痊愈或恢复到入院前状态为由长期滞留医院。

5．社会矛盾因素　患者多数由于在意外事故或社会矛盾中出现受伤，常见的有车祸、强拆和上访等。因责任不清，因而无人照料患者和缴费。在事件得到解决之前，患者拒绝出院。

患者长期滞留医院，不仅强占了医疗资源，损害了其他患者的医疗权利，同时也极大地影响医院正常的医疗秩序。如何解决长期滞留问题成为了医院的“老大难”。医院常常最终无奈地选择提起诉讼，以医疗服务合同终止为由提请法院判令患者离院。而从北京市法院近年来类似事件的立案与判决情况来看，法院对有些诉讼不予立案受理或以存在医疗纠纷为由驳回诉讼请求，真正立案并形成最终判决的实属少数。而且，即使法院判决患者腾退病床，患者往往依旧置之不理，继续滞留。强制执行的难度依然存在，而真正最终腾退的患者则是少数。

二、相关法律问题

1. 关于医疗服务合同的终止　患者来院就诊表示了患者的就诊要约，医院为其挂号成功或办理了住院手续则表示双方缔结了医疗服务合同。双方按照合同约定履行相应的权利和义务。医院提供医疗服务，患者则配合治疗并支付相应的医疗费用。

《中华人民共和国合同法》第九十一条规定："有下列情形之一的，合同的权利义务终止：①债务已经按照约定履行；②合同解除……"即第一种情况是，当医疗机构履行的义务结束，患者符合出院标准，此时合同的权利和义务则终止。第二种情况是，由于医疗服务的特殊性和出院标准掌握的专业性，医院有权对患者是否符合出院标准作出专业判断。只要医疗机构作出合同解除的意思表示和行为，如为患者开具出院通知单，无论患者是否认可，均可以宣告合同解除，权利和义务终止。

在实际问题解决中，有的医疗机构单方面直接为长期滞留的患者办理出院手续，此方法存在不妥。第一，办理出院手续应当是双方对于合同中权利和义务终止的共同意思表示，而且入、出院手续应由患者办理，同时履行缴纳住院押金和结算住院费用的义务。第二，办理出院手续后，患者则为出院状态，不再累计床位费将不利于最终核算。第三，即使医院单方面为其办理了出院手续，一旦患者在滞留医院期间疾病出现变化而需要诊治，医院基于合同的诚实信用原则依然需要履行后合同义务而及时采取救治。届时，在院状态要比出院状态更方便录入和执行医嘱。第四，医疗机构为患者开具出院通知单，就已经是已作出合同解除的意思表示和通知行为，没有必要单方面为其办理出院手续。

2．关于出院标准的理解　对患者的治疗方式有多种。根据疾病状况，可以选择不采取治疗、居家治疗、门急诊治疗和住院治疗等多种途径。患者符合出院标准是指患者的疾病状况已经不需要采取住院治疗的方式，但并不代表疾病的治愈。在实际工作中，患者常常以疾病尚未被治愈为由长期滞留医院，正是由于其将疾病的治愈误认为是出院标准的原因。但反观法律法规层面，关于出院标准的定义和规范，相关部门至今仍未出台判断依据。因此，导致在实践中，医师、医疗机构、鉴定机构和法院在出院标准的掌握上存在差异，同时也是患者有时对鉴定结论或判决提出异议的主要原因。2014年6月17日，国家卫计委医政医管局发布了《关于征求部分专业常见疾病入出院及转诊标准（征求意见稿）的函》，对常见疾病的入入院、出院及转诊标准进行了明确。

以“慢性阻塞性肺疾病”为例，出院标准为：

（1）患者的临床症状稳定，达到或接近日常状况，持续3日或以上。

（2）患者的动脉血气分析好转，无明显酸中毒，且稳定3日或以上。

（3）患者的呼吸困难好转，可在家中完成氧疗或呼吸机治疗。

（4）患者使用口服或吸入药物即可延续后续治疗。

（5）患者能够自主进食，且睡眠不受呼吸困难的影响。

可见，疾病的出院标准并不是治愈，而是病情好转，已经不需要采取住院治疗的状态。

3．关于医疗纠纷是否可以为长期滞留的理由　在长期滞留医院的患者中，认为医院在诊疗活动中存在过失而导致的医疗纠纷患者不是最多的，但往往是最难解决和耗时最久的。从法律关系上来看，长期滞留问题导致的是医疗服务合同纠纷诉讼，法律依据为《中华人民共和国合同法》；而医疗损害导致的是侵权责任诉讼，法律依据为《中华人民共和国侵权责任法》。患者认为医疗机构对其造成医疗损害，可以提起医疗损害赔偿诉讼。但只要患者符合出院标准，按照医疗服务合同的约定，则患者理应出院。出院之后，对于医疗损害结果，患者可以选择其他合理方式进行治疗。对于治疗所花费的医疗费、护理费和误工费等，均可通过诉讼申请医疗损害赔偿。但患者不可因为侵权责任而不履行合同义务，更不可以此长期滞留医院。鉴定机构和法院也不应因为可能存在的侵权责任而拒绝对患者是否符合出院标准的判定和裁决。

4. 关于无腾退条件是否可以为长期滞留的理由　住房问题是民生的基本问题。有些患者家属将患者送至医院住院后，以患者无住所或患者家属的住房面积不足以容纳患者为由拒绝出院。我国对于公民的民生问题一直是予以高度重视的。2014 年 2 月，国家颁布了《社会救助暂行办法》，明确了社会救助管理部门要分别负责相应的社会救助管理工作。社会救助工作包括了最低生活保障、特困人员供养、医疗救助、教育救助和住房救助等。其中，第三十八条明确规定："住房救助通过配租公共租赁住房、发放住房租赁补贴和农村危房改造等方式实施"。住房救助和医疗救助是分别由住房保障部门和卫生计生部门负责的工作。不能因为住房救助问题未解决、患者无腾退条件而让医疗机构长期同时负担两项救助工作，甚至在医疗救助工作已经完成后，仍旧由医疗机构代替住房保障部门来解决住房问题。

5. 关于长期滞留医院行为的法律定性　患者拖欠医疗费是典型的医疗服务合同法律问题。长期滞留行为本身属于违反合同约定并且损害了医疗机构合法权益以及其他患者权益，涉及医疗服务合同和排除妨害两类请求权。而患者长期滞留医院，常常伴有不服从医嘱、不遵守医院相关住院须知管理规定、霸占整间病房、私自使用大功率电器以及与医护人员发生冲突等行为。因此，也导致了严重的医疗安全、消防隐患、违反社保规定、扰乱病历管理以及扰乱医疗秩序等问题。

近年来在北京法院类案的统计分析中，主要有医疗服务合同纠纷和排除妨害纠纷、无因管理纠纷三类案由。因此，如医院下达出院通知书后患者仍长期滞留医院，医疗机构可提起诉讼，要求法院判决解除合同、排除妨碍、偿还欠费和赔偿损失等。

三、初步建议

法律诉讼是此类问题的解决途径之一，却不是最佳的解决途径。如何预防问题的发生比妥善解决问题显然更为重要，故提出了以下初步建议：

1．加强医患沟通　在患者入院前，与患者进行充分沟通，了解患者住院的诉求和目的，在建立医疗服务合同之初就对患者住院目的的合理性进行判断和建议。在患者住院期间，加强医患沟通，引导患者合理预期，通过病情告知和健康宣教，培养患者对疾病与治疗选择的正确认知，使其主动配合住院治疗，遵循医嘱办理出院并调整治疗方式。通过沟通，及时发现并干预患者的不满和异议，积极处理不良事件，将医疗纠纷消灭在萌芽阶段。即使已形成了医疗纠纷，也应通过医患双方积极沟通妥善解决，以避免矛盾升级而造成长期滞留。

2．尽快正式出台《疾病入院、出院及转诊标准》　在国家卫计委《2014年卫生计生工作要点》中，已经明确说明需要制定常见病种入院、出院和转诊标准。一旦明确了这些标准，就能在极大程度上规范目前医疗机构与医务人员的诊疗行为，同样也为鉴定机构和法院裁决提供依据。一方面，根据标准，统一了医务人员处置，为实施正确决策提供了参考；另一方面，规范了不同病情的处置标准和方式，也使患者安全进一步得到保障。

3．加快发展“医养结合”工作　我国在步入老龄化社会以后，“老有所养，老有所医”的矛盾问题逐步凸显。养老院不提供医疗服务，医院不提供养老服务。而饱受疾病困扰的老年人面临的是一个两难境地。“医养结合”正是基于这种情况应运而生的探索。鼓励医疗机构开设养老病区，鼓励专业医护人员进入养老领域，同时将医养结合机构纳入医疗保障报销范畴。这样不仅能较好地解决患病老年人的医疗照顾和生活照料，同时也为医疗资源的合理、有效配置提供了保障。目前全国多地均已逐步推进了此项工作的细化和落实。以北京市为例，2014 年 8 月 18 日，北京市民政局会同北京市发改委等 9 个部门联合出台了《关于进一步推进本市养老机构和养老照料中心建设工作的通知》，提出了配套设置、独立设置及协议合作三种模式，为医养结合工作的开展提供了指导。

4．细化医疗保障，推进分级诊疗　推进分级诊疗是优化医疗资源配备以及引导医疗资源合理利用的重要手段。推进分级诊疗不仅仅要从意识上强化对患者的引导、灌输和理解，还要从医疗保障报销机制上逐步细化，利用经济手段逐步促使患者进行分级就诊。根据疾病诊断和病情严重程度，在不同级别的医疗机构之间设立不同的报销比例。对于超出疾病标准，选择较高级别医疗机构就诊的，应适当降低报销比例；对于符合出院标准，滞留医院的，应适当降低报销比例或不予报销。通过这些措施，引导患者根据自身疾病情况合理地选择就诊医疗机构。

5．加强社会救助工作的落实力度　对于社会救助工作，政府要加大投入，加大考核。相关部门应尽快出台实施办法和具体方案，使之利于执行实施，减轻医疗机构的工作压力，促进各项救助工作的全面落实。同时，根据《疾病应急救助基金管理暂行办法》和《国家卫生计生委办公厅关于做好疾病应急救助有关工作的通知》，加快落实医疗机构开展医疗救助工作的基金支付与补助，以保障医疗机构的利益。

6．增进第三方调处，强化法治化氛围，坚决持续打击违法犯罪　一方面，要将专项治理活动常态化，将严厉打击的高压态势持续化，增强法院判决执行力度，形成典型案件的示范作用。使涉医违法行为人由“不怕”，转化为“不敢”和“不想”，引导通过正常途径解决医疗纠纷。另一方面，增进第三方调处力度，将医疗纠纷引导至公正的第三方，经过科学的评估，得出客观的结论，这才是解决问题的最佳途径。

关于医疗机构二级诊疗科目现场审核标准理解的分析与建议

樊 荣

一、二级诊疗科目现场审核的政策依据

《医疗机构管理条例》第二十七条规定：“医疗机构必须按照核准登记的诊疗科目开展诊疗活动。”因此，当患者就医需求增加、医疗机构诊疗业务拓展以及原诊疗科目范围已不能满足现有的需求时，医疗机构将申请增加诊疗科目。《医疗机构管理条例》第二十条规定：“医疗机构改变名称、场所、主要负责人、诊疗科目和床位，必须向原登记机关办理变更登记。”以北京为例，《北京市医疗机构许可管理办法》第十九条同样规定：“医疗机构执业登记后，其核准的名称、地址、法定代表人或者主要负责人、服务对象、服务方式、注册资金（资本）、诊疗科目、床位（牙椅）发生变更的，应向准予登记的卫生计生行政部门申请办理变更登记。”

而作为登记机关的卫生行政部门，在核定诊疗科目时，根据《卫生部关于医疗机构审批管理的若干规定》，则“要严格按照《医疗机构诊疗科目名录》等规定核定医疗机构诊疗科目，确保医疗机构执业范围和服务项目与医疗机构的类别、规模及所承担的功能和任务相适应。对在一级诊疗科目下设置二级学科（专业组），且具备相应设备设施、技术水平和业务能力条件的，应当

核准登记二级诊疗科目；禁止只登记一级诊疗科目的医疗机构开展技术复杂、风险大、难度大、配套设备设施条件要求高的医疗服务项目。专科医院原则上只能核准与其所属专业相关的诊疗科目。”

《北京市医疗机构许可管理办法》第二十九条规定：“建立变更登记重要事项现场审查制度。医疗机构申请变更诊疗科目、床位（牙椅）数量及改扩建、迁址、增加地址等事项的，卫生计生行政部门应组织专家对相应变更事项进行现场审查。现场审查不合格的，不予变更登记。”北京市卫计委依据此规定，委托北京市医学会，从医政准入和医疗技术临床应用能力评审专家库中抽取相应的专家进行现场审查。

二、二级诊疗科目现场审核的程序与材料

《北京市医疗机构许可管理办法》第二十条规定，医疗机构申请办理变更登记，应当向卫生计生行政部门提交以下材料：①医疗机构法定代表人或者主要负责人签署的《医疗机构申请变更登记注册书》。②申请变更登记的原因和理由。③根据申请变更项目的不同，还应根据本办法规定提交其他相关证明材料。

第二十六条规定，申请变更诊疗科目的，应当向卫生计生行政部门提交以下材料：①变更诊疗科目的书面请示。②医疗机构建筑平面图和医疗机构设计平面图（标明新增诊疗科目用房位置）。③拟聘执业人员的有关情况（医、护、药、技、医院感染、质量管理人员名录及有关资格证书、执业证书和职称证明复印件）。④拟开展科目的设备情况。⑤相关规章制度目录、开展业务情况说明等。

三、二级诊疗科目现场审核的审查标准

《北京市医疗机构许可管理办法》第二十七条规定："卫生计生行政部门依据本区域《医疗机构设置规划》和本办法审查和批准医疗机构增设诊疗科目。"

北京市医学会的专家组至医疗机构进行现场审核时，其审核标准依据的是《北京市医疗机构许可管理办法》第二十八条，经卫生计生行政部门审查同意增设诊疗科目后，医疗机构方可申请办理变更手续。医疗机构设置诊疗科目应满足以下要求：

（1）每设置一个诊疗科目，至少要配备一名本专业5年以上相关工作经历的医师，同时按《医疗机构基本标准（试行）》等规定配备相关的卫生技术人员。

（2）独立设置开展该诊疗科目的诊室。

（3）应在设施、设备和注册资金等方面满足开展诊疗业务的需求。

（4）新增诊疗科目要符合相关法律法规的要求。

由上可见，诊疗科目的审批是分为两个步骤。第一步，是由卫生行政部门根据本区域《医疗机构设置规划》和《医疗机构诊疗科目名录》进行核定，确保医疗机构的执业范围和服务项目与医疗机构的类别、规模及所承担的功能和任务相适应；第二步，是由受委托的专家（北京市医学会）现场对医疗机构的工作场所、设备设施、技术水平、人力资源、业务能力条件和管理制度流程进行审查。

但是，在专家现场审查阶段，其审查标准（《北京市医疗机构许可管理办法》第二十八条）是宏观、原则性的，缺乏细则。而且在一些问题上定义模糊，存在争论。造成专家在现场审查过程中缺乏明确的客观依据，而主观因素影响较大，标准尺度掌握不一。

四、争论问题与浅析

1．“诊疗科目”是指一级科目还是二级科目？　根据原卫生部《关于下发＜医疗机构诊疗科目名录＞的通知》，诊疗科目分为一级科目和二级科目。一级科目一般相当于临床一级学科，如内科和外科等；二级科目一般相当于临床二级学科，如呼吸内科和消化内科等。为了便于专科医疗机构使用，部分临床二级学科列入一级科目。医疗机构实际设置的临床专业科室名称不受本名录的限制，可使用习惯名称和跨学科科室名称，如围产医学科和五官科等。

诊疗科目不完全等同于临床科室，两者是不同的概念。若一级诊疗科目的人员仅为至少要具备一名本专业5年以上相关工作经历的医师，则与《医疗机构基本标准（试行）》相矛盾。《医疗机构基本标准（试行）》要求三级综合医院各专业科室的主任应具有副主任医师以上职称。

2．如何理解“本专业5年以上相关工作经历的医师”？　本专业是指所申请的诊疗科目吗？如果申请的是二级诊疗科目，那么“本专业”是指该二级诊疗科目，还是所属的一级诊疗科目？例如申请“呼吸内科专业”，那么也就意味着医师应具备5年以上的呼吸内科工作经历，还是仅具有5年以上内科工作经历即可？又或是具有5年以上内科工作经历但最终确定在呼吸内科专业？医疗机构又应如何提供相关的证明材料？在实际现场审查工作中，又应如何去审查和认定？

某市级卫生行政部门的相关负责人曾就此问题表示，只要具有该申请专业的高年资执业医师即可。但这样的解释同样存在问题。初级专业技术职称的执业医师是没有专业的划分的，仅有执业范围的划分。而只有中级以上专业技术职称的人员才会在部分专业中划分至二级专业。在《卫生专业技术资格考试专业目录》中，既存在一级专业“303 内科学”，也存在二级专业“304 心血管内科学”“305 呼吸内科学”和“306 消化内科学”等；外科系列却仅有二级专业“317 普通外科学”“318 骨外科学”和“319 胸心外科学”等，而没有一级专业“外科学”；妇产科和儿科系列却仅有“330 妇产科学”和“332 儿科学”，而没有相应的二级专业。但《专业技术资格证书》中的类别划分所采用的正是上述专业目录。由此可见，我国对于“诊疗范围”“诊疗科目”“专业技术”和“专业科室”在定义与划分上存在混乱。

如仅具有一名高年资的执业医师即可符合标准，医疗机构申请增加“小儿内分泌专业”，却发现根本并没有“小儿内分泌专业”的医师，仅有“儿科学”专业的医师。即只需要一名执业范围为“儿科学”的高年资医师，并且具备相应的设施、设备和场所等，便可申请一级诊疗科目“儿科学”下的“新生儿专业”“小儿传染病专业”“小儿消化专业”和“小儿呼吸专业”等所有 12 个二级诊疗科目了。如此一来，那么在设立儿科准入时，由于必须有一名儿科学副主任医师做科主任，所以就可直接授予其所有二级诊疗科目。因此，国家设立“儿科学”下 12 个二级诊疗科目，除了对硬件条件有所限制外，便没有其他用途。

同理，其他二级诊疗科目也是如此。用没有二级诊疗科目划分的初级执业医师作为评定二级诊疗科目的标准，这样的标准缺乏说服力。

3．是否每一个二级诊疗科目都至少配备一名本专业 5 年以上相关工作经历的医师？ 《北京市医疗机构许可管理办法》规定，“每设置一个诊疗科目至少要具备一名本专业 5 年以上相关工作经历的医师。”从字面上理解，每个 2 级诊疗科目均应至少配备一名高年资的初级执业医师。但以没有二级诊疗科目划分的初级执业医师作为评定二级诊疗科目的标准，专业与诊疗科目不对应，即使每个诊疗科目都配备一名初级执业医师，也没有实际意义。

4．是否每个诊疗科目均应独立设置开展该诊疗科目的诊室？ 在有些二级诊疗科目之间，诊疗行为所要求的设施、设备在空间构造不同，或为了划分不同的二级临床专业科室，独立设置该诊疗科目的诊室是有必要的，如妇科专业和产科专业等。但有些二级诊疗科目之间的硬件条件差距不明显，而且也并非不同的临床专业科室，那么要求所有的诊疗科目均必须配备独立的诊室便显得没有必要。例如，某医疗机构设立了儿科门诊，其中共有 12 个二级诊疗科目，均设立在儿科门诊区域内，便没有必要为每一个二级诊疗科目配备独立的诊室。

五、政策建议

我国目前除了在《医疗机构基本标准（试行）》中对医疗机构和专业科室有一些原则性的标准外，仅对部分临床专业科室的标准进行过规定，如《新生儿病室建设与管理指南（试行）》《卫生部关于印发综合医院眼科、耳鼻咽喉科和皮肤科基本标准（试行）的通知》《美容医疗机构、医疗美容科（室）基本标准（试行）》《重症医学科建设与管理指南（试行）》《急诊科建设与管理指南（试行）》《综合医院康复医学科基本标准（试行）》等。除此之外，国家通过法规规章的形式也对部分临床专业科室进行了要求，如《计划生育技术服务条例》对于计划生育专业的要求、《产前诊断技术管理办法》对于优生学专业的要求等。但拥有参照标准的诊疗科目非常有限，对于其他临床专业科室的标准并无规定。尤其是对于二级诊疗科目，则更是缺乏相关的审查标准。

山东省卫生厅和山东省中医药管理局曾共同颁布了《山东省三级医疗机构诊疗科目现场审核标准》，以作为现场审核依据。但其中将部分诊疗科目的标准参照专科医院的标准，这是不切实际的。

但是，山东省潍坊市曾出台了《潍坊市医疗机构执业许可评审量化评分指南（试行）》，较有借鉴作用。该文件将医疗机构执业许可评审的标准进行了细化，同时赋予了不同分值以使其具体量化，在现场评审中，标化分大于90分则予以通过。这样的评审方式便于专家掌握统一的标准尺度，较好地避免了主观因素。

对于评审标准，有的专家认为应该原则化和主观化，这样更便于医疗机构的通过。原因在于医疗机构仅能在诊疗科目内开展诊疗活动，否则就涉嫌超范围执业。而医师在接诊过程中无法决定患者的疾病种类，为了保障合法性，应该放宽评审准入条件。这种思路是出自医疗机构或医务人员的角度，目的在于自保。

但如果站在患者安全的角度，如果仅一名初级执业医师就可以代表一个诊疗科目出专业门诊，从技术水平和业务能力上看是并不适宜的。

因此，笔者综合提出以下建议：

1．将评审标准的人员资质与配置进行修改的可改为：“每设置一个诊疗科目至少要配备一名中级以上相应专业技术资格的医师或已完成该诊疗科目专科医师规范化培训的医师，同时按《医疗机构基本标准（试行）》等规定配备相关卫生技术人员。”

2．将评审标准的场所要求修改为“根据该诊疗科目业务需求，设置能保障其业务开展的诊室场所”。

3．将评审标准依据二级诊疗科目分别进行细化和量化，并设置通过分值，以便于评审公正以及进行客观的审查。

4．从法律法规层面，明确并厘清“诊疗范围”“诊疗科目”“专业技术”和“专业科室”的定义与划分，确定相互之间的对应关系，逐步实现四者的统一。

关于应用保护性约束具注意事项的思考

樊　荣

一、案例实情

一天，某医院急诊接收了一位服用有机磷农药自杀的中年女性患者。急诊医师在取得患者家属的知情同意后，由护士对其进行插胃管洗胃。但患者情绪激动，对插胃管极不配合。急诊护士便使用约束带对四肢进行了约束，并成功地留置胃管进行了洗胃。

洗胃后护士才为患者解除约束带。合计约束时间为1小时左右。而后发现由于约束带过紧，在约束部位发现明显淤血，四肢末端苍白、水肿。护士立即进行局部按摩，血供和水肿有所好转。但在左手腕，由于约束带与手表距离较近，相互摩擦，而出现有两处破损，但破损未达真皮层。

患者家属对抢救成功表示感谢，但对约束带的使用表达了强烈不满。理由是未向家属进行告知，还给患者造成了损害。后经医院医务科调解，患方最终表示谅解。

二、提出问题

此案例中，医疗机构积极采取措施，成功抢救了患者的生命。但在保护性约束具的使用上，确实存在不足之处。主要问题在于：未取得患者或家属的知情同意；未将约束带调整至合适的松紧度；

未取下约束部位的硬物等；在使用约束带期间，护理人员未观察患者的肢体末端皮肤血运情况。这些不足给患者造成了局部淤血和表皮破损，但未造成严重的损害结果。但因为是为了抢救患者的生命而有所忽视这些细节，因此最终取得了患者的谅解。

但对于保护性约束带使用中的注意事项，医疗机构及医务人员应加以重视。

三、注意事项

1. 保护性约束具的种类　保护性约束具包括约束带、约束单和约束床等。在临床实践中，主要指约束患者身体及四肢的约束带。

2. 保护性约束具的应用指征　不能将身体约束作为常规手段，对患者使用约束具时必须严格掌握指征。只有当患者的自主活动危及自身安全与诊疗操作安全，或危及他人安全时，在帮助性措施无效的情况下，才能使用保护性约束具。

帮助性措施包括：止痛和安慰手段；在条件允许的情况下，尽量将患者移至靠近护士站的房间；减少噪声；经常帮助患者变换体位；安排家属陪伴患者；为患者提供教育等。

使用约束具的指征包括：为存在认知障碍、身体功能障碍或有精神障碍的患者保证必要的治疗措施的通畅和在位，如留置胃管、心电监护和静脉留置针等；减少因意识改变造成的自我伤害，如坠床和抓伤等；在特殊操作期间的临时制动，如深静脉穿刺等。

3. 保护性约束具的知情同意　医院要尊重患者自主选择治疗的权利（精神病患者除外），其中包括有不受约束的自由，除非有明确的指征。当患者自主选择的自由和医疗安全的需要发生冲突时，应充分考虑两者之间的平衡以找到最佳的解决方案，以便提供最优质的服务。

使用保护性约束具前应由医师或护士对病情进行评估，取得患者或家属的知情同意后，方可由医师开医嘱“使用保护性约束具”。紧急情况下护士可酌情对患者实施身体约束，再通知医师补开医嘱。

4．保护性约束具的选择与使用　根据患者的具体情况选择合适的约束具和合适的约束部位。约束带要有衬垫，并去除约束部位的硬物，以防止划伤或压伤，在功能位置进行约束（手腕、上臂、踝部和膝部等）。如需要全身约束，需遵照医嘱执行。在实施操作过程中，要注意保护患者的隐私。

约束具应松紧适宜，在约束具与皮肤之间应能容纳两指。护士应每 1 ～ 2 小时查看患者的精神状况和约束部位皮肤的血运情况并松解约束带一次。查看约束带是否脱落或被松懈，床单和被套是否干燥，调整松紧度，必要时更换约束部位，协助患者变换体位，进行局部皮肤护理及关节运动。被约束的肢体必须定时被动活动（至少 4 小时活动一次）。预防并发症及意外情况的发生，

约束具只能短期使用，当使用约束具指征消失后应及时解除。患者被约束后要保证其生理需要，如进食、进水和大小便等生活护理要做到位。责任护士必须在护理记录中记录下使用约束具的原因和使用情况，如约束类型、部位、开始时间、观察情况、护理措施和解除约束的时间。

关于患者宗教信仰保护的思考

樊　荣

一、案例实情

某患者处于肺癌晚期，同时他也是一名佛教信众。据家人描述，患者年轻时就信奉佛教，当初查出肺癌后更是加强了信仰的深度，在家中 24 小时不间断地播放唱佛机。放、化疗期间，患者在家中设立了佛堂，每日诵经念佛。作为一种信仰，这也是老人最终的心灵寄托，家人都没有反对过。患者因病重住院后，家属每天只能探视一次，并且住院病区规定仅能由家属提供部分允许携带的物品，其他物品一律不允许配备。患者曾向家属表示，希望能把家中的唱佛机和开光护身符金卡带来放在枕边，24 小时诵经，伴他度过生命中最后的时光，以缓解痛苦。家属向主管医师提出了这个请求。医师立即明确地告诉家属说："我们有规定，所带物品一律要服从医院的要求。我们对患者一视同仁，但不能满足特殊需求。金卡丢了谁负责？唱佛机 24 小时诵经，让别的患者怎么休息？实在想念佛，就心里默念吧！"断然拒绝了家属的请求。

第二天家属向患者告知了这个消息。患者无奈地摇头，只能每天望着身上大大小小的管路，凝望着天花板，痛苦地等候着死亡……

二、案例分析

1. 病区拒绝唱佛机和金卡是否有法律法规依据？　根据2011年版《医院工作制度与人员岗位职责》中“病房管理制度”，在“患者入院须知”中明确要求：“住院患者可携带少量必需的生活卫生用品，其他物品不得带入病房，严禁带入重要文件、危险品等。钱财等贵重物品自行妥善保管。”“病房管理要求”中明确要求：“病室内床单位无杂乱物品，无悬挂衣物；桌面、窗帘保持清洁、无破损、无污迹；床号、门号按规定位置粘贴。”“病房安全制度”中也明确规定：“贵重物品不要放在病房内。”

除了少量必需的生活卫生物品外，不得将其他物品带入病房，主要是考虑医疗机构场所的特殊性。病房内由于空间有限，并且随时可能进行抢救或床旁检查治疗等诊疗活动，过多、体积较大的个人物品会影响诊疗的正常进行。另外，由于对医院感染管理的要求，存放过多的个人物品不仅容易造成细菌滋生，同时也不利于病房及床单元的清理和消毒。

另外，就“贵重物品”而言，法律上并没有严格的定义。《现代汉语词典》对于“贵重”的解释是：价值高；值得重视。狭义上，贵重物品仅指具有较高金钱价值的物品。2005年，民航总局发布了《贵重物品航空运输规定》，“贵重物品”是指狭义的贵重物品，包括：①指毛重每千克的运输声明价值在国际运输中超过1000美元或等值货币，在国内运输中超过2000元人民币的货物）。②是含有黄金、白金、铱、铑和钯等稀有贵重金属及其制品的物品；宝石、玉器、钻石、珍珠及其制品；文物类物品，包括书、画及古玩等；钞票类以及有价证券类物品。因此，按照此定义，患者所携带的金卡应属于贵重物品，而唱佛机不属于贵重物品。

但是，对人具有重要意义或较高精神价值的物品也应该属于贵重物品，比如重要的照片及重要的证明文件等。因此，广义的“贵重物品”应指对人而言具有较高的价值，值得重视的物品。这种价值不仅包括经济价值，还包括精神价值。但医疗机构没有义务和精力去考察物品对患者的精神价值。在日常工作中，通常参照狭义的“贵重物品”定义去进行管理。

因此，只有重要文件和危险品是被禁止带入病房的。对少量必需生活卫生物品外的过多、体积较大的其他物品，医疗机构有权进行劝阻。对于金卡和唱佛机，医疗机构禁止其带入并无法律法规支持。就金卡而言，因其属于贵重物品，主管医师应进行告知，要求带入后必须进行妥善保管，不宜放置在病房内。但唱佛机不属于贵重物品，且体积较小，带入后可以放置在病房内。虽然患者可以将唱佛机带入病房，但在使用时，必须以不影响他人的治疗与休息为基本要求。

2．患者带入医疗机构病区的物品要求　结合上述要求，患者带入医疗机构的物品应符合以下要求：

（1）仅可带入少量必需的生活卫生用品，并需妥善摆放，避免杂乱。不得带入或摆放过多和体积较大的物品。

（2）物品的摆放不得影响诊疗活动的进行。

（3）使用物品时不得影响他人的生活与休息。

（4）贵重物品需妥善保管。

（5）禁止将重要文件、危险品（具有爆炸性、易燃性、放射性、毒害性、传染性和腐蚀性等）、违禁品和管制物品带入医疗机构并使用。

（6）不得将不符合医院感染管理要求的物品带入医疗机构。

（7）不得将可能对医疗仪器设备正常运行造成影响的物品带入医疗机构并使用。

（8）不得将会对医疗机构用电、用水造成安全隐患的物品带入医疗机构并使用。

因此，对于案例中患者的需求，需将金卡放置在个人柜中妥善保管，不得直接放在病房，以防丢失。可以将唱佛机放在病房，但唱佛的音量应以不影响他人为标准，可以放在个人枕边小声播放或使用耳机播放，以满足其宗教信仰。同时，应定期擦拭和清洁唱佛机，以避免细菌滋生。

三、关于患者宗教信仰保护的思考

1．宗教信仰的自由 《中华人民共和国宪法》第三十六条明确规定，中华人民共和国公民有宗教信仰的自由。任何国家机关、社会团体和个人不得强制公民信仰宗教或者不信仰宗教，不得歧视信仰宗教的公民或不信仰宗教的公民。

我们应辩证地看待宗教信仰。其实，每个人都有自身的宗教信仰。某些价值观和信仰是人们共同持有的，便成为了共同的文化习俗或宗教。其中，不信仰宗教本身也是一种信仰。那么既然都是信仰，便不应该存在歧视。不应该由于某种信仰的人占多数，便歧视其他人。由于某些宗教信仰可能会影响患者的医疗过程，因此，对于有特别宗教信仰的患者，医疗机构应当尊重。

2．宗教信仰的保护 《中华人民共和国宪法》第三十六条规定，“国家保护正常的宗教活动”。同样，医疗机构对于信仰宗教的患者，应当保护正常的宗教活动。比如诵经、礼拜和祈祷等，不应被禁止。而且，有些在人文关怀方面做得较好的医疗机构，还在院内设置了佛堂、礼拜堂或教堂，以方便患者进行宗教活动。这对患者在面对疾病和生死时具有良好的精神寄托作用。

对于个人而言，其价值观和宗教信仰的意义是高于生命的意义的。因此，有些宗教信仰是会对诊疗活动造成影响的。为了遵守教义和信仰，有的人甘愿放弃自身的健康，甚至生命。作为医疗机构及其医务人员，应当了解并尊重。

1948 年，联合国颁布了《世界人权宣言》。其中第十八条规定，人人有思想、良心与宗教自由的权利。此项权利包括改变他的宗教或信仰的自由，以及其单独或团体、公开或秘密地实践教义、礼拜及戒律表示他的宗教或信仰的自由。

此外，1981 年在葡萄牙里斯本召开的第 34 届世界医师协会通过了《关于患者权益的里斯本宣言》(简称《里斯本宣言》)。1995 年的第 47 届世界医师协会对其进行了修订。《里斯本宣言》中明确要求，患者有权利获得人道与舒适的安宁疗护。患者有权利接受或拒绝心灵或是道德上的安慰，包括所选择宗教的神职人员所提供的帮助。

因此，对患者予以宗教或神职人员相关的精神上的帮助，是患者的基本权益。

《美国医疗机构评审联合委员会国际部医院评审标准（第 5 版)》中明确要求，医疗机构及其医务人员应该在了解患者的价值观和宗教信仰的基础上提供医疗服务，并且应该对患者或家属与宗教信仰或精神支持有关的请求给出回应。尤其是对于临终患者，明确要求医疗机构及其医务人员应对患者及家属宗教信仰相关的精神顾虑与需要进行评估与再评估，并提供相应的服务。这也是对医疗机构人文关怀工作的标准要求。

3．宗教信仰的限制　“没有限制的自由，不是自由。”绝对的自由会导致社会的失序。真正的自由是有边界的，最基本的边界就是法律。当自由超出了法律的界限时，必将受到法律的严惩。在宗教信仰方面，《中华人民共和国宪法》第三十六条同样规定，任何人不得利用宗教进行破坏社会秩序、损害公民身体健康以及妨碍国家教育制度的活动。不仅如此，由于医疗机构的特殊性，患者进行宗教活动时也应当遵守医疗机构相应的管理要求。

此外，对于未成年人或儿童的宗教信仰，虽然同样要对其保护，但因为民事行为能力的不同，在宗教信仰与生命健康相冲突时，仍存在着一定的限制。未成年人作为限制民事行为能力人，其作出监护人有权根据自身的宗教信仰的意愿对其进行指导，但无权代替其决定或强迫其接受。未成年人有选择自身宗教信仰的权利。因此，当未成年人因病需要进行诊疗活动时，要根据未成年人本人的宗教信仰，而不能完全由监护人的意愿决定。而且，当未成年人本人的宗教信仰与生命健康权相冲突的时候，医疗机构及其医务人员也要充分考量其知情同意的能力后进行决定，必要时可以通过法院申请紧急裁决。对于儿童等无民事行为能力人，监护人虽然代理其民事活动，但监护人的职责包括保护被监护人的人身、财产及其他合法权益。当监护人由于宗教信仰的原因做出违背无民事行为能力人的人身权益的决定时，医疗机构及其医务人员应予以拒绝。

4．宗教患者平等医疗保健权的保障　《世界人权宣言》第二十五条规定，人人有权享受为维持他本人和家属的健康和福利所需的生活水准，包括食物、衣服、住房、医疗和必要的社会服务；在遭到失业、疾病、残废、守寡、衰老或在其他不能控制的情况下，丧失谋生能力时，有权享受保障。母亲和儿童有权享受特别照顾和协助。一切儿童，无论婚生或非婚生，都应享受同样的社会保护。

《里斯本宣言》中也明确规定：患者有获得良好品质医疗的权利，每个人在接受医疗时不得受到歧视。患者有权利根据现有的知识来减轻其痛苦。

以上均体现了国际上对患者平等医疗权的保障。

2011 年版《医院工作制度与人员岗位职责》中的“医院依法维护患者权利的制度”规定：享受平等医疗权，凡患者不分性别、国籍、民族、信仰、社会地位和病情轻重，都有权得到礼貌周到、耐心细致和合理连贯的诊治服务。平等医疗保健权是患者的基本权利。平等医疗保健权的实质性意义是要求医疗机构不得因为患者的不同背景进行差异化对待，既包括歧视和拒绝等低于服务标准的情况，也包括差异化优待的情况。

5．针对性地开展医患沟通　医务人员应理解宗教对于患者在精神层面的积极作用，尤其是临终患者。当生命临近终点的时候，医学能起的作用几乎很小，取而代之的是人文关爱与指引。因此，医务人员要充分了解并尊重患者的宗教信仰，并善于因势利导，利用宗教开展服务，以减轻患者的痛苦和恐惧，或寻求宗教人士的帮助。

有针对性地开展医患沟通，了解并通过宗教去缓解病痛，使患者直面生死，对医师和患者而言是一种很好的方式。

关于全科医师执业权限划定的思考

樊 荣

一、案例实情

在某家三甲医院分院，一名13岁的患儿因腿部外伤不足24小时来门诊就诊。患者在院外已包扎伤口，来院后要求开具破伤风抗毒素注射。当天该院外科门诊休息，但全科门诊、儿科门诊和内科门诊等均正常开放，且该院无小儿外科诊疗科目。

那么，应由哪个科来开具破伤风抗毒素？若需清创缝合，应该由谁来做？

二、问题浅析

1. 开具破伤风抗毒素注射要求医师具备什么执业范围？ 破伤风是破伤风杆菌经由皮肤或黏膜伤口侵入人体，在缺氧环境下生长繁殖，产生毒素，进而引起阵发性肌痉挛的一种特异性感染。破伤风常见于各种创伤后，还可能发生于不洁条件下分娩的产妇和新生儿。如病情较重，可能会危及生命。为了预防破伤风的发生，除了主动免疫外，通常在外伤后注射破伤风抗毒素进行被动免疫。对于注射的时间，推荐在24小时之内。对超过24小时的，一般不超过1周。

通常情况下，破伤风抗毒素是外科医师在对外伤进行清创处置后开具注射的。但破伤风本身作为一种细菌感染，对其的诊疗并未限定在外科专业的执业范围内，其他专业均可执行。相比较而言，在人民卫生出版社第6版《儿科学》教材以及中国医药科技出版社2012年出版的《儿科诊疗常规》中，“新生儿感染性疾病”章节中就包括“新生儿破伤风”，而且在“感染性疾病”章节也包括“细菌感染”。而且，北京市全科医师培训统一教材《全科医师实用手册》以及《全科医学科诊疗常规》中也包含破伤风。因此，考虑到患者未满14岁，在开具破伤风抗毒素时，执业范围为外科专业、儿科专业和全科医学专业相对最为合适。

2．对小儿清创缝合时要求医师具备什么执业范围？　案例中，该患者若需进行清创缝合，应属于小儿外科范畴。根据《医疗机构诊疗科目名录》，“08. 小儿外科”是独立的一级科室，与“02. 全科医疗科”“04. 外科”和“07. 儿科”属于并列关系。但根据《关于医师执业注册中执业范围的暂行规定》，临床类别医师执业范围中并无独立的“小儿外科”设置。这就形成了诊疗科目与执业范围不对应的情况，给实践工作的开展造成了困惑。

对于小儿外科属于外科还是儿科，国家法律法规并无明确说明。从名称上理解，小儿外科应理解为是针对小儿的外科学专业，那么理应属于外科。参考其他资料，在《卫生专业技术资格考试专业目录》中，“小儿外科学”同样是被划归在外科学中的。而且，在人民卫生出版社出版的第6版《儿科学》教材中，并无小儿外科相关内容。其第6版《外科学》教材中却并未区分成人与小儿。就外科疾病本身而言，成人与小儿的诊疗方案并无显著差异。由此可见，将小儿外科划归外科更为合理。

针对全科医师是否能从事小儿外科执业活动，在《全科医师实用手册》以及《全科医学科诊疗规范》中，是包含外伤处理的。因此，全科医师也具备为小儿清创缝合的权限。

3．破伤风注射以及小儿清创缝合是否属于紧急医疗救护？《中华人民共和国执业医师法》第二十四条规定，对急危患者，医师应当采取紧急措施进行诊治；不得拒绝急救处置。《关于医师执业注册中执业范围的暂行规定》中明确说明，医师注册后，对患者实施紧急医疗救护的，不属于超范围执业。《中华人民共和国侵权责任法》第六十条也规定，患者有损害，因下列情形之一的，医疗机构不承担赔偿责任："医务人员在抢救生命垂危的患者等紧急情况下已经尽到合理诊疗义务……"因此，若注射破伤风以及小儿清创缝合急危患者或属于紧急医疗救护的情况，则任何执业范围的执业医师均有资格实施。那么，哪些情况属于急危患者或紧急医疗救护情况呢？

现行的医疗法规和规章对于紧急情况的界定为，患者因疾病发作、突然外伤受害及异物侵入体内，身体处于危险状态或非常痛苦的状态，在临床上表现为急性外伤、脑挫伤、意识消失、大出血、心绞痛、急性严重中毒、呼吸困难和各种原因所致的休克等。有学者提出，上述情况中的紧急性可以概括为两类：一是时间上的紧急性，指医师的诊疗时间非常短暂，在技术上不可能作出十分全面的考虑及安排；二是事项上的紧急性，指采取何种治疗措施直接关系到患者的生死存亡，需要医师作出紧急性的决断。2013 年 11 月 18 日，国家卫计委办公厅发布了《关于印发需要紧急救治的急危重伤病标准及诊疗规范的通知》，对"需要急救患者的生命体征"和"常见急危重伤病种类"进行了列举。就本案例而言，无论是破伤风抗毒素注射，还是小儿清创缝合，均不属于急危患者和紧急医疗救治。

综上所述，仅一种常见疾病就会存在关于医师执业范围的较为复杂的分析与讨论，可见，在日常医疗实践中涉及医师执业范围争议的情况远不止本案例所指。

三、关于全科医师执业权限划定的思考

1．我国对医师执业权限划定的主要依据要素有哪些？《中华

人民共和国执业医师法》第十四条规定:“医师经注册后，可以在医疗、预防、保健机构中按照注册的执业地点、执业类别、执业范围执业，从事相应的医疗、预防、保健业务。”

执业地点是指医师执业的医疗、预防、保健机构及其登记注册的地址。根据国家卫计委《关于医师多点执业有关问题的通知》以及《推进和规范医师多点执业的若干意见的通知》，医师可以选择增加执业地点至两个或两个以上。

根据《医师执业注册暂行办法》，执业类别是指临床、中医(包括中医、民族医和中西医结合)、口腔和公共卫生。

根据《关于医师执业注册中执业范围的暂行规定》，执业范围是指执业医师和执业助理医师资格准入后的基本执业范围。在临床类别的执业范围中，内科专业、外科专业、妇产科专业、儿科专业和全科医学专业是并列关系。根据国家有关规定，取得全科医学专业技术职务任职资格者，方可申请注册全科医学专业作为执业范围。除了两种特殊情况外，医师只能选择一个类别及其中一个相应的专业作为执业范围进行注册，从事执业活动。在县及县级以下医疗机构（主要是乡镇卫生院和社区卫生服务机构）执业的临床医师，从事基层医疗卫生服务工作，确因工作需要，经县级卫生行政部门考核批准，报社区的市级卫生行政部门备案，可申请同一类别至多三个专业作为执业范围进行注册（即可在保留其原执业范围所从事的专业之外，增加全科医学专业及其他专业执业范围，以满足社区工作的需要)。

经注册全科医学执业范围后，医师才能从事全科医学的相关诊疗活动。《城市社区卫生服务机构管理办法（试行)》第二十三条明确规定，临床类别和中医类别执业医师在社区卫生服务机构从事全科医学工作，申请注册全科医学专业为执业范围，需符合以下条件之一：

（1）取得相应类别的全科医学专业中、高级技术职务任职资格。

（2）经省级卫生和中医药行政部门认可的相应类别全科医师岗位培训并考核合格。

（3）参加省级卫生和中医药行政部门认可的相应类别全科医师规范化培训。

取得初级资格的临床类别或中医类别的执业医师需在有关上级医师的指导下从事全科医学工作。

因此，执业类别和执业范围是对医师执业范围的粗分和细分，目的均是对执业权限进行限定。

此外，根据《医疗技术临床应用管理办法》《医疗机构手术分级管理办法（试行）》《内镜诊疗技术临床应用管理暂行规定》及各专业内镜诊疗技术管理规范等，医师的工作年限与专业技术职务任职资格也决定着部分医疗技术的执业权限。专业技术职务任职资格与工作年限是紧密相关的。只有到达一定的工作年限，才有资格申请上级专业技术职务任职资格。因此，可以将工作年限和专业技术职务任职资格统称为执业年资。

综上所述，我国对执业医师执业权限的划定，主要依靠三个要素：执业地点、执业范围和执业年资。可以将其表示为以执业地点为原点，执业范围和执业年资为 X、Y 轴的二维图（图 1）。

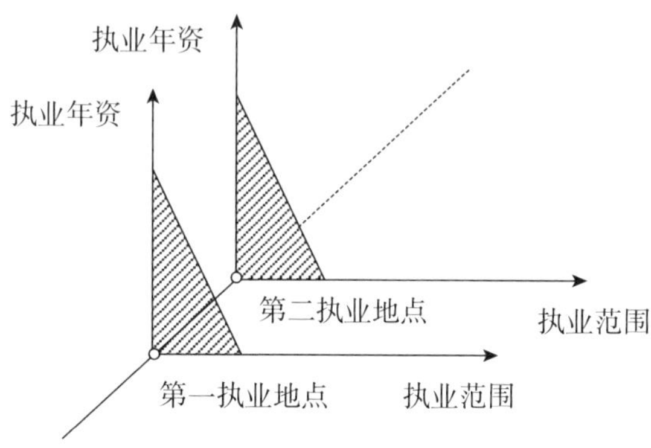

图 1　我国医师的执业权限

2．全科医师的执业权限有哪些？　通过以上案例不难发现，“全科医学专业”的执业范围是极为广泛的。在这个问题上，“中西医结合专业”的执业范围与之存在颇为相似的局面。中西医结合专业就意味着具备中西医所有科目的执业权限吗？全科医学专业就意味着具备全部诊疗科目的执业权限吗？

不同的全科医师对此也有不同的见解。有的人认为全科医师的权限取决于所在社区的资源配置；有的人认为全科医师的权限取决于自身能力与专业技术职务任职资格；有的人认为全科医师的权限取决于医保部门准许开诊和能够报销的项目。但所有的全科医师都认为，从法律法规上而言，只要这些外在条件均具备，全科医师就可以具备全部诊疗科目的执业权限。对于此，这也正是全科医师们所担心的。无所不能也就意味着无所能。能力有限而权限无限，便会蕴含着巨大的执业风险。

首先，在全科医师的定位方面，1999 年《全科医师规范化培训试行办法》第二条说明，全科医师规范化培训的培训对象是高等院校医学专业本科毕业后拟从事社区卫生服务工作的医师。而 2011 年国务院《关于建立全科医师制度的指导意见》中明确指出：“全科医师是综合程度较高的医学人才，主要在基层承担预防保健、常见病和多发病的诊疗和转诊、患者康复和慢性病管理、健康管理等一体化服务，被称为居民健康的‘守门人’”“引导全科医师以多种方式执业。取得执业资格的全科医师一般注册 1 个执业地点，也可以根据需要多点注册执业。全科医师可以在基层医疗卫生机构（或医院）全职或兼职工作，也可以独立开办个体诊所或与他人联合开办合伙制诊所。”

由上可见，全科医师已经由过去单一从事社区卫生服务，转变为既能在基层医疗卫生机构又能在医院或诊所从事医疗服务。全科医学科也不限于社区卫生服务机构，医院或诊所也可以设立全科医学科。

而且，上文也明确说明了，全科医师的主要职责是承担预防保健、常见病及多发病的诊疗和转诊、患者康复和慢性病管理以及健康管理等一体化服务。这与社区卫生服务机构的定位相同。2006年，国务院发布的《关于发展城市社区卫生服务的指导意见》明确规定，社区卫生服务机构以社区、家庭和居民为服务对象，以妇女、儿童、老年人、慢性病患者、残疾人和贫困居民等为服务重点，开展健康教育、预防、保健、康复、计划生育技术服务和一般常见病、多发病的诊疗服务。《城市社区卫生服务机构管理办法（试行）》明确规定社区卫生服务机构提供两项服务内容——公共卫生服务与基本医疗服务。而全科医师承担的是基本医疗服务，包括：①一般常见病和多发病的诊疗、护理和诊断明确的慢性病的治疗。②社区现场应急救护。③家庭出诊、家庭护理和家庭病床等家庭医疗服务。④转诊服务。⑤康复医疗服务。⑥卫生行政部门批准的其他适宜的医疗服务[1]。

2006年，在原卫生部发布的《关于全科医疗科诊疗范围的批复》中明确规定，全科医疗科为一级诊疗科目，其具体诊疗范围应参照《城市社区卫生服务机构管理办法（试行）》第七条规定的“社区卫生服务机构提供的基本医疗服务”的范围。

同时，《城市社区卫生服务机构管理办法（试行）》第二十二条对全科医学专业的执业范围进行了限定：“临床类别、中医类别执业医师注册相应类别的全科医学专业为执业范围，可从事社区预防保健以及一般常见病、多发病的临床诊疗，不得从事专科手术、助产、介入治疗等风险较高、不适宜在社区卫生服务机构开展的专科诊疗，不得跨类别从事口腔科诊疗。”

因此，由上可见，在执业权限的限定方面，全科医师与其他专业的临床医师不同。临床医师，如内科专业或外科专业等，在执业权限设定时，是在固定的执业范围内，随着执业年资的提升，其执业权限是逐步提高的，是纵向发展，在专业范围内的诊疗等级没有固定上限。

而全科医师与之不同。全科医师作为居民健康的“守门人”，要承担预防保健、常见病和多发病的诊疗和转诊、患者康复和慢性病管理以及健康管理等一体化服务工作，在执业范围上必须要全面放开，这样才能让所有居民做到“首诊在社区，大病上医院”，从而通过社区分诊转诊，实现分级诊疗。因此，从执业范围上看，全科医师的确需要覆盖全部临床专业，是横向发展。

但对全科医师并不是没有限定，否则取得高级职称的全科医师就等同于能够执行所有临床专业的所有医疗技术了。这肯定是不现实的。全科医师仅可从事社区预防保健以及一般常见病和多发病的临床诊疗，不得从事专科手术、助产和介入治疗等风险较高、不适宜在社区卫生服务机构开展的专科诊疗，不得跨类别从事口腔科诊疗。可见，全科医师的执业权限是通过诊疗等级来划分的。这就为执业权限的划定增加了一个维度。

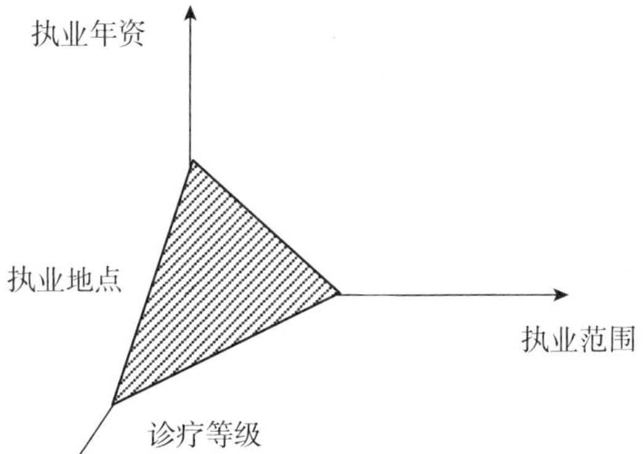

图 2　我国全科医师的执业权限

全科医师通过对患者进行首诊分诊后，仅可从事临床专业中等级较低的诊疗活动，即低风险、低难度及不复杂的诊疗活动，包括对一般常见病和多发病进行临床诊疗，以及风险较低的、非专科、非手术、助产及介入的常规诊疗操作，并且不可跨执业类别执业。即使全科医师获得了高级职称，那也只是说明对常见病、多发病诊治以及常规诊疗操作具备了较高的临床水平，并不代表就能够从事急危重症和疑难杂症的诊疗或高风险、专科性的诊疗操作。

当然，如前文所述，当全科医师遇到急危患者需要执行紧急医疗救治时，则不必担心超范围执业的问题，应立即采取急救措施。

此外，建议针对全科医师此类超出传统执业权限划定依据的情况，希望立法部门能够及时修订《中华人民共和国执业医师法》等相关法律法规或重新制定全科医学相关法律法规，明确执业范畴与权限，以便广大全科医师在日常执业活动中明确界限，避免法律风险，合理、合法地做好居民健康“守门人”的角色。

参考文献和注释

1.《城市社区卫生服务机构管理办法（试行）》第七条规定了社区卫生服务机构提供的基本医疗服务范围。

关于医护执业行为范畴划定的法律思考

樊 荣 匡莉萍 郑秋实*

一、案例实情

案例 1

患者于某，因“确诊直肠恶性黑色素瘤 10 余天”入住某三级甲等专科医院行“腹腔镜探查、腹会阴联合直肠切除术、粘连松解术及血管探查术”。术后第 3 天患者出现间断腹胀，当时科室让护士在医师的指导下给予手指扩肛，并予甘油灌肠。次日凌晨，因患者突发寒战伴腹痛，采取急性手术探查，见腹腔造口下 4cm 处结肠侧壁破损，由此引发医疗争议。

案例 2

患者刘某，因“右侧网球肘”在某二级医院外科门诊行局部封闭治疗。操作者为外科门诊护士。注射当日夜间患者出现右臂注射点剧烈疼痛，自行至附近一所专科医院就诊。该院未予处理，建议其回原治疗医院就诊。患者于次日返回原二级医院就诊。经门诊检查，患者右臂自注射点向远端出现肌肉强直，右前臂和右手活动受限。医院组织专家讨论后考虑“周围神经损伤可能”。患者及家属表示此前在其他医院也曾打过封闭针，都是由医师操作，从未出现过类似情况，这一次是由护士操作不当导致。由此引发医疗争议。

* 匡莉萍，北京市第二医院；郑秋实，北京大学肿瘤医院。

现暂且不论行为与结果的因果关系如何，然而，这两个案例均是由护士操作所引发的医疗争议。其中既有相似之处，也有不同之处。相似之处在于，专家均认为这两个案例中的护士属于超范围执业。不同之处在于三点：①依据《临床技术操作规范——护理分册》（中华医学会编著，2006 年人民军医出版社出版）和《临床护理实践指南（2011 年版）》（原卫生部、解放军总后卫生部主编），案例 1 中的“灌肠”属于护理操作或护理实践，即属于护士执业行为。案例 2 中的“封闭治疗”则不在护理操作或护理实践目录内。②案例 1 中，虽然“灌肠”本属于护士执业行为，但由于患者是在直肠切除和结肠造瘘术后进行灌肠，因此，属于非常规护理操作。护士的实践经验少，对他们来说，此类操作的难度相对较大。而在案例 2 中，患者为常规门诊患者，“封闭治疗”虽然不属于护士执业行为，但护士在此之前已独自操作多次，均顺利完成且效果良好。③案例 1 中，护士是在医师的指导下进行操作的。而在案例 2 中，护士是独立操作的。

那么，既然认为护士的行为是超范围执业，那么护士的执业范围又是什么？在医师执业证书中，关于执业地点、执业类别和执业范围都是明确的。但在护士执业证书中，仅有执业地点一项。那么在实际工作中，依据什么来判定护士的执业范围？如果具有高危因素的非常规护理操作被定义为护士超范围执业，那么医师指导下的护士执业是否可被认可？若具有高危因素的非常规护理操作被定义为医师执业行为，而医师对于常规护理操作又未经历过系统培训，又如何能胜任具有高危因素的非常规护理操作呢？医师若从事护士执业行为，是否也应被认定为属于超范围执业？这项操作到底应由谁去执行更合适？这不仅仅是现实的实践问题，也因为超范围执业在很大程度上影响着医疗损害责任的认定，因此，同样具有由谁去执行更合法的现实法律意义。

二、医护执业行为的定义

我国的医事法律至今未对医疗行为和护理行为作出过明确的定义，仅在《医疗机构管理条例实施细则》中对诊疗活动进行过定义："是指通过各种检查，使用药物、器械及手术等方法，对疾病作出判断和消除疾病、缓解病情、减轻痛苦、改善功能、延长生命、帮助患者恢复健康的活动。"医疗行为的概念也经历了从狭义到广义的转变。目前我国学界对广义医疗行为的概念定义为：医疗机构运用物理、化学、生物和心理等手段实施的，对人体生理、病理状态或组织结构形态进行合法干预或改变的行为。

依据内容的不同，可以将医疗行为分为主导性医疗行为和辅助性医疗行为。

主导性医疗行为是指对医疗服务接受者的健康问题或潜在健康问题的干预措施起决定作用的行为，主要指医师的行为。《中华人民共和国执业医师法》对医师的执业行为进行了说明："在注册的执业范围内，进行医学诊查、疾病调查、医学处置、出具相应的医学证明文件，选择合理的医疗、预防、保健方案。"

辅助性医疗行为是指除医师应亲自执行诊断、开具处方、实施麻醉或手术以及病历记载以外，在医师的指导或指示下由其他医务人员所为的行为，其中包括护理行为等。《护士条例》第十六条至第十九条仅对护士执业行为进行了要求，但并未对其进行明确定义。《综合医院分级护理指导原则（试行）》指出护士实施的护理工作包括以下四项："①密切观察患者的生命体征和病情变化。②正确实施治疗、给药及护理措施，并观察和了解患者的反应。③根据患者病情和生活自理能力提供照顾和帮助。④提供护理相关的健康指导。"

既然医师与护士之间定义和内涵不同，那么也就意味着责任的分工也不同。虽然他们需要相互配合，但从患者安全的角度来看，医师和护士由于"术业有专攻"，若分工不明、职责不清、混乱执业，必然会导致医疗风险增加。然而，两者在操作层面上仍有未明确归责的部分。正是这些未明确归责的操作行为，在医疗纠纷与诉讼的处理中，给法律层面的责任判定带来了难题。因此，在实践中，对于医护执业行为范畴的划定，既是对患者安全的保护，也能使医护人员避免相关的法律风险，更是医院管理中对职责细化的依据。

三、医护执业行为范畴的划定

根据《中华人民共和国执业医师法》《病历书写基本规范》《处方管理办法》和《医疗机构手术分级管理办法（试行）》等法律法规，医师的执业行为可概括为进行诊断、书写医疗文书、开具医嘱或处方、病情告知以及实施手术和麻醉等以诊断和治疗为目的的医疗技术操作等。

根据《护士条例》和《综合医院分级护理指导原则（试行）》等法律法规，护士的执业行为可概括为护理评估、护理诊断、正确执行医嘱、实施护理技术操作、生活护理、健康指导以及书写护理文书等。

目前在诊疗活动中以及法律认定层面，对于除了技术操作之外的职责归属均比较明确。仅在医疗技术操作与护理技术操作之间仍有部分操作处于职责不清的局面，可将其称为“交界技术操作”（图 1）。对于医疗技术操作，《医疗技术临床应用管理办法》对其进行了定义与分级管理，但并未就其具体项目制定目录。对于护理技术操作而言，《临床技术操作规范——护理分册》和《临床护理实践指南》（2011 年版）对其有较为详细的项目目录。

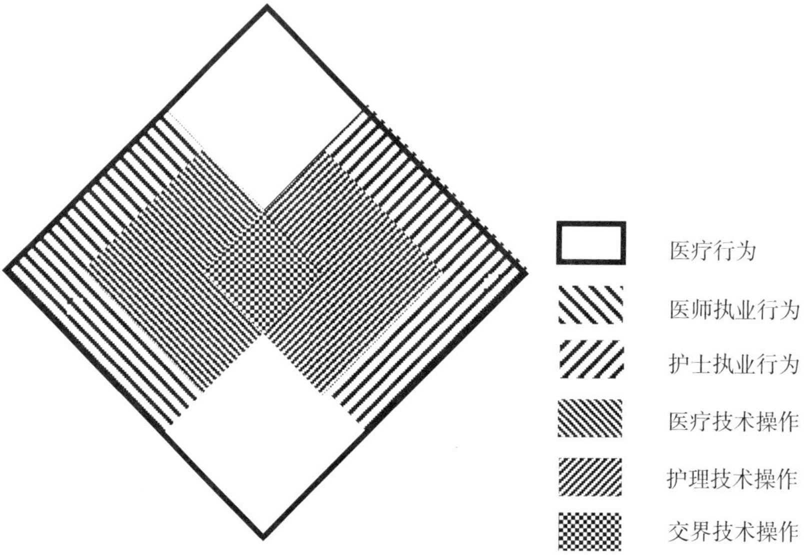

图1　医疗行为的构成与关系

明确属于医疗技术操作的项目应为《国际手术操作分类（ICD-9）临床版》中的诊断性操作项目和手术项目，但治疗性操作项目中有部分与护理技术操作存在重合。

明确属于护理技术操作的项目应包括生活护理、无菌技术、消毒隔离、标本采集、给药治疗、专科护理和心理护理等。

在护理技术操作项目目录中，也可以明显看到部分项目医师也在操作，如导尿、换药、使用呼吸机、血测量压、动脉穿刺、压疮清创、心肺复苏、止血以及外周中心静脉置换等，均属于《国际手术操作分类（ICD-9）临床版》中的治疗性操作。由此可见，所谓的“交界性操作”，均为护理治疗操作项目，且均属于ICD-9中的治疗性操作的范围之内。

因此，根据国家相关法律法规，结合医疗机构诊疗实践活动，针对医护执业行为范畴的法律划定，提出如下建议：

1．对于职责明确的执业行为内容与技术操作项目，应由相应的专业人员进行执业。若非本专业人员在非急诊急救的状况下进行专业技术操作，无论其是否在专业人员指导下，则均应认定为超范围执业。

2．根据目的的不同对技术操作进行职责认定　若以诊断和治疗为目的的操作，则应归为医师执业行为。若以消毒、标本采集和给药等护理为目的的技术操作，则应归为护士执业行为。例如，若为门诊高血压患者量血压以诊断和治疗的，则为医师执业行为；若为住院患者实施每 12 小时血压监测观察体征的，则为护士执业行为。若为进行介入手术置管而采取动脉穿刺的，则为医师执业行为；若为动脉血采集而进行动脉穿刺的，则为护士执业行为。若为评估伤口恢复情况，采取治疗手段或决定下一步治疗方案的换药，则为医师执业行为；若为日常伤口的清洁消毒、为渗出更换敷料及防止感染的换药，则为护士执业行为。

3．根据主导和辅助来区分医师和护士执业行为　例如，在气管插管和胸腔穿刺等有创性操作中，医师应为操作者，护士为辅助者。在使用呼吸机和血液透析等治疗性操作中，医师为治疗方案制订者，负责参数设定；护士为治疗方案辅助执行者，负责观察监测与护理。在心电图、^{13}C- 尿素呼气试验检查中，护士为检查辅助执行者，医师为检查结果判读诊断者。

4．对于难度较大、复杂程度较高，已符合手术标准的操作，应由医师执行　例如在压疮护理操作常规中，包括对于Ⅱ～Ⅳ期压疮患者采取针对性的治疗和护理措施，定时换药，清除坏死组织。但对严重压疮、无法判断的压疮和怀疑存在深层组织损伤的压疮等，需进行皮肤和皮下坏死组织切除清创术或肌肉清创术时，则应由医师执行，应属于医师执业行为。

5．对于基础护理范畴内的护理技术操作，应认定为护士执业行为　例如导尿、灌肠和外周中心静脉置管等，应属于护士执业行为。对于操作难度较大的护理操作，应进行专门的培训或准入，以加强管理。实践中，必要时可请示上级护理人员协助以确保患者安全。医师在医学教育与实践训练中未接触过基础护理内容，不具备相关知识和技能基础，因此，对于难度较高的基础护理操作，则更不应归为医师执业行为。

6. 对于急诊急救状况下护士采取常用的急救技术，如心肺复苏、环甲膜穿刺、膈下腹部冲击法、电除颤和止血等，不应被认定为超范围执业　因《护士条例》第十七条规定：“护士在执业活动中，发现患者病情危急，应当立即通知医师；在紧急情况下为抢救垂危患者生命，应当先行实施必要的紧急救护。”同样，医师在急诊急救状况下若进行护理操作，也不应被认定为超范围执业。因《关于医师执业注册中执业范围的暂行规定》中明确说明，医师注册后对患者实施紧急医疗救护的，不属于超范围执业。

7. 对于乡村医生开展执业活动的，不必区分其医疗或护理执业范围　因《乡村医生从业管理条例》第二十四条规定：“乡村医生在执业活动中应当履行以下义务：遵守法律、法规、规章和诊疗护理技术规范、常规。”

8. 对于基层医疗机构，如乡村卫生室、卫生站和社区服务站等，因地理位置、设施设备和人员等客观条件所限，不能配备足够的护理人员。为了保障患者得到及时的医疗服务，而不得不由医师代为从事护理执业行为的，不应认定其行为属于超范围执业。

因此，对于案例1来说，“灌肠”为基础护理技术操作之一，医师未接受过相关教育实践，故不建议将案例中的护士行为认定为超范围执业。对于案例2来说，“局部封闭治疗”本不属于护理技术操作，属于治疗行为，并且其注射点的选择、注射深度和注意事项等均为医师教育和培训的内容，因此，应认为其超出了护士执业范围，应由医师本人实施操作，护士仅可辅助操作。

四、立法建议

在2014年3月6日的全国“两会”上，全国政协委员、中华护理学会李秀华理事长提交了关于“亟待制定并出台《中华人民共和国护士法》”的提案，得到了全国政协医药卫生组委员们的支持，并共同联名签署提案。李秀华理事长在提案中呼吁：有必要尽快制定并出台《中华人民共和国护士法》，以维护我国护士的合法权益，进一步明确护士的执业范围以及相应的权利和义务，促进护理事业的可持续发展，以保证医疗安全、维护生命和促进健康，但该法律至今尚未出台。

医护执业行为与患者安全和生命健康息息相关。因医师和护士在教育内容和实践训练上存在不同，应加快推进这两个专业的独立性与互补性，并从立法层面上明确相关定义与执业范畴，制定相应的执业行为项目目录与规范，明确其权利、义务和责任，消除目前职责不明的“交界技术操作”，从而为医师和护士的执业行为奠定坚实的法律基础。

参考文献

1. 王岳 . 医事法 . 北京：对外经济贸易大学出版社，2010，24.

关于手术与有创诊疗操作的辨析及建议

樊 荣

一、问题来源

有临床医师咨询：内镜下食管支架植入术算有创性操作还是手术？在病历中是否需要书写术前小结和术后首次病程？

二、问题浅析

根据原卫生部制定的《病历书写基本规范》，有创诊疗操作记录是指在临床诊疗活动过程中进行的各种诊断和治疗性操作（如胸腔穿刺和腹腔穿刺等）的记录。应当在操作完成后即刻书写，并且应该同时有特殊检查和特殊治疗同意书。然而，若是进行手术，则必须书写术前小结、手术记录和术后首次病程记录等，并且具备手术同意书。因患者病情较重或手术难度较大的，还需要记录术前讨论。

因此，这项医疗技术的归类决定着病历书写的具体要求。那么，应如何区分有创性操作和手术呢？

1．从定义上看　根据原卫生部制定的《医疗机构手术分级管理办法（试行）》中的定义，手术是指医疗机构及其医务人员使用手术器械在人体局部进行操作，以去除病变组织、修复损伤、移植组织或器官、植入医疗器械、缓解病痛、改善机体功能或形态等为目的的诊断或者治疗措施。内镜下食管支架置入术为医务人员使用内镜在食管中植入支架，符合手术的定义。

然而，对于有创诊疗操作，并没有专门的定义。从《病历书写基本规范》字面上的理解，应是指在临床诊疗活动过程中进行的各种诊断和治疗性操作（如胸腔穿刺和腹腔穿刺等）。但该定义较为含糊，并不明确。“临床诊疗活动过程中进行的各种诊断和治疗性操作”几乎包含了所有诊疗操作，并未突出“有创”二字。而所列举的“胸腔穿刺和腹腔穿刺等”又将“有创”二字几乎限定在有创口的穿刺范围内。这无疑对“有创诊疗操作”过于局限了。

《医疗机构管理条例实施细则》中对特殊检查和特殊治疗进行了定义：特殊检查和特殊治疗是指具有下列情形之一的诊断和治疗活动：①有一定危险性，可能产生不良后果的检查和治疗。②由于患者体质特殊或者病情危笃，可能对患者产生不良后果和危险的检查和治疗。③临床试验性检查和治疗。④在收费上可能对患者造成较大经济负担的检查和治疗。根据定义，有创诊疗操作应包含在特殊检查和特殊治疗所指的第一类情形中。而内镜下食管支架置入术也属于临床诊疗活动中进行的治疗性操作，并且也具有一定的危险性，可能产生不良后果，应算作有创诊疗操作。

因此，对比手术与有创诊疗操作的定义后可见，两者之间并无明确的区分。从定义上看，《医疗机构手术分级管理办法（试行）》中手术的定义更为宽泛，包含了《病历书写基本规范》中有创诊疗操作的定义。

2．从项目列举上看　原卫生部制定的《医疗机构手术分级管理办法（试行）》第三条规定：“医疗机构实行手术分级管理制度。手术分级管理目录由卫生部另行制定。”但至今为止，国家卫计委仍未正式发布手术分级管理目录。仅在2011年，原卫生部医政司发布的《关于征求〈医疗机构手术分级管理办法〉和〈手术分级目录（2011年版）〉意见的函》中，作为附件2，下发过《手术分级目录（2011年版）（征求意见稿）》。

但经查阅发现,《病历书写基本规范》的有创诊疗操作中所列举的胸腔穿刺和腹腔穿刺,在《手术分级目录(2011年版)(征求意见稿)》中均属于一级手术。虽然仅为征求意见稿,但仍体现了两个规章之间的矛盾性。

另外,在日常实践中常见的皮肤牵引术、气管插管和胸腔闭式引流术等有创诊疗操作均在手术分级目录之列,而内镜下食管支架植入术被划为介入诊疗技术中的三级手术。因此,采用《手术分级目录(2011年版)(征求意见稿)》作为手术范围划定依据也是不合适的。

此外,有人认为应从是否麻醉来区分手术和有创诊疗操作,但类似皮肤牵引术和假肢安装等在手术分级目录中被归为一级手术的项目并不需要麻醉,而有些诊断性操作,如无痛消化内镜检查等,同样需要麻醉支持。因此,通过麻醉来区分也是不合适的。

还有人认为应从是否进手术室来区分手术和有创诊疗操作,但对于一些有创诊疗操作,有时为了确保安全,同样需要在手术室内进行,如气管切开术等。不同的医疗机构对于手术室操作的掌握尺度不一,因此,同样不能通过是否进手术室来进行区分。

某学者曾提出,从字面上解释,《医疗机构手术分级管理办法(试行)》中的手术,包含《病历书写基本规范》中的手术和有创诊疗操作;但从目的来解释,因为两者的目的有差别,不能互套;从体系来解释,对照《医疗机构手术分级管理办法(试行)》对手术定义来看,《病历书写基本规范》中将有创诊疗操作都归于手术了,那就没有必要在《病历书写基本规范》中区分手术和有创诊疗操作了。因此,最合理的解释是,《医疗机构手术分级管理办法(试行)》中的手术概念,应包含《病历书写基本规范》中的手术、有创诊疗操作以及其他诊疗操作。

此观点基本准确,但反观手术分级目录,既包含一些有创诊疗操作,又未包含所有的有创诊疗操作,如导尿术、血液透析和关节腔内注射等。因此,两者之间并不是绝对的包含与被包含的关系。因此，更倾向于认为，《医疗机构手术分级管理办法（试行）》中的手术定义是广义上手术的定义，而《病历书写基本规范》中所指的手术是指狭义上的手术。

三、辨析与建议

1．手术与诊疗操作　对于手术与诊疗操作两者之间的区分，建议参照《国际手术操作分类（ICD-9）临床版》进行划分。ICD-9 临床版几乎涵盖了所有的临床手术与操作，并且明确地区分了诊断性操作、治疗性操作与手术，并且一直随着医学发展在不断更新。

《国际疾病分类手术与操作》（ICD-CM-3）源于世界卫生组织于 1978 年出版的国际医学操作分类（International Classification of Procedure in Medicine，ICPM），但此后再无新版问世。随着医学科学技术的进步，ICPM 越来越不能满足世界各国的应用需求。于是，各国开始在 ICPM 的基础上开发了符合自身国情的医疗服务操作项目分类及其编码。

美国在 ICPM 第 5 章的基础上，对 ICD-9 的第 3 卷进行了修订，形成了《国际疾病分类（第 9 版临床修订本）——手术与操作》（International Classification of Diseases，Clinical Modification of 9th Revision，Operations and Procedures，ICD-9-CM-3），广泛用于美国医疗机构的手术操作分类。加上由美国医学会开发的医师使用的当代医学术语集（Contemporary Medical Terminology，CPT）、当代牙科术语集（Contemporary Dental Terminology，CDT）等多种体系共同组成了美国的医疗服务操作编码体系。2013 年 10 月 1 日，美国正式实施了 ICD-10 操作编码系统，代替现在使用的 ICD-9-CM-3。

德国在 ICPM 的基础上，开发了德国医疗服务操作分类（operationen-und Prozedurenschlüssel 301，OPS 301）。英国开发了人

口普查与调查办公室手术与操作编码第4版（Office for Population Census and Surveys，Classification of Surgical Operations and Procedures 4th revision，OPCS 4）。法国开发了医学操作分类（La Classification Commune des Actes Médicaux，CCAM）。澳大利亚开发了澳大利亚卫生干预分类（Australian Classification of Health Interventions，ACHI）。加拿大开发了加拿大卫生干预分类（Canadian Classification of Health Interventions，CCI）。

目前我国的“手术及操作编码”项目多使用美国发布的ICD-9-CM-3编码。北京市在此基础上，根据临床医学进展，组织专家研究制定了《国际疾病分类（ICD-10）临床版》和《国际手术操作分类（ICD-9）临床版》（北京版ICD-10和ICD-9），并于2006年通过了国家级专家组评审。2011年，原卫生部办公厅发布了《关于推广应用疾病诊断相关分组（DRGs）开展医院评价工作的通知》[1]，说明北京版ICD-10和ICD-9经北京市二级以上医院5年来的应用，编码的准确率较高，能够满足卫生统计上报和医疗质量绩效评价的要求，故推荐使用北京临床版ICD-10和ICD-9，以加强疾病的分类管理工作。

2015年1月5日，北京市卫计委发布了《关于使用临床版新版（V6.0）字典库的通知》。该字典库为目前最新版的手术操作分类字典库，较好地涵盖了当前临床上几乎所有的手术与操作，并进行了良好的区分。类似于前文所述的，在手术分级目录中归于手术的胸腔穿刺、腹腔穿刺、气管切开、皮肤牵引和假肢安装，甚至归于四级手术的气管插管术，在ICD-9临床版V6.0中均归为治疗性操作。手术分级目录中所不包含的导尿术、血液透析和关节腔内注射等，乃至案例中的内镜下食管支架植入术也归为治疗性操作。这种划分方式是更为临床所认可和接受的。

2．有创诊疗操作的划分　如前文所述，尽管有创诊疗操作的定义并不明确，但设立该名称的目的是清晰的。对于那些有创的、有一定危险性的、可能产生不良后果的诊疗操作，希望通过加强知情同意和操作记录等管理要求，来提高医疗质量，保障医疗安全。

因此，可以认为，有创诊疗操作是指在诊疗操作中，那些通过采用医疗器械、设备和耗材，或通过聚焦超声波、电磁波和光波、放射线等介质，采用侵入、介入、穿刺和穿透等方式，精确地作用于人体内部相应部位进行诊断和治疗，具有一定危险性，并可能产生不良后果的操作项目。

在实际工作中，将设立的目的与定义进行结合，便能够较好地用于有创诊疗操作的划分。

根据这种划分方法，胸腔穿刺、腹腔穿刺、气管切开、气管插管、导尿、血液透析、关节腔内注射和内镜下食管支架植入术等均应为有创诊疗操作，而皮肤牵引和假肢安装则不属于有创性诊疗操作。

此外，对于导尿术及外周中心静脉置管等医护执业范畴划分不清的、交界性的有创性操作，是否记录，由谁来记录，如何记录，目前学界尚有争论。之前，通常较多的是由护理人员操作并记录在护理记录单中。但随着原卫生部在病案归档资料中取消普通患者护理记录单，仅保留病重（病危）患者护理记录单，将无处保留相关操作记录。考虑到此类操作的有创性、病历书写的规范性以及病历资料的完整性，建议由实际操作人员按照《病历书写基本规范》的要求，书写有创诊疗操作记录，并保留在病历中。

参考文献和注释

1. 《关于推广应用疾病诊断相关分组（DRGs）开展医院评价工作的通知》规定："北京市在此基础上，根据临床医学进展，组织专家研究制定了《国际疾病分类(ICD-10)临床版》和《国际手术操作分类(ICD-9)临床版》（以下简称北京版ICD-10和ICD-9，见附件1-编码字典库），于2006年通过了国家级专家组评审。经北京市二级以上医院5年来的应用，编码准确率较高，能够满足卫生统计上报和医疗质量绩效评价要求。各省级卫生行政部门要组织各级各类医疗机构有关人员，认真研究借鉴北京版 ICD-10 和 ICD-9，做到医务人员能够正确全面填写住院病案首页信息，编码人员准确编写 ICD 编码，增强疾病分类的准确性。”

从垄断出租床看医院的票据管理

樊　荣

一、问题由来

一次笔者接到一家医院的朋友询问。这家医院不允许住院患者家属自带陪住床，而是由医院的护理部提供陪住床，并收取一定的租用费。家属要求医院出具收费票据。医院为其开具了一张手写收据，但患者家属认为不是正式收费票据。朋友问：医院应向患者家属出具哪种票据？

二、问题评析

问题看似简单，但其实并不是一张票这么简单的问题。

1．医院垄断出租陪住床的做法不合理　医院禁止住院患者家属自带陪住床，却自己出租陪住床并收取租用费，这是具有垄断性质的“霸王条款”。

大多数医院都能为陪伴人员提供陪伴椅，但由于有的陪伴人员需要陪住过夜，便产生了陪住床的需求。但医疗机构毕竟是诊疗场所，陪住床的使用要以简易、宜收纳和不占用过多空间为条件，否则就会影响正常的诊疗和紧急情况下的抢救。由于陪住床的大小不同，如果一旦任由患者家属自带，便会在大小和数量上不好控制。而国家或上级部门并没有针对陪住床的管理进行规定。

有时，为了保障安全通道和病房的诊疗，医院会对陪住床的使用进行检查，当发现过大或过多的陪住床时即会予以劝收或暂时控制。有时，双方就会由于此类问题发生争执甚至冲突。与其在带入后再下力气整治，还不如从源头下手。因而一些医疗机构不允许患者家属自带陪住床。哪怕家属所带的陪住床的款式和大小与医院提供的床完全一样，也不允许带入。

相同的陪住床，由于所有者不同而对其采取不同的管理，医院的垄断行为并不合理，且容易引发医患矛盾。因此，针对医疗机构提出几点建议：

（1）规定每位住院患者只可有一人陪住：这样既能满足照护需求，又可以满足突发情况下与患者家属的及时沟通，还能避免交叉感染，以及患者与家属之间的意见不统一。这样的规定治疗合理，易被理解和执行。医疗机构可在每天关闭病区时对在院患者的陪伴人员进行查核，确保不存在超员。控制了人员数量，实际上也就控制了陪住床的数量。

（2）公示陪住床的款式标准：既然在数量上进行了控制，下一步便是在款式上进行控制。就像航空公司对行李箱的大小、容积和重量进行限制一样，航空公司并未要求所有旅客仅可携带在该航空公司购买的行李箱才能登机。同理，医疗机构也可以公示陪住床的款式要求，如展开大小和收纳空间等。每个病区门口的探视管理人员对携带陪住床进入病区的人员进行检查，以确保陪住床的款式符合标准。

（3）公示陪住床的使用时间及收纳要求：陪住床的唯一功能就是陪住人员在夜间休息时使用。因此，白天时必须将其妥善收纳，不能影响医院的正常诊疗。还可公示使用陪住床的时间段，并且所有的陪住人员必须遵守。

2．医院采取出租陪住床并收取租金的方式弊大于利　在现有的医院中，关于陪住床的提供及管理总体上分为三种。第一种，由医院的相关部门统一提供并进行管理；第二种，由护工公司统一提供并进行管理；第三种，医院仅管理但不提供陪住床，由患者家属自带。

对该案例所示的情况属于第一种方式。实际上这种方式弊大于利。

（1）医院对于出租陪住床的租金没有收费标准：《中华人民共和国价格法》第十八条规定，对重要的公用事业价格与公益性服务价格实行政府指导价或政府定价。《全国医疗服务价格项目规范（2012 年版）》是各级各类非营利性医疗卫生机构提供医疗服务时收取费用的依据。各省级部门制定具体的收费标准。以北京为例，1999 年 10 月，北京市物价局和北京市卫生局下发了《北京市统一医疗服务收费标准》，一直沿用至今。其中，仅有“陪住费”一项收费项目，收费标准是每日每床 1 元。而如今，部分医疗机构出租陪住床的价格从一天几元到收费 50 元不等。可见，该收费并无收费标准。

（2）医院收取陪住床租金的行为与医院性质不符：公立性医院是公益性事业单位，不以营利为目的。因此，医院的医疗收入采取的是免税政策。医院为陪住人员提供陪住床应是其提供的一种服务，不应是一种营利性行为。《医院财务制度》第十八条提出，医院的收入包括医疗收入、财政补助收入、科教项目收入和其他收入。其他收入指医院开展医疗业务、科教项目之外的活动所取得的收入，包括培训收入、租金收入、食堂收入、投资收益、财产物资盘盈收入、捐赠收入以及确实无法支付的应付款项等。陪住床的租金应属于其他收入，不应享受免税政策。

（3）医院收取陪住床租金易导致“小金库”的存在：如该案例所述，陪住床是由护理部负责，可以直接在护士站交费领床，出具的是手写收据。说明这笔钱并未纳入医疗机构的财务统一管理。根据《医院财务制度》，各项收入的取得应符合国家有关法律、法规和政策的规定。取得的各项收入必须开具统一规定的票据，严格按照医疗机构财务会计制度规定确认和核算收入。各项收入由财政部门统一核算和管理。其他任何部门、科室和个人不得收取款项。严禁设立账外账和“小金库”。根据《关于在党政机关和事业单位开展“小金库”专项治理工作的实施办法》，“小金库”的主要表现形式包括：违规收费、罚款及摊派、经营收入未纳入规定账簿核算等。由此可知，该案例中的行为存在设立“小金库”的风险。

（4）对陪住床的存放与管理会增加医院的成本负担和风险：住院患者家属需要陪住床的数量是可观的。因此，医院除了要付出较大的成本来购置陪住床外，还需要较大的空间存放陪住床。在寸土寸金的医院中，这种方式无疑导致资源浪费。另外，由于是院方提供的陪住床，医院自然要承担陪住床的清洁、消毒和维修职能，这也会增加医院的成本。而且，由于陪住床本身就是简易的用品，在使用中容易损坏。一旦因为保养不当、维修不及时或产品质量问题而导致患者家属受到损害，医院还应承担相应的赔偿责任，这无疑增加了医疗机构的管理风险。

综上所述，建议医疗机构对陪住床的管理采用后两种方式更为妥当。

3．医院的票据管理问题　医疗机构使用的票据分为两种：收据和发票。

收据通常是盖有财政部门的监制章，一般是非生产经营的行政事业性收费的票据。发票通常是盖有地税部门的监制章，一般是生产经营性收费的票据。财政部和原卫生部2012年颁发的《医疗收费票据使用管理办法》第四条规定，医疗收费票据是会计核算的原始凭证，是财政、卫生、社保、审计和监察等部门进行监督检查的依据。医疗收费票据是按照国家有关规定申请医疗费用报销的有效凭证。对于其他收入，不得使用医疗收费票据。

医疗服务专用发票同样为法定报销和证明凭证，在参加医疗保险时与省级财政部门统一印制的《医院门诊收费专用票据》和《医院住院收费专用票据》具有同等效力。根据财政部和国家税务总局2000年下发的《关于医疗卫生机构有关税收政策的通知》，对非营利性医疗机构按照国家规定的价格取得的医疗服务收入免征各项税收。对非营利性医疗机构从事非医疗服务取得的收入，如租赁收入、财产转让收入、培训收入和对外投资收入等，应按规定征收各项税收。非营利性医疗机构将取得的非医疗服务收入直接用于改善医疗卫生服务条件的部分，经税务部门审核批准，可抵扣其应纳税所得额，就其余额征收企业所得税。对营利性医疗机构取得的收入，按规定征收各项税收。

因此，对非营利性医疗机构按照国家规定的收费标准取得的医疗服务收入，应使用由省级财政厅统一印制的医疗卫生机构收费专用票据，即收据。但非营利性医疗机构从事非医疗服务取得的各项收入，如租赁收入、财产转让收入、培训收入和对外投资收入等，应按规定使用地税部门监制的相关发票。对营利性医疗机构从事医疗服务取得的各项收入，应按规定使用地税部门监制的医疗服务专用发票。

在本案例中，如果患者家属坚持要求医院出具收费票据，则医疗机构应当出具正式发票。

简易门诊、便民门诊与普通门诊的辨析、存在问题与发展

樊　荣

一、问题由来

一家新开业不久的医院，由于医师人员有限，无法满足全天候门诊的出诊需求。因此，各科门诊并非全天开放，并且主要开放了专家门诊，只有少数科室安排了主治医师出门诊。过了一段时间，医院接到很多患者的投诉意见。有的人说，医院为什么不设立简易门诊以方便患者取药或复查？有的人说："我就开个药，明明普通号就能解决的，凭什么都让我挂专家号？"

单位内部的工作人员之间也存在争议。有的人认为应该开设简易门诊以减少专家门诊单纯开药和复查的就诊压力；有的人认为不应该开简易门诊，因为存在医疗安全隐患；有的人认为简易门诊挂号费太便宜，无法体现医师的价值；还有的人认为，根据分级诊疗，三级医院就是看疑难杂病的，有专家门诊就够了，没有必要设置普通门诊。

显然，患者和医院管理者对简易门诊、便民门诊和普通门诊的概念搞混淆了。

二、简易门诊、便民门诊与普通门诊的辨析

1．定义　根据2008年发布的《北京市医院简易门诊管理暂行规定》，简易门诊是医院针对慢性病患者（含社区卫生服务机构转诊的慢性病患者）长期治疗需要定期开药或开具相关医学检验单或一般检查开设的门诊，也称方便门诊。

对于便民门诊，有狭义和广义之分。狭义上的便民门诊等同于简易门诊，是为了方便居民开药、检验和检查，提高工作效率而开设的门诊。广义上的便民门诊是指所有为了方便民众就诊而开设的门诊，包括简易门诊、早间门诊、夜间门诊、延时门诊和错峰门诊等。除了简易门诊外，其他门诊本质上是通过增加出诊时间来满足患者的就诊需求，因此，增加时间的门诊可能是普通门诊，也可能是特约门诊。以夜间门诊为例，部分医院将绝大多数科室开放了夜间门诊，并配备了各层级的医师出诊，而部分医院则仅将个别号源紧张的热门专科开放夜间专家或特需门诊。

普通门诊是相对于特约门诊和假日门诊来定义的。在1999年《北京市统一医疗服务收费标准》中，门诊挂号费分为四类：普通门诊、急诊、假日门诊和特约门诊。其中特约门诊又分为四类：知名专家教授、正主任医师、副主任医师和主治医师。由此可见，普通门诊通常是指非特约的门诊，主要由高年资住院医师出诊，其他级别医师也可出诊。在2012年版的《全国医疗服务价格项目规范》中，挂号费与诊疗费合并成为了诊察费。西医诊察费被划分为普通门诊诊察费、副主任医师门诊诊察费、主任医师门诊诊察费、急诊诊察费、门/急诊留观诊察费和住院诊察费等。“普通门诊诊察费”的项目内涵指主治医师及以下医师提供的普通门诊诊疗服务。可见，在全国版的物价标准中，已经将北京版的普通门诊和主治医师特约门诊合并为普通门诊。因此，可以预见，在北京版物价标准修订中，也必将沿用全国的规范而将两者统一。

为了便于对比，主要将简易门诊、便民门诊中除简易门诊之

外的门诊（以夜间门诊为例）与普通门诊进行辨析。

2．出诊医师　简易门诊由于仅是针对慢性病患者定期开药、开具检验和检查，仅要求医师具备执业医师资质即可，因此，出诊医师多为住院医师或低年资主治医师。

便民门诊由于是延时门诊的一种，因此，各级医师均有出诊，依各家医院管理安排而有所不同。

普通门诊主要是由高年资住院医师出诊，其他级别医师也可出诊。

3．门诊时间　依据《北京市医院简易门诊管理暂行规定》，简易门诊的开放时间应与医院门诊的开放时间相同，并进行公示。

便民门诊的门诊时间根据门诊的设置而不同。早间门诊和错峰门诊通常是在早 8 点正常上班之前开放。夜间门诊也称晚间门诊或黄昏门诊，通常是晚 5 点正常下班之后开放。

普通门诊作为医院门诊必备的一部分，开放时间与医院门诊开放时间相同。

4．挂号量限制　简易门诊本身就是为了方便患者、提高效率而开设的，通常不对挂号量进行限制。

便民门诊是正常门诊的延时。如为专家或特需门诊，则通常也会采取挂号量限制。

普通门诊为非特约门诊，通常不进行挂号量限制。

5．处方医嘱限制　依据《北京市医院简易门诊管理暂行规定》，简易门诊的医师不得开具肌内注射或静脉注射药品处方，以及进行输血治疗和透析治疗等。此外，简易门诊的医师不能开具下列药品：①第一、二类精神类药品，麻醉类药品，激素类用药，抗肿瘤药物，生物制品，抗排异药物，免疫抑制剂。②专业性很强的特殊药物，如强心药、抗心律失常药、抗凝药及中药汤剂。③卫生行政部门规定的其他药品。简易门诊的医师可以开具普通检验和检查申请单，但不能开具与相关慢性病无关的检查和大型设备检查申请单，如 CT、核磁共振和核医学检查等。简易门诊不得开展体检工作。

便民门诊与普通门诊对于处方医嘱则无任何限制。

6．连续取药限制　依据《北京市医院简易门诊管理暂行规定》，简易门诊接待因同一疾病就诊的同一患者时，3 个月内连续取药不得超过 3 次，连续取药 3 次后患者应到相应的专科门诊复诊。这样的规定也是考虑了简易门诊的医疗风险与患者安全问题，并定期对疾病进行复查和专科评估，根据疾病变化及时调整治疗方案。

便民门诊与普通门诊由于是正常接诊，因此，并无连续取药的限制。

7．检验和检查结果解释限制　依据《北京市医院简易门诊管理暂行规定》，简易门诊的医师不负责解释检验和检查结果。有需要了解检验、检查结果或指标意义的患者应当到相应专科就诊。这样的规定一方面是增加简易门诊的工作效率，另一方面也是为了避免安全隐患。简易门诊出诊医师的级别较低，在检验和检查结果解释上并不具有优势。而且应将相关结果及时反馈给专科医师，以便于观察患者的疾病变化而适时调整治疗方案。

便民门诊与普通门诊由于是正常接诊，因此，在检验和检查结果的解释上并无限制。

8．就诊患者限制　依据《北京市医院简易门诊管理暂行规定》，简易门诊接待的是已经确诊且病情稳定的慢性病取药或检查和检验患者，不得接待初诊患者，不得接待病情不稳定的患者，不得接待非患者本人。此项规定的主要目是保障患者安全。对于初诊或病情不稳定的患者，应到专科门诊就诊，制订或调整治疗方案。而对于非患者本人，则避免了由于病情描述不清而影响对病情的真实判断。

便民门诊与普通门诊无此方面的限制。

9．门诊病历书写与医学证明文件限制　依据《北京市医院简易门诊管理暂行规定》，简易门诊的医师必须在患者持有相关疾病就诊病历资料，且不需要调整治疗方案时，方可按照原病历上注明的口服药品和服用剂量开具处方。医师必须在病历上记录开药日期，并注明“慢性病取药”字样，但不书写病情记录。此规定的主要目的是提高工作效率。此外，简易门诊不得开具各种医学证明文件。

便民门诊与普通门诊应按照《病历书写基本规范》如实书写门诊病历，并可出具相应的医学证明文件。

10．跨科处置问题　很多患者认为在简易门诊一次挂号就可以开具所有科室的所需药品。这个理念是错误的。根据《北京市医院简易门诊管理暂行规定》，简易门诊分为综合简易门诊和专科简易门诊。综合简易门诊的全科医师由医院指定部门负责管理，专科简易门诊的医师由相应专科负责管理。简易门诊的医师应严格按照登记的执业地点和执业范围执业。因此，只有全科医师出诊的综合简易门诊才可以开具不同科室的药品，属于在执业范围内执业，不属于跨科处置。

便民门诊与普通门诊则同样必须按照执业范围进行执业。

11．挂号费用与名称　简易门诊除了便捷之外，另一个特点就是挂号费低。通常只有 0.5 ～ 1 元，有的医院甚至免收挂号费。在北京，简易门诊的挂号费与普通门诊相同，均为 0.5 元。简易门诊与普通门诊均是非特约门诊，挂号时按照简易门诊或普通门诊挂号，无须确定出诊医师。

便民门诊由于是正常门诊的延时，则根据出诊医师的级别不同而收取相应的挂号费。如有特约门诊，则挂号时必须确定出诊医师。

由上可见，简易门诊、便民门诊与普通门诊之间既有相似之处，也有明显不同，在实际工作中易于混淆（表 1）。医院管理部门应掌握其中的不同之处。

表 1　简易门诊、便民门诊、普通门诊

	简易门诊	便民门诊（以夜间门诊为例）	普通门诊
定义	慢性病患者定期开药、检验和检查的门诊	狭义上等同于简易门诊 广义上为方便民众就诊的门诊	非特约门诊
出诊医师	多为住院医师或低年资主治医师	各级医师	多为高年资住院医师，其他级别的医师也可出诊
门诊时间	同门诊开放时间	门诊开放时间之外的时间	同门诊开放时间
挂号量限制	不限号	根据出诊类型而定	不限号
处方医嘱限制	不得开具注射剂或特殊用药，以及输血、透析、大型设备检查或体检	无限制	无限制
连续取药限制	同一疾病 3 个月内连续取药不得超过 3 次	无限制	无限制
检验和检查结果解释限制	不解释检验和检查结果	无限制	无限制
就诊患者限制	不得接待初诊患者、病情不稳定的患者或非患者本人	无限制	无限制
门诊病历书写与医学证明文件限制	记录开药日期，注明“慢性病取药”，不书写病情记录，不得开具各种医学证明文件	规范书写门诊病历，可开具各种医学证明文件	规范书写门诊病历，可开具各种医学证明文件
跨科处置问题	不得跨科处置，在执业范围内执业	不得跨科处置，在执业范围内执业	不得跨科处置，在执业范围内执业
挂号费用	低收费，甚至免费	按照出诊类别收费	低收费
挂号名称	综合简易门诊或专科简易门诊	按照出诊类别。特约门诊需确定出诊医师	专科普通门诊

三、存在问题

1．简易门诊曾广泛存在于北京市大多数三甲医院。但近些年来，各大医院纷纷取消了简易门诊。分析其问题，主要存在以下几个方面：

（1）存在较高的患者安全隐患：医师不经仔细问诊和查体便进行简单处置，造成对慢性病患者病情的变化观察不足，容易导致误诊、漏诊、延误诊断以及药物滥用等问题。

（2）响应国家医药分开政策，让医疗机构以治疗为中心：医院不是药房，不应以开药作为医院的主要工作，应把主要工作放在对疾病的诊疗上。

（3）成本高，收益低，医院收益低，入不敷出：实施医药分开政策后，部分医疗机构取消了药品加成。开药不能给医疗机构带来收益，挂号诊疗费又非常低廉，反而使医疗机构维系简易门诊的人力与管理成本较高。因此，简易门诊的开设不利于医疗机构的正常运营。

（4）过度挤占医保总额：目前医疗机构均实施了医保总额预付政策，对每年度的医保总额有了相应的限制。如果药品收入过高，将会挤占医保总额，从而影响医疗收入。而由于对药品实施零差率政策，因此，药品收入的比例过高，则对医疗机构的整体运营不利。

（5）不利于对医疗机构的整体考核评价：药占比是医疗机构绩效考核与医保管理考核中较为重要的指标之一。过高的药占比将不利于对医疗机构的整体考核评价。

2．关于便民门诊，目前在部分医院仍以不同的形式开放，但总体上也在逐步萎缩甚至取消。目前所保留的形式，如夜间门诊等，也多是日常较热门的、号源紧张的专科专家或特需门诊。原因主要为以下几个方面：

（1）存在部分季节性，需求量波动较大：以夜间门诊为例，患者的数量在夏季明显多于冬季。统一配置不利于对人力资源的合理使用。

（2）医务人员过劳，不利于患者安全：对医务人员来说，便民门诊是在正常的工作时间之外的工作。即使通过提高补贴来激励医务人员，仍会导致医务人员过劳现象。处于过劳状态的医务人员对患者的安全工作极为不利。

（3）运行成本过高：便民门诊毕竟属于正常工作时间之外的门诊，患者的数量没有日常出诊时间的大。但医务人员的工作均属于加班，单位时间的人力成本高于日常，而且相关的辅助部门均需配置人员以满足业务，导致人力与管理的成本较高。因此，现在所保留的夜间门诊也是以专家或特需门诊为主。

3．普通门诊是医疗机构门诊的基础组成部分，是必备的。如今，随着医学生整体学历层次的提高，三级医院招收的毕业生基本上是以硕士以上学位人员为主。医学专业研究生在校期间就可以考取执业医师资格，硕士毕业后仅2年就可以考取主治医师，博士毕业后就可以考取主治医师。但目前国家所实施的住院医师规范化培训政策规定，研究生毕业入职后必须进行2年的规范化培训（简称“规培”）。通过规培后，只要有职称名额，研究生通常也具备条件晋升主治医师。这就意味着，三级医院如果不是规培基地，则能够出普通门诊的主治医师将十分紧缺。

四、发展

2015年9月8日，国务院办公厅发布了《关于推进分级诊疗制度建设的指导意见》，明确了各级各类医疗机构诊疗服务功能定位。城市三级医院主要提供急危重症和疑难复杂疾病的诊疗服务；城市二级医院主要接收三级医院转诊的急性病恢复期患者、术后恢复期患者及危重症稳定期患者。县级医院主要提供县域内常见病和多发病患者的诊疗，以及急危重症患者的抢救和疑难复杂疾病向上转诊服务；基层医疗卫生机构和康复医院、护理院等为诊断明确、病情稳定的慢性病患者、康复期患者、老年病患者、晚期肿瘤患者等提供治疗、康复和护理服务。

综合以上可见，随着分级治疗制度的施行，三级医院内简易门诊的取消将是大势所趋。对慢性病患者的管理和治疗，终将是基层医疗卫生机构的主要工作。三级医院主要承担的是急危重症和疑难复杂疾病的诊疗服务。由于我国优质医疗资源的缺乏与分配不均，为了解决号源紧张的问题，三级医院的热门专科或专家开设延时便民门诊仍将在一段时间内存在。对于三级医院内的普通门诊，在未来国家分级医疗体系完善之后，才有可能不予保留。但在现阶段的法律法规体系下，是不可能取消的，并且预计在很长一段时期内仍将是必备的，是门诊的重要组成部分。医疗机构可以没有特约门诊，但不能没有普通门诊。特约门诊的提供与选择是医院和患者双方选择的结果。但普通门诊的提供是医院业务开展的最低保障。

关于外带输液的现状、问题浅析与对策建议

樊荣　匡莉萍　丁欣刚*

一、案例实情

2015年3月，北京市某二级中医医院的一名患者在当日门诊时间即将结束时才就诊完毕，医嘱建议其输注7天的鹿瓜多肽注射液。患者取药后，看到门诊输液室的工作时间已到，便要求医师开具外带输液证明，将注射用鹿瓜多肽和氯化钠注射液一同取走，希望回家后到附近的社区卫生服务中心进行输注。但其携带药物到社区卫生服务中心要求输注时，对方拒绝为其提供此项服务。理由是患者并未在该服务中心输注过，他们无法保证用药的安全性。

无奈之下，第二天患者持原医院开具的处方、外带输液证明和药品，再次返回到原医院进行输注。结果，原医院同样拒绝了患者的要求。理由是患者已将药品带离了医院，尽管持有本院的处方及外带输液证明，但对于此次返回医院要求输注而言，因无法保证患者所携带的药品是否为当初带离药品以及离院后是否妥善放置药物，因而将其视同外带输液。原医院规定不接受外带输液。因此，患者在原医院依旧不能进行输注。

---

* 匡莉萍，北京市第二医院；丁欣刚，北京市丰台区卫生局。

患者表示极为不解，外带输液证明本身就是为了证明药物的真实性和有效性而开具的资料，以供接收单位核对和认可。结果是患者拿着医院自己开的外带输液证明时，医院反而却对自己开具的证明不予认可。

二、问题现状

在实际工作中，本案例中患者所遇到的情况在北京市众多医疗机构均是存在的。我们针对北京市各级医院进行了随机调查，发现绝大部分三级医院拒绝外带输液。本身医院内部开具的输液就已超出了其工作承受能力，就更不可能接待外带输液。在二级医院中，部分医院拒绝外带输液，部分医院允许有限定条件的外带输液。而在一级医院中，大部分允许外带输液，少部分医院拒绝外带输液或仅开放上级所属医院的外带输液。

调查同时发现，近几年来，随着陆续出现输注外带输液后输液反应的事件，允许外带输液的医院数量也逐年减少。越来越多的社区卫生服务中心也都在缩紧外带输液的范围，甚至拒绝外带输液。

三、问题浅析

1. 政策法规问题　从政策上来说，根据《药品管理法实施条例》[1] 和《医疗机构药事管理规定》[2]，医疗机构向患者提供的药品应当与诊疗范围相适应，医疗机构仅应使用本院药学部门统一采购和供应的药品。除了核医学科以外，非药学部门采购和供应的药品不得在临床上使用，其中就包括外带输液。此项政策也是医疗机构拒绝外带输液的重要法规依据。同样，依据此项政策，目前大部分社区卫生服务中心以及部分二级医院、专科医院接受外带输液的行为就属于违规行为。而且，部分住院患者在院期间将日常口服的药品，尤其是院内没有的药品自行服用。甚至部分住院患者因为急需某种供应量较少的药物（如注射用人血白蛋白等），医院往往让患者通过从外院或药店购买而在院内使用。若按照此项政策，则此类行为同样是违规行为。但是，如果所有住院患者需要的药品都需要由医院统一采购，则会为医院药剂部门的采购、储存和调剂带来挑战。这就给实际诊疗活动带来了极大的障碍。

从《医疗机构药事管理规定》的立法思路来看，第二十五条隶属于第四章“药剂管理”。第二十三、二十四条分别规定了采购范围和采购制度流程。第二十四条的立法思路是对采购的权限进行明确，即由药学部门统一采购供应，而不能由科室自行采购。重点是对采购部门的限定，但并未考虑到患者需要外带输液的实际情况。因此，在依据此条款考量外带输液行为时，就形成了政策上的束缚。

2．医保报销问题　在医保管理中，检查检验和药品等项目均与医院等级相关联。部分药品被限制在相应级别的医疗机构内使用。例如，《北京市基本医疗保险用药范围管理暂行办法》第十一条规定：“‘甲类目录’由国家统一制定，本市不做调整，列入本市《药品目录》。‘乙类目录’由国家制定，本市根据经济发展水平、医疗需求和用药习惯，按照国家有关规定和要求适当进行调整。本市对‘乙类目录’中易滥用、毒副作用较大的药品，按临床适应证、医疗机构等级、医生专业技术职务、科别等予以限定。”其中既存在对医保费用控制的因素，也有对药品使用风险防控的因素。在《北京市基本医疗保险、工伤保险和生育保险药品目录》中，案例中的药品“鹿瓜多肽”的医保报销限制中就明确注明“限二级以上医院使用”。结合《医疗机构药事管理规定》，可见患者必须在二级以上医院使用“鹿瓜多肽”。一级医院既不允许采购，也不允许使用患者外带输液药品。这也就意味着，若住院患者需要使用某种限制医院等级的药品，就必须进行转院治疗，否则所产生的费用将无法报销。

3．资质权限问题　针对某些特殊管理要求的药品，国家对于使用的条件有明确的规定。符合条件的医疗机构才能使用该药品，不得将药品带离医院并到不符合条件的场所使用。此类规定有《麻醉药品和精神药品管理条例》《医疗机构麻醉药品、第一类精神药品管理规定》《放射性药品管理办法》《危险化学品安全管理条例》及《医疗用毒性药品管理办法》等。

4．用药安全问题　世界卫生组织多年来一直倡导“能口服的就不注射，能肌内注射的就不静脉注射”的用药原则。静脉注射药物的不良反应率相对较高，常见的有热原反应、热原样反应、过敏反应及急性细菌性感染等，原因有药物本身、输液器材质量、输液速度、输液环境和患者因素等多种因素。习惯上，上级医院通常会为患者进行一次静脉输注后，再为患者办理外带输液证明，以保障接收医疗机构大幅减少出现输液反应的概率，尤其是一些需要皮试的药品。但对于迟发型过敏反应而言，即使在原单位进行过一次输注，也不能保证杜绝过敏反应。而且，目前有部分三级医院已经取消了门诊输液。这就意味着接收单位所面临的输液反应率会相对上升。为了规范医疗行为，提高治疗效果，减少不良反应，使患者得到更加安全、有效的治疗，安徽省卫计委在2014年发布了《关于加强医疗机构静脉输液管理的通知》，明确了输液指征，规定了53种无须输液治疗的常见病和多发病。

此外，对于需要特殊保存的药品，通常会被接收单位拒绝输注。因为外带药物由患者自行保管，其保存环境和温度可能会对药物造成一定的影响，易发生危险。

5．救治能力问题　不同等级的医疗机构之间对于突发输液反应的救治能力不同。因此，基层医疗机构在面对外带输液时，往往考虑到一旦出现输液反应，将超出医疗机构的救治能力，从而危及患者的生命。尤其是在面对一些不常见的药物时，基层医疗机构从医疗安全的角度出发，通常会拒绝外带输液。

6．责任承担问题　正是因为输液的不良反应发生率相对较高，其中就包含了输液器材、输液速度和输液环境等接收外带输液的基层医疗机构相关因素。同时还存在着一旦发生输液反应，基层医疗机构的救治能力不足，会耽误对患者的紧急救治，从而造成不良后果的风险。一旦出现损害结果，对于因果关系往往无法清晰界定。根据《中华人民共和国侵权责任法》第五十四条，若由于以上因素导致患者损害的，医疗机构及其医务人员应当承担相应的赔偿责任。因此，考虑到存在着较大的责任风险，基层医疗机构往往也会选择拒绝外带输液。

7．工作负荷问题　在目前的医疗机构中，三级医院的工作负荷过大，对于静脉输液的接收已达到饱和，经常可以看到手持输液架在院区走廊通道进行输液的患者。因此，大量患者在三级医院就诊结束后，选择将药品带至居住地附近的基层医疗机构进行输注。而目前二级医疗机构的输液量也不容乐观，经常是人满为患。反观社区卫生服务中心等一级医疗机构，输液室的工作量相对较小。但卫生服务中心属于全额拨款事业单位，工作负荷的增减对于其经济收入的影响甚微。因此，一级医疗机构并没有接待外带输液的主观动力。

8．价格收入问题　对于接待外带输液的部分二级医院和多数一级医院而言，在现有的统一医疗服务收费标准（北京）中，静脉输液费用为 2 元 / 人次，与医疗机构付出的人力、空间和消耗成本相比，是严重入不敷出的。更何况，医疗机构同时还要面临较大的医疗风险，其收入远远不能与成本、风险和责任成正比。

9．医院感染防控问题　对于存在疾病传播风险的患者，因为大多数基层医院没有传染病患者治疗区，为了避免其他患者发生交叉感染，基层医疗机构不能接收此类患者的外带输液。

四、对策和建议

1．严格控制不合理输液。不合理使用静脉输液会带来医药费用上涨、就医时间延长及医疗风险增加等一系列问题。应从医疗安全、输液指征和诊疗规范的角度去加强管理力度，出台相关的管理制度。加强健康宣教和政策宣传，让民众充分了解相关的诊疗风险，客观地面对静脉输液，主动配合政策落实。

2．实施药品分级管理。在药品分类管理的基础上，进一步实施药品分级管理制度。不仅在分类上，有处方药与非处方药、麻醉药品、精神药品、医疗用毒性药品和放射性药品等，还要在分类上，依据药品的安全性、有效性、经济性及耐药性等因素，对药品实施医疗机构等级、专科和医师专业技术职务等方面的分级管理。对于使用级别内的药品，在不违反其他政策要求的情况下，可接收外带输液。对于超出使用级别的药品，不得接收外带输液。

3．鼓励基层医疗机构分解接收压力。优化基层医疗机构的绩效考核模式，鼓励其提高工作量，并使工作量与绩效收入成正比。适当提高医疗服务收费标准。通过多种途径鼓励基层医疗机构接收符合其诊疗范围和救治能力的外带输液，从而在方便患者的同时，也缓解了大医院的工作压力，实现对患者的有效分流。

4．打通医疗联合体（简称“医联体”）医疗机构之间的外带输液下转通道。在医联体内部加强医疗机构间的协作，完善双向转诊。尤其是区域性医联体，根据医院等级、诊疗特色和服务内容，共同为患者提供服务，合理引导患者分级诊疗。针对外带输液，根据药品分级，就近选择相应等级的合作医院。确保医疗机构的接收，避免患者奔波折返。

5．开具外带输液时，原单位必须为患者提供完整的药品发票、处方、外带输液证明和相关的病历材料等。必须详细注明药品的名称、剂型、用法用量、滴速和其他注意事项等。

6．接收单位接收外带输液时，首先应通过医疗机构药剂部门的审核。审核内容包括药品的数量、完整性、名称、剂型、性状、有效和与发票内容一致性等，以保障药品的质量。如出现以下情况，医疗机构应拒绝其外带输液：审核时发现问题，患者自购药品，外院配制药品，药品标签不完整或不清晰，需特殊方法运输、保存和使用的药品等。

7. 通过药剂部门审核后，患者需挂号就诊，由接收单位的医师审核处方并开具输液治疗单，医师有义务根据药品说明书和诊疗常规的行业规范等标准对原医院的病历和处方进行用药合理性、用药配伍、用法用量和滴速等方面的审核，并评估患者目前的病情是否适合在该医疗机构进行静脉输液。需做皮试的药物，若病历资料中未注明，一律应重新做好皮试方能输注。对于不符合相关标准的处方，接收医院的医师需进行修改。患者不同意修改的，医疗机构可拒绝接收其外带输液。对于病情不适合在该医疗机构进行静脉输液的，如病情较重或在传染期内的传染病患者等，医疗机构可拒绝接收其外带输液。

8. 医患双方共同签署患者自带药品输液知情同意书。医师应充分向患者告知静脉输液治疗相对口服药和肌内注射而言具有较大的风险性，并且由于个人携带和保存等因素会进一步增加自带药品输注的风险。在患者或其法定代理人理解并签字同意后方可进行输注。

9. 护士应严格按照本院医师处方或输液治疗单进行输注，做好“三查八对”工作，并再次检查药品质量。核对无误后方可执行输注。输注过程中要严密观察患者的病情变化。如发现异常表现，应及时对症处理。

10. 一旦发生输液反应，在及时救治处理的同时，应详细记录救治处置流程，注意妥善留存相关药品以及输液器具。注意区分药品不良反应事件与医疗损害事件，详细告知患者处理流程与注意事项。对于存在医疗争议的，应告知患者对药品和输液器具检验和鉴定的权利与方法，并进行相应的后续处理工作。

参考文献和注释

1.《中华人民共和国药品管理法实施条例》第二十七条规定:“医疗机构向患者提供的药品应当与诊疗范围相适应，并凭执业医师或者执业助理医师的处方调配。”

2.《医疗机构药事管理规定》第二十五条规定:“医疗机构临床使用的药品应当由药学部门统一采购供应。经药事管理与药物治疗学委员会（组）审核同意，核医学科可以购用、调剂本专业所需的放射性药品。其他科室或者部门不得从事药品的采购、调剂活动，不得在临床使用非药学部门采购供应的药品。”

医务人员过劳现象之多维讨论

樊　荣　王颖倩　李　涛　肖明朝　贺菲菲　李飞龙*

2015 年 5 月 27 日，中国医师协会发布了《中国医师执业状况白皮书》。其中统计数据显示，52.72% 的医师平均每周工作时间为 40 ～ 60 小时，32.69% 的医师在 60 小时以上。三级医院的医师中有 91.81% 的医师需要加班工作，二级医院的医师中有 79.38% 的医师需要加班工作；25 ～ 35 岁的医师中有 85.69% 的医师需要加班工作，36 ～ 45 岁的医师中有 86.63% 的医师需要加班工作，46 ～ 60 岁的医师中有 83.34% 的医师需要加班工作。仅有 17.85% 的医师可以按规定休完年假。医务人员过劳已经成为了普遍现象。

过劳可导致许多问题，包括注意力涣散、积极性下降、解决问题的能力下降、易怒、健忘、沟通障碍、信息处理能力和判断力下降、反应时间延长、冷漠和缺乏同情心等。

现对医务人员过劳现象所存在的矛盾和所引发的问题进行讨论，并提出建议。

一、安全与效率之间的平衡

医务人员之所以过劳，其目的通常是为了诊治更多的患者，完成更多的工作量。因此，过劳就意味着医务人员为了患者的健

* 王颖倩，北京清华长庚医院；李涛，河北邯郸市中心医院；肖明朝，重庆医科大学第一附属医院；贺菲菲，北京市第二医院；李飞龙，重庆医科大学。

康而辛苦、无私地付出。过劳，成为了医师敬业奉献的象征，甚至成为一名优秀医师高尚医德的象征。但是，“太敬业”所导致的过劳真的会对患者有好处吗？疲惫的医务人员在诊疗活动中能够保持良好的状态吗？他们在这种情况下工作，会影响到患者的安全吗？对患者而言，效率和安全，究竟哪一点更重要？长期过劳导致的健康透支，使很多医务人员缩短了其工作寿命，如何衡量其间得失？

1．过劳与患者安全　医疗行为是一项充满未知和风险的科学，而过劳的医务人员则会增加这种行为的风险性。

根据美国医疗机构评审联合委员会的警讯事件警报[1]，在2004年一系列开创性的关于护士疲劳和患者安全的研究中，对393名超过5300个班次的护士进行分析后发现：工作时间超过12.5小时或者更长的护士在患者照护上发生错误的概率是正常工作时间护士的3倍多。另外，还有研究表明：更长的工作时间增加了犯错和关闭呼叫的风险，这与降低警觉有关。

2007年11月，美国医疗机构评审联合委员会在《质量和患者安全杂志》上发表了文章，显示有确凿的证据表明，持续、延长工作轮班显著增加疲劳，并降低绩效和安全。采用传统的24小时轮班制的住院医师可能发生以下情况：

（1）比连续工作16小时以内的医师犯严重的可预防不良事件的概率高36%。

（2）发生误诊的概率高5倍。

（3）在晚上工作时出现注意力分散的概率高2倍。

（4）发生与疲劳相关的导致患者死亡的可预防的不良事件概率超过300%。

随后，2009年的一项研究发现，由睡眠不足6小时的主治医师所完成的通宵手术造成的并发症发生概率会增加。

国内也有大量相关的研究，如重症监护室护士职业倦怠与患者安全问题、化疗药物配置室护理职业倦怠原因分析与对策、血液净化中心护士职业倦怠与患者安全关系等。2014 年 8 月 16 日，中国医院协会发布了《患者安全目标（2014—2015）》。其中第十条规定，为了建立医务人员劳动强度评估制度，需要关注工作负荷对患者安全的影响。

因此，当医务人员拖着疲惫的身体，坚持为患者实施诊疗时，对患者而言，这是一件好事还是坏事？患者经常抱怨当下的就诊现状是“排队 3 小时，看病 3 分钟”。当别的患者在就诊时，自己感觉焦急不安，觉得时间太长。而当自己就诊时，又觉得时间太短。他们既要求医务人员具有工作效率，同时又要求工作质量。对患者而言，他们所期望的应该是更为安全的诊疗结果，而不是充满风险、盲目追求效率的赌博。安全是医学发展的第一要义。

2．过劳与工作效率　医务人员过劳，通常是由于过多的工作量所致，从而通过延长劳动时间来完成。在适当的工作压力下，医务人员是可以通过努力专注及合理统筹等方式提高工作效率的，从而完成更多的工作量。但当工作压力超出适当的范围而造成过劳时，虽然工作总量会增加，但医务人员投入单位时间所产生的边际收益就会递减，工作效率也会下降。相对于有标准休息时间的医师，24 小时轮班制的住院医师在临床和非临床工作效率上，会出现比基线低 1.5 ～ 2 个标准差的情况。这一点很容易理解。如果继续向医务人员施压，超出其身体和心理上的耐受程度，那么其工作总量同样也会下降。因此，无论是医务人员，还是医院管理者，均不能将延长劳动时间作为提高工作量的主要手段，因为疲劳所导致的不仅是工作效率的降低，更重要的是会危及患者安全，乃至医务人员的自身安全。

3．过劳与自身安全　过劳不仅会威胁患者安全，降低工作效率，而且会对医务人员的自身安全造成影响。研究显示，与标准休息时间的医师相比，24 小时轮班制的住院医师发生针刺及其他锐器伤的概率高 61%。每天工作时间超过 12 小时的护士遭受职业伤害的概率更高。这与医务人员在过劳情况下注意力下降有关。

当然，过劳所导致的危及医务人员自身安全的因素远不止职业伤害这么显而易见，更大的危害在于长期过劳所导致的身心透支。从某种程度上而言，过劳的医务人员是在用自身的健康去换取患者的健康。甚至当患者还未康复的时候，我们的医务人员却倒下了。

面对一个无法保证自身健康的人，患者又如何能将自己的健康交给他去改善呢？对于医师个人的健康，美国医师协会主席Jeremy A. Lazarus 提出了忠告："我坚信，如果连我自己都没有腾出时间来保持健康和体形，那么我将无法胜任美国医师协会主席这项工作，同时，我也无法面对我的患者。"医务人员积劳成疾，甚至因过劳导致猝死的现象屡有发生。但同时，"医师做了32小时的手术后累瘫，刷新纪录"这样的新闻，却还在被作为正面典型加以宣传报道，足见医疗机构的安全意识仍然淡薄。如果不能保障医师的安全，那么保障患者安全也将成为一句空话。

二、人力资源利用与劳动者权益保障

这是一连串让人无比悲伤的名字。

2014年9月20日，48岁的北京同仁医院神经内科路医师参加北京国际山地徒步大会时晕倒，送医院后抢救无效死亡。

2014年10月12日，55岁的北京积水潭医院烧伤科张医师突发心脏意外离世。

2014年10月24日，42岁的中国医学科院阜外医院麻醉科昌医师在手术室内突然昏迷，检查显示脑干出血，最终治疗无效去世。

2014年10月25日，48岁的北京积水潭医院骨肿瘤科丁医师在泰国参加国际学术会议时突发心血管疾病去世。

2014年11月9日，38岁的苏州大学附属第二医院妇产科史医师在支边医院工作中，突发疾病去世。

2014年11月14日，35岁的安徽省立医院骨科王医师多日忙碌工作，于睡梦中突发呼吸和心搏骤停，不幸辞世。

2014年11月22日，51岁的解放军第309医院微创骨科主任白医师于家中突发疾病离世。

2015年1月12日，47岁的广州南方医院脊柱外科主任医师鲁医师在帮扶基层途中突出脑积水，抢救无效离世。

2015年3月2日，28岁的西安交通大学医学院第一附属医院精神科闫医师在持续1小时胸外按压抢救患者后猝死。

2015年3月3日，26岁的南通大学附属医院骨科的一位刚下小夜班的护士，由于感冒已输液2天，在凌晨输注第三次青霉素时猝死；同日，26岁的浙江大学医学院附属邵逸夫医院的一名麻醉科女医师在值夜班后猝死。

2015年4月1日，32岁的湖南省安化县人民医院麻醉科陆医师夜班时突发疾病，不幸逝世。

2015年4月12日，48岁的首都医科大学附属北京友谊医院心脏外科李医师突发心脏病猝死。

2015年4月13日，40多岁的淮北市人民医院一名医师早上交班前突发心肌梗死，抢救无效死亡。

2015年4月14日，51岁的福州市第一医院儿科康医师突发疾病病逝。

2015年6月29日，43岁的广州市红十字会医院急诊科李医师在连续值班24小时后突然在家中晕倒，送医院后抢救无效死亡。

2015年7月8日，31岁的中日友好医院重症监护室的宋医师，在工作病区内被发现呼吸和心跳停止，抢救6个多小时无效死亡。

据不完全统计，从2014年9月至2015年7月的11个月时间内，已有17名医师突发疾病而离世。他们或是倒在了工作岗位上，或是倒在了家中，但他们有一个共同的特点就是敬业努力、勤劳无私。他们本来可以在岗位上救治更多的患者，却因过劳长期透支着健康与身体，最终导致英年早逝。而且，仅仅不到一年的时间，医务人员猝死已经呈现出明显的年轻化趋势，最年轻的才刚刚 26 岁。他们经过了多年的医学教育训练，满怀热情投入工作岗位，便匆匆地离开了自己所热爱的事业。这不仅仅是家庭的悲哀，医院的悲哀，更是医学的悲哀。

谁来补偿医务人员的健康透支？谁来保障医务人员的合法权益？谁又来维护医务人员的休息权？

1．“过劳死”的成因与认定　从人体来说，当遭遇应激事件后，通常会使用自我应对机制化解应激，这种反应取决于个体的生理和心理状态。当不能完全化解应激时，那么长时间的压力刺激或残余应激就会引起心理 - 生理反应，从而可直接或间接导致器官发生疾病。残余应激可增加交感神经的活性，增加血液中的儿茶酚胺水平，长期下去对健康产生破坏性的影响。研究显示，导致“过劳死”的死因顺位是：心力衰竭（18.7%）、蛛网膜下腔出血（18.4%）、脑出血（17.2%）、心肌梗死（9.8%）、脑梗死（6.8%）和其他原因（29.1%）。因此，大多数“过劳死”的死因是急性心力衰竭和蛛网膜下腔出血。

“过劳死”一词起源于日本。日本法律对“过劳死”有较为明确的规定。如果超负荷工作导致员工突发心脑血管疾病而造成死亡，其遗属可以提起“劳灾”（相当于我国的“工伤”）保险申请。一旦被认定为“过劳死”，就可以享受疗养补偿、损害补偿和遗属补偿等权利。关于如何界定上述规定中的“超负荷”工作，日本制定了《关于脑血管疾病与缺血性心脏疾病（负伤引起的除外）的认定标准，包括劳动时间、工作环境和精神状态等因素。具体而言，主要有：①发病前一天工作上遭遇突发事件（主要指引起极度紧张、兴奋、恐怖和惊讶等心理压力的不可预测事件）、突发超负荷工作及工作环境巨大变化等。②发病前一周内经历过过重劳动，有不规则出勤、频繁出差、深夜出勤以及温度、噪声和时差等工作环境变化，从而造成精神紧张。③发病前一个月加班时间在 100 小时以上或发病前 2 ～ 6 个月每月平均加班时间在 80 小时以上。

2．“过劳死”与工伤认定　我国并未对“过劳死”有明确的定义。因此，在工伤认定上，目前存在着较多尴尬之处。

根据我国《工伤保险条例》第十五条的规定，职工在工作时间和工作岗位上突发疾病死亡或者在 48 小时之内经抢救无效死亡的，视同工伤，按照条例的有关规定享受工伤保险待遇。

劳动和社会保障部发布的《关于实施＜工伤保险条例＞若干问题的意见》规定，这里的“突发疾病”包括各类疾病。“48 小时”是以医疗机构的初次诊断时间作为突发疾病的起算时间。

《工伤保险条例》之所以特别规定“工作时间和工作岗位”和“48 小时”的限制，一是避免无限制地扩大工伤范围，二是建立了死亡与工作时间、工作岗位造成突发疾病之间相对直接的关系，排除了非工作原因长期住院治疗以期认定工伤的情况。但面对纷繁复杂的现实，“48 小时”的规定在执行过程中出现了许多尴尬情况。比如：

（1）很多劳动者因为经抢救无效死亡超出了 48 小时，哪怕只超出了 1 小时，也被拒绝认定为工伤。

（2）劳动者确实是由于工作原因所导致的猝死，但由于未在工作时间或工作岗位上，因而无法认定为工伤。

（3）有的用人单位恶意拖延救治，拖过 48 小时再说。

（4）有些疾病虽然死亡率很高，但随着医学的进步，利用呼吸机等先进设备延长了患者的生命，超出了 48 小时。

（5）48 小时的规定，有时让患者家属陷入了继续抢救延长患者生命与放弃抢救可被认定为工伤的两难选择。

对于工伤认定，在立法上应加强对原因的分析，从而更体现立法的公平性。工伤的定义本身就是针对因工作而导致的事故或职业病。《工伤保险条例》第十五条第一项未把“工作原因”列为认定工伤的前提，也是倾向于弱势的劳动者的一方。但未列“工作原因”并不代表就无须考虑“工作原因”。

因此，从立法精神上，对劳动者保护来说，对于与工作原因有关的，无论在48小时以内或者以外都应该认定工伤。只要死亡或伤残是由于工作原因造成的，无论是否在工作时间及工作岗位上，都应认定为工伤。

3．医务人员休息权的保障　医务人员作为劳动者，具有限制加班和休假的权利。

关于加班时间的限制，《中华人民共和国劳动法》第四十一条规定，用人单位由于生产经营的需要，经与工会和劳动者协商后可以延长工作时间，一般每日不得超过1小时；因特殊原因需要延长工作时间的，在保障劳动者身体健康的条件下延长工作时间，每日不得超过3小时，但是每月不得超过36小时。《国务院关于职工工作时间的规定》第三条规定，职工每日工作8小时，每周工作40小时。第六条规定，任何单位和个人不得擅自延长职工的工作时间。因特殊情况和紧急任务确需延长工作时间的，按照国家有关规定执行。此外，劳动者加班的，用人单位应当按照国家规定支付高于劳动者正常工作时间工资的工资报酬。

关于休假制度，根据《中华人民共和国劳动法》第四十条规定，用人单位在下列节日期间应当依法安排劳动者休假：元旦、春节、国际劳动节、国庆节，以及法律法规规定的其他休假节日。第四十三条规定，用人单位不得违反本法规定延长劳动者的工作时间。第四十五条规定，国家实行带薪年休假制度。劳动者连续工作1年以上的，享受带薪年休假，具体办法由国务院规定。另外，《国务院关于职工工作时间的规定》第七条规定，国家机关和事业单位实行统一的工作时间，星期六和星期日为周休息日。企业和不能实行前款规定的统一工作时间的事业单位，可以根据实际情况灵活安排周休息日。

4．人力资源的可持续利用　传统人事管理将人作为一种成本，而医疗人力资源管理把人看作一种充满生机与活力、决定医疗机构发展和提升医疗机构水平的重要资源。医疗机构人力资源管理是人力资源有效开发、合理配置、充分利用和科学管理的制度、法令、程序和方法的综合。因此，医务人员作为人力资源，用人单位不能仅注重短期效益而过度开发，否则将会加速人力资源的衰竭。人力资源的开发要使人与工作和谐、有效地融合，寻找人和事相互适应的契合点，旨在人适其所、人尽其才。医疗机构管理者要坚持以人为本的原则，主动开发人力资源，合理挖掘潜能，最大限度地激发员工的工作积极性和创造性。要吸纳员工代表参与医疗机构管理，努力促进管理者与被管理者之间的和谐合作关系，使人力资源与医疗机构发展呈现一种双向互动的关系，实现员工成长与医疗机构发展的双赢，达到人力资源的可持续利用。

三、表面应对与系统改善

1．过劳现象的产生原因　由于优质的医疗资源不足以满足患者对其庞大的需求量，医务人员不得已延长工作时间。虽然医疗机构业务快速扩张，但医务人员的培养与补充相对缓慢。对“以患者为中心”的解读，过度倚重提高诊疗量，而相对忽视对于质量的控制。另外，职称晋升的竞争压力，使医务人员在繁重的业务工作之余还要完成大量的科研任务。当前医疗环境较差，以及医患关系的恶化，对医务人员造成了沉重的压力。

2．过劳现象的表面应对　1984 年，在美国发生了一例患儿死亡，被认为与值班住院医师连续工作 36 小时有关。随着越来越多的事件证明医师过度工作与患者安全之间的关系，美国研究生医学教育评鉴委员会进行了大量改革。2003 年，委员会限制了所有住院医师的工作时间，主要内容为住院医师每周工作不得超过 80 小时，不得连续值班超过 30 小时，每次“听班”需间隔 2 天，每周休息一天。

在英国，为了保障初级医师的生命健康权和休息权，2009 年 8 月起，初级医师也开始遵照《欧洲工作时间准则》，每周工作时间从 56 小时降为 48 小时。

《中华人民共和国劳动法》与《国务院关于职工工作时间的规定》具有类似的规定。但应针对医务人员进行细致、明确的规定，以便于操作和实际落实。上海市医师协会麻醉科医师分会首届年会发布了《上海市麻醉科医师劳动保护条例（草案）》，依据《中华人民共和国劳动法》《中华人民共和国执业医师法》及《职工带薪休假条例》，并结合本市麻醉医师工作的实际情况，试图明确麻醉科医师应有的工作时间、休息和休假，开创了行业协会权益保障的先河。

但以上措施和规定更多的是表面上的被动应对措施，即如果工作时间过长就通过制度进行限制，未能从根本上解决导致过劳现象的原因。造成的结果通常是，即使有规定，仍然无法避免或阻止医务人员过劳。

3．过劳现象的系统改善　要想从根本上避免过劳现象的发生，就必须从政策制度与管理流程上去进行系统的改善。

（1）推行分级诊疗：按照疾病的轻重缓急及治疗的难易程度进行分级，不同级别的医疗机构承担不同疾病的治疗，实现基层首诊和双向转诊，避免大病、小病都涌向大医院而造成医疗资源的利用不均。

（2）医院流程再造，管理优化，改善服务模式：医疗服务的提供不是医务人员的个人行为，而是医疗机构的单位行为，因此，在业务量提升的时候，不能仅靠增加医务人员的劳动量去解决，而是要通过医院管理的优化去提高工作效率，同时保障医疗质量与患者安全，切不可由于追逐效率而忽略了安全。

（3）改善绩效考评体制：减少非医疗事务在医务人员日常工作中的比例，减少科研在考评中的比重，改变以业务量为绩效指标的理念，而是要将医务人员回归临床和医学本身，注重实务，提升患者安全在绩效中的核心地位。

（4）行业协会和工会等团体组织真正起到代表医务人员权益的作用，代表行业团体或职工维护合法权益，争取权益保障措施。

（5）完善法律法规：在保障医务人员工作时长限制与休息权的同时，明确对过劳现象的工伤认定，以保障医务人员的合法权益。

美国医疗机构评审联合委员会针对医务人员的过劳现象与患者安全提出了如下建议：①评估医疗机构内所有与疲劳相关的风险：包括对下班时间和连续轮班工作的评估，以及评估人员配备和相关政策，以确保实现适当的延长工作时间和轮班制度。②注意高风险时段对患者的保护：由于交接患者时间属于高风险时段，特别是对于疲惫的工作人员，因此，需要评估医疗机构的患者交接流程和程序，以确保患者受到充分的保护。③邀请医护人员参与工作时间表的制订，以保证将疲劳的发生降至最低。④建立和实施科学、有战略性的抗疲劳管理计划。这些策略可能包括：鼓励与他人交谈（不只是听和点头）；做事情的时候要有肢体动作（即使只是简单的伸展动作）；有计划地喝咖啡；采取小憩（不超过 45 分钟）。人们可以通过尝试将策略进行不同的组合，以找到适合自己的工作方法，但同时强调，抵御嗜睡的唯一方法就是睡觉。⑤对员工进行有关睡眠卫生和疲劳对患者安全影响的培训。睡眠卫生包括充足的睡眠和小憩，养成良好的睡眠习惯，并避免可能影响睡眠的食物，如酒精或兴奋剂（如咖啡因）。⑥提供让员工表达对疲劳状况担忧的机会。当员工表达对疲劳的担忧时，医疗机构应表示支持并付诸适当行动。⑦将鼓励团队合作当成一项政策，并减少工作轮班或减少员工的工作时间，以达到保护患者免受潜在危害的目的。例如，对关键的工作或复杂的患者采用独立的二次检查。⑧审查所有的不良事件时，应将工作人员的疲劳作为一个潜在的诱因加以考虑。⑨评估提供休息和睡眠的环境，以确保充分的睡眠。充分保护睡眠，并提供睡眠所需要的基本条件与政策，以确保良好的睡眠质量。这包括：有不被打扰的充足休息时间（包括不被传呼机和手机打扰，以及授予接替者对患者实施持续治疗的权利），并提供阴凉、避光、安静和舒适的房间。如果有必要，可使用眼罩和耳塞。

对比美国的医院管理，我国还有很多需要学习和借鉴的细节。当医疗机构能够如此重视医务人员的过劳与患者安全时，那么对于医患双方来说，都将在信任与和谐中取得共赢。

参考文献和注释

1. Patient Safety Adivisory Group. Sentinel Event Alert Issue 48: Health care worker fatigue and patient safety. The Joint Commission，2011-12-14. https://www.jointcommission. org/sea_issue_48/

当急诊面对醉酒者时的应对思考

樊　荣　陈　伟*

一、问题由来

近几年，伤医事件频发，肇事者多为醉酒患者或醉酒患者家属。由于酒后神志不清，行为不受控制，醉酒者在就诊过程中稍不顺心就对医务人员辱骂甚至大打出手，使医务人员深受其害。医务人员纷纷抱怨：在急诊工作不怕苦、不怕累，不怕收治抢救重病患者，就怕工作中遇到不讲理的醉酒患者闹事，担心正常的诊疗秩序被扰乱以及自身的安全得不到保障。

那么，当在急诊遭遇醉酒患者时，应如何应对？

二、应对建议

1．急诊接诊时，如果发现患者处于醉酒状态，如神志模糊不清或是处于兴奋和躁动不安状态时，急诊分诊台应第一时间通知保卫部门。保卫人员应立即到场协助诊疗。

2．醉酒患者有家属陪同的，请陪同家属做好患者的看护工作；没有家属陪同的，应立即通知家属到场。

3．在患者及陪同人员均为醉酒状态的情况下，应通知保卫处及警务工作站同时到场核对患者的身份，并通知患者其他家属到场。

---

* 陈伟，北京积水潭医院。

4. 对不明身份的醉酒患者，保卫处应积极上报警务工作站，并请警务工作站查找和核实患者的身份，通知患者亲属。

5. 如醉酒患者病情紧急需要抢救，应立即采取抢救措施。如病情允许，在对患者进行相应的检查后，应在患者的神志清醒后再进行手术等有创治疗。

6. 医务人员应认真观察醉酒患者的病情，密切注意患者的呼吸、脉搏、神志、瞳孔和抽搐的变化，及时发现脑外伤及重型脑损伤等致命伤的存在，及时发现异常，切实做好呕吐、误吸、合并伤和并发症的处理。

7. 医务人员应增强自我保护意识，避免言谈举止招惹醉酒者，避免引发冲突，避免在与醉酒患者的接触中遭受伤害，为醉酒患者进行有创操作时应采取标准的感染预防措施。一旦发现有冲突的趋势，及时呼叫同事或保卫人员协助。发生冲突时，要及时撤离冲突现场。

8. 如患者在醉酒状态中不配合治疗，可能对医务人员造成威胁，或者对他人的人身、财产或者公共安全造成威胁，出现扰乱就诊秩序的行为，依据《中华人民共和国治安管理处罚法》第十五条[1]规定，保卫人员可以对其采取保护性措施约束至酒醒，同时立即报警。

9. 注重证据留存　急诊是医院医疗纠纷高发的科室。对于重点科室和重点区域，要加强视频监控布置。一方面有利于保卫人员及时发现冲突，及时到场协助；另一方面，便于留存视频证据。若发生冲突，现场人员也应注意通过拍照和录像等方式留存证据。

三、安全防范倡议

2015 年 10 月 25 日，中国医师协会、北京大学“患者安全与医患关系研究中心”发布了《醉酒患者医疗救治中的安全风险防控倡议》（见下文），试图从防范手段上强化对正常医疗秩序与医务人员安全的保障，与应对措施相结合，力求避免此类问题对当下的医疗行业造成困扰。

参考文献和注释

1.《中华人民共和国治安管理处罚法》第十五条规定："醉酒的人违反治安管理的，应当给予处罚。醉酒的人在醉酒状态中，对本人有危险或者对他人的人身、财产或者公共安全有威胁的，应当对其采取保护性措施约束至酒醒。"

救治醉酒患者中的安全风险防控倡议

中国医师协会-北京大学患者安全与医患关系研究中心

急诊医护人员遭受工作场所身体暴力事件是中外医疗行业共同面对的危险，应当引起行业的关注，并应竭尽全力预防此类事件的发生，这对于医患双方的安全都是有益的。在此类工作场所身体暴力事件中，醉酒患者是更应当被特别重视的人群。因为醉酒者往往部分或全部丧失了自我行为控制能力、自我保护和照料能力，所以应该引起广大医疗机构和医务人员的重视。中国医师协会、北京大学“患者安全与医患关系研究中心”通过组织相关专家提出如下倡议，希望促进医院管理者和临床参与急救医疗的医务人员对醉酒患者特别关注，以提升面对此类患者之应对能力与策略。

一、急诊的一般性要求

1．医务人员应尽量避免在举止上招惹醉酒者，以避免引发冲突。

2．急诊区域的照明应当较医院其他区域更明亮，应尽量确保有两个以上的出口。

3．调整急诊治疗区域的家具布局，以防止医务人员被困。

4．尽可能减少急诊治疗区域的家具；应确保家具重量轻，无尖锐角，并且被固定在地面上；减少装饰画、花瓶或其他可能成为攻击武器的物品。

5．定期检查、及时更换照明不佳的灯、破损的窗户和锁具。

6．若醉酒者的神志模糊不清，或处于兴奋、躁动不安状态，急诊分诊台应该第一时间拨打电话通知保卫处。保卫人员应立即到场协助诊疗。当醉酒者对自身或其他人员存在造成伤害的危险时，保安人员及医务人员可以及时对其采取临时、必要的控制或强制措施。医务人员应及时通知醉酒者的近亲属，以便更好地配合医务人员的留观和治疗。

若醉酒者有危害社会公共秩序、危害他人合法权益的危险或行为，医务人员应立即报警，上报机构负责人，并与公安部门及设置在医疗机构的警务室保持良好的沟通，并要求每一位医务人员熟悉申请警察帮助的步骤。

7．在机构内移动醉酒患者时，应对其密切观察和监督，并有本院保安人员陪同护送。

8．避免医务人员独自在急诊区工作（尤其是夜间）或独自进入密闭的房间。

9．提醒急诊医务人员工作期间尽量不佩带项链或领带，以避免冲突时发生被绞扼的可能性。

10．急诊医务人员下班或外出时，应尽量结伴而行，在前往停车场的路途中更是要特别注意。要保证停车场的照明和安全，有条件的医疗机构应当划出独立的医务人员停车区。

11．关注患者是否有暴力或攻击倾向的行为史，并建立有攻击性行为史的患者登记系统，例如设计表格和登记本，并与急诊以外诊疗区域的医务人员分享这些信息。遇到有潜在暴力历史的患者或近亲属时，应与同事和科室负责人员讨论并制订相应的预防方案。

12．医务人员应向医疗机构管理部门及时报告所有的攻击或威胁。医疗机构管理部门应详细记录和登记事件，并决定是否采取必要措施防止再次发生类似事件。

二、醉酒患者隔离观察室的设置

1．尽量将醉酒患者与其他急诊患者隔离。医疗机构可在急诊观察室中设置“醉酒患者隔离观察室”，以备应急使用，平时可为普通急诊患者使用。

2．应对“醉酒患者隔离观察室”的内部进行特殊安全防护和装修，并注意以下问题：①具备24小时全天候内部监控录像。②应对观察室的墙面进行软面包装。③观察室内应当使用轻质、固定且必需的家具。④进入“醉酒患者隔离观察室”时，也应对患者实施催吐、保持呼吸道通畅、保暖、严密观察病情和根据医嘱用药等行为。

三、医务人员安全室的设置

1．在醉酒患者明显失控，且明显有伤害医务人员危险的情况下，医务人员应当具有临时避险的安全室。医疗机构可以在急诊工作区域挑选一间工作室作为临时应急使用的“医务人员安全室”。这间“医务人员安全室”应当与普通办公室或急诊观察室有所区别，对其内部和房门应进行特殊安全防护装修。

2．设置“医务人员安全室”时应注意以下问题：安全室必须安装具有内部锁死功能的防盗门；具备24小时开通有线电话的通讯设备，并可以随时报警。

医疗机构应对医疗暴力的要点与注意事项

樊　荣

2015年春节期间，正当全国人民欢庆团圆的时候，医疗暴力事件却未停歇。湖北省十堰市、河南睢县以及广东和深圳接连发生了医疗暴力事件，给春节期间仍默默坚守岗位的医务人员心中蒙上了沉重的阴影。

近年来，涉医违法犯罪案件接连发生。医疗机构与医务人员时常会面对此类事件的侵害。在一线工作的医务人员更是首当其冲。2014年的一项调查显示，91.82%的医师遭遇过谩骂或威胁，更有36.15%的医师在躯体上受到过攻击。然而，有86.28%的医师表示，当职工遭遇医疗暴力时，有的医院“息事宁人，不了了之”，仅有9%的医院会依法为职工维权，或支持员工采用法律手段为自己维权。2012年，原卫生部和公安部就联合发布过《关于维护医疗机构秩序的通告》。2014年，最高人民法院、最高人民检察院、公安部、司法部和国家卫计委联合印发了《关于依法惩处涉医违法犯罪维护正常医疗秩序的意见》。2016年，国家卫计委、中央社会治安综合治理委员会办公室（简称中央综治办）、中共中央宣传部（简称中宣部）、中央网信办、最高人民法院、最高人民检察院公安部、司法部和中国保健会联合发布了《关于严厉打击涉医违法犯罪专项行动方案》。实际上，医务人员虽然总是喊着“医疗暴力零容忍”的口号，却经常会面对息事宁人的无奈结局。

造成今天这个局面的原因有很多，要想解决这个问题，过程也很漫长。20世纪80年代，美国在医患关系方面与当下的我国十分相似。通过法律和教育培训等途径，美国用了33年的时间才扭转了这一局势。因此，对于医疗机构与医务人员，当下最需要梳理和探讨的，或许更应该是当医疗机构面对此类事件时，如何去应对和处理。

一、保持警惕、自我保护

在医疗暴力事件中，施暴者往往具有相似的特点，比如自己或亲人的疾病恶化或迁延不愈、面对沉重的医疗费用负担、对诊疗结果或态度强烈不满、情绪突然波动或情绪长期压抑，这些都是最容易导致医疗暴力事件的因素。

因此，在遇到此类患者或患者家属时，医务人员要提高警惕，注意自己的言辞、态度和行为，避免激惹对方。一旦发现对方有暴力倾向，应及时呼叫同事或保卫人员进行协助，避免独自面对暴力。一旦发生暴力事件，应做好自我保护，及时撤离暴力现场。医务人员应在保障自身安全的前提下开展医疗救治。这种撤离不属于擅离职守。如果无法撤离，面对暴力侵害时，医务人员应在呼叫求助的同时做好自我防护，可采取正当防卫措施防止遭受人身损害。甚至可采用一些不具有较大伤害性的防卫用物品，如辣椒水喷雾剂等，进行正当防卫。

二、呼叫上报、团结协作

医疗机构工作人员在遭受医疗暴力时，应注重团结协作。避免当事人独自面对而处于不利局面。在发现暴力事件或听到求助时，周围的工作人员应立即到达现场，进行劝说、阻挡和拍照录像留证等措施，同时呼叫保卫人员到达现场处理。医院应在重点部门的重点区域设立一键式报警装置，并与医院的安全监控中心联网，确保发生暴力事件时能及时通知保卫人员，迅速处置。并且现场人员应立即将信息上报至医院医务部门、医患关系办公室或行政总值班。相关的行政科室人员接到上报后必须第一时间以最快的方式到达现场进行协调处理。此时的行政人员既要起到控制现场的震慑作用，又要起到成为职工主心骨的作用。

三、稳控局面、避免升级

相关行政科室人员到达暴力事件现场后，应与在场的医务人员和保卫人员一起，先保护遭受暴力的医务人员及时、安全地撤离，然后对施暴者进行劝说和阻拦。医方代表要临危不惧、镇定自若，安抚双方情绪。在公安部门未到之前，应以稳控局面、避免升级为主。对于患方的种种指责，可采取不拒绝倾听、不直接反驳、不轻易代表院方表态的方式，劝导患方委派代表到指定场所谈判，防止事态升级和恶化。同时，对遭受暴力的医务人员个人和群体同样要做好充分的安抚工作，对伤情采取全力救治，引导合理的解决方式，避免因患方的过激行为而引发医务人员冲动应对，以暴制暴，而导致事件的再次升级。

四、及时报警、依法处理

法律是一切行为的底线，依法治国则是治国理政的基本方式。如果有人违反了法律，理应受到法律的严惩。如遭遇医疗暴力事件，相关行政科室人员在到达现场了解事件情况后，应立即报警，寻求公安机关及时到场依法解决。后续可通过法律程序处理。在《关于依法惩处涉医违法犯罪维护正常医疗秩序的意见》中，对公安机关、人民检察院和人民法院的职责要求都进行了明确，并且对于医疗暴力行为惩处的法律依据也进行了明确。

在医疗机构内殴打医务人员或者故意伤害医务人员的身体、故意损毁公私财物，尚未造成严重后果的，分别依照《治安管理处罚法》第四十三条[1]和第四十九条[2]的规定进行处罚。

如故意杀害医务人员，或者故意伤害医务人员造成轻伤以上严重后果，或者随意殴打医务人员情节恶劣、任意损毁公私财物情节严重，构成故意杀人罪、故意伤害罪、故意毁坏财物罪和寻衅滋事罪的，依照《中华人民共和国刑法》的有关规定定罪处罚。

五、保护现场、留存证据

医疗机构在处理医疗暴力事件时，相关证据的采集和留存至关重要。相关证据主要包括：①有争议的病历资料、药品、器械和耗材的封存与鉴定。②医疗暴力事件现场财物损毁、医疗秩序受影响的照片和过程的录像。③医务人员受伤情况的影像资料与伤情鉴定结果。④对于患者死亡的情况，应告知尸体解剖的必要性和申请途径并记录等。

六、注意事项

1. 注意区分“正当防卫”“防卫过当”与“互相斗殴” 在遭遇医疗暴力时，医务人员应采取正当防卫来保护人身安全，但要注意避免防卫过当，更不能以暴制暴，采取互殴行为。

关于正当防卫，根据《中华人民共和国刑法》第二十条规定，为了使国家、公共利益、本人或者他人的人身、财产和其他权利免受正在进行的不法侵害而采取的制止不法侵害的行为，对不法侵害人造成损害的，属于正当防卫，不负刑事责任。

防卫过当，指正当防卫明显超过必要限度造成重大损害。对于防卫过当，相关人应当负刑事责任，但是应当对其减轻或者免除处罚。对正在行凶、杀人、抢劫、强奸、绑架以及其他严重危及人身安全的暴力犯罪采取防卫行为，造成不法侵害人伤亡的，不属于防卫过当，不负刑事责任。

互相斗殴，指双方或多方在主观上均具有不法侵害的故意，客观上均实施了不法侵害对方的行为，是互殴各方均有对对方加害的行为。根据《中华人民共和国刑法》的相关规定，在互相斗殴的过程中一般不存在正当防为的行为。但是如果一方停止或者被动停止了加害行为，而另一方转化成加害方时，则有可能存在正当防卫行为。

2．坚持“暴力不协商”原则　协商的前提是双方平等、自愿。通过协商，实现双方和解、合意解决的最终结局。而不是患方通过医疗暴力来发泄情绪，企图强迫医疗机构“和解”。对于这种有失公平的“合意”，有时部分卫生行政部门迫于压力，也会对医疗机构采用行政命令式的“干预措施”，最后以院方的屈从让步而让患方获取非法巨额经济利益。这种“和解”显然与法律意义上的和解有着本质的区别。这种责任未明的“人道主义赔偿”也仅是息事宁人的无奈做法。因此，医疗机构要提倡“暴力不协商”原则，正是因为暴力下的协商已偏离了真正的合意本质。尤其是在此事件已经引起舆论广泛关注的情况下，这种“和稀泥”式的处理无异于主动承认了医疗机构的过错责任，更会增加了患者对于“医闹”行为效果的认同，从而进一步加剧医患双方的矛盾对立。

法律是公正的。通过尸检和鉴定等途径，既可明确病因所在，也可就双方在最终结果的参与度上有较为明确的判断。根据医疗损害责任的认定结果判定医疗损害赔偿金额。无论最终赔偿金额是多少，重要的是寻求对事件最公正的判定。这也正是患方想要的结果。而且，对社会舆论来说，也需要最终的公正裁决以正视听。

参考文献和注释

1.《治安管理处罚法》第四十三条规定：“殴打他人的，或者故意伤害他人身体的，处五日以上十日以下拘留，并处二百元以上五百元以下罚款；情节较轻的，处五日以下拘留或者五百元以下罚款。有下列情形之一的，处十日以上十五日以下拘留，并处五百元以上一千元以下罚款：①结伙殴打、伤害他人的；②殴打、伤害残疾人、孕妇、不满十四周岁的人或者六十周岁以上的人的；③多次殴打、伤害他人或者一次殴打、伤害多人的。”

2.《治安管理处罚法》第四十九条规定：“盗窃、诈骗、哄抢、抢夺、敲诈勒索或者故意损毁公私财物的，处五日以上十日以下拘留，可以并处五百元以下罚款；情节较重的，处十日以上十五日以下拘留，可以并处一千元以下罚款。”

3.《中华人民共和国刑法》第二百三十二条规定：“故意杀人的，处死刑、无期徒刑或者十年以上有期徒刑；情节较轻的，处三年以上十年以下有期徒刑。”

《中华人民共和国刑法》第二百三十四条规定：“故意伤害他人身体的，处三年以下有期徒刑、拘役或者管制。犯前款罪，致人重伤的，处三年以上十年以下有期徒刑；致人死亡或者以特别残忍手段致人重伤造成严重残疾的，处十年以上有期徒刑、无期徒刑或者死刑。本法另有规定的，依照规定。”

《中华人民共和国刑法》第二百七十五条规定：“故意毁坏公私财物，数额较大或者有其他严重情节的，处三年以下有期徒刑、拘役或者罚金；数额巨大或者有其他特别严重情节的，处三年以上七年以下有期徒刑。”

《中华人民共和国刑法》第二百九十三条规定：“有下列寻衅滋事行为之一，破坏社会秩序的，处五年以下有期徒刑、拘役或者管制：①随意殴打他人，情节恶劣的；②追逐、拦截、辱骂、恐吓他人，情节恶劣的；③强拿硬要或者任意损毁、占用公私财物，情节严重的；④在公共场所起哄闹事，造成公共场所秩序严重混乱的。纠集他人多次实施前款行为，严重破坏社会秩序的，处五年以上十年以下有期徒刑，可以并处罚金。”

医疗机构应对医疗新闻危机的策略与建议

——《当医者遭遇记者》读后感

樊　荣

曾有一个案例。

一所知名医院出了件比较大的医疗纠纷。记者闻讯后赶到医院进行采访，但经治的医护人员均断然回绝了采访。无奈之下，记者走到医院大门口，看到一个正在站岗的保安，便装作路人上前问道：“你叫什么名字？”

保安不认识此人，也觉得唐突，便回答：“你管我叫什么名字。”

记者接着问：“听说你们医院最近出了个较大的医疗纠纷，你知道怎么回事吗？”

保安答：“我没听说。我们只站岗，别的不知道。”

记者又问了一句：“最近你见到院长了吗？”

保安觉得这个“路人”的问题总是很奇怪：“院长我怎么可能看见？人家也不从我们这个大门走。”

二人对话到此结束。第二天，在报纸的首要版面刊发了关于此次医疗纠纷的长篇报道。其中90%的内容是患者一方的讨伐和质问，仅在最后提到了医疗机构：“本报记者就此事采访了该医院相关负责人员。相关人员均拒绝就此事发表任何意见。但据该医院一位不愿透露姓名的工作人员表示，自该医疗纠纷事件之后，该院院长已多日未在医院露面。”

看到这个案例，相信很多人都在心中默默遣责这个无良记者歪曲事实、以笔作刀、挑起是非。其实这是很多医务工作者心中记者的形象写照。医务人员面对记者时，常常会有戒备心理，采取谨慎的防备措施。因为近些年确实有部分媒体在报道时，忽视了报道的真实性、全面性和客观性，忽视了医学的有限性、风险性和不定性，对医患关系造成了一定的负面影响。那么，在今后的工作中，医疗机构应如何正确面对媒体，尽快扭转这一现状呢？是划清界限、誓不两立，还是尊重科学、消除隔阂呢？可以肯定地说，《当医者遭遇记者》一书给读者提供了一个明确的、可操作的答案。

凭借自身坚实的专业背景和多年丰富的工作经验，本书作者将这类问题进行了有理有据的阐述分析，还提供了鲜活的案例，以方便读者的理解和运用，确实是一本实务佳作。本书更类似于一本危机管理的临床指南。

对于医疗机构和媒体的关系，看问题时一定要从正、反两方面去看。实际上，媒体只是一种传播工具，是公共话语权。因此，其本身没有好坏之分，而是取决于如何使用。不能一谈到媒体，医疗机构就持一种抵触态度。这是以偏概全。

有很多媒体从始至终致力于传播健康理念、增进医患双方互信及改善医患关系。《健康报》《医师报》《中国医学论坛报》以及很多健康新媒体均在为医患双方的和谐未来筑桥铺路。当然，确实也有一些媒体热衷于炒作医患关系。究其原因，无非是出于商业化目的。媒体为了吸引眼球而博取关注度，赚取经济利益。有的媒体和读者热衷于追求热闹，追逐负面消息或小道消息，尤其是对冲突、异常和批评感兴趣。媒体报道的冲突越激烈、越离奇，就越能获得读者的关注。与正面消息相比，负面消息的传播速度更快，影响的范围更大。因此，我们必须要重视新闻危机的处理，强调与媒体的沟通。因为与媒体沟通的本质是对公共话语权的争取。

一、医疗新闻危机的特点

医疗新闻危机有四个特点：必然性、永久性、颠覆性和专业性。

必然性是指医疗行为的风险性是客观存在的。因此，有风险就会有意外，而意外事件恰恰就是最典型的新闻危机事件。

永久性是指患者安全的改善是永无止境的。因此，不安全的因素是永远存在的，这些都是潜在的新闻危机。当环节管理失效时，较小的不安全因素就会导致不良事件的发生。

颠覆性是指诊疗行为的本身属于交界行为，是一把双刃剑。诊疗对人体既是治疗，又是伤害，仅取决于两者相权取其轻。而对于不同的人，对伤害的理解也不同，角度不同，则态度也就不同。

专业性是指医患之间的认知是存在差距的。因此，对于记者也同样存在差距。这就容易导致非专业人士对医疗行为产生偏见和误解。

二、医疗新闻危机的处理要点

以《当医者遭遇患者》为基础，结合自身的工作体会，将新闻危机的处理要点整理如下。

医疗机构首先应建立舆情监控与内部联动体系，一旦发现舆情信息，便迅速进行查核。

首先应区分是内部矛盾还是外部矛盾。内部矛盾则内部处理。本来医患矛盾就已足够抓人眼球，而医院内部的矛盾则更具有新闻价值。例如曾经的“走廊医师”事件。应通过内部消化，以相互体谅的方式进行商讨。对于内部职工，适度多一些关爱，而不要竭力指责。因为不论医院本身有无过错，通过媒体曝光后，在外人看来都是“家丑外扬”。当然，关爱也要适度，而不是没有原则。当无法通过内部协商解决时，也要尽量通过和平、理性的法律程序解决。

对于外部矛盾，则要通过外部手段处理。影响较小的，或者媒体关注呈下降趋势的，可以不予理睬，静观其变。“杀鸡焉用牛刀。”如果对于琐碎事件皆通过声明等方式进行回复，反而会导致事件升级，也会显得医院草木皆兵，没有自信和气度。

对于影响较大，或者媒体关注呈上升趋势的外部矛盾，则要首先判别消息的真实性。这就需要快速启动医疗机构内部联动机制，迅速核实。如果经核实为虚假消息，则应立即发布声明。医院应表达态度，澄清事实，先礼后兵，即感谢媒体和读者的关注，同时适度对造谣者和发布虚假报道的媒体给予提醒。在此不建议医院的声明采用讨伐檄文的形式。冤家宜解不宜结，尤其是对于发布虚假报道的媒体，与其声讨谴责不留余地，不如得理饶人，劝其将功补过。“知错能改，善莫大焉。”若媒体记者一意孤行，拒不认错，或性质恶劣，则可以采用公函或投诉等方式维权，甚至可以通过法律途径向媒体追责。

如果经核实为真实消息，则应在医院内部讨论判定事件的性质和过错程度。

对于医院确有过错的事件报道，如事件正在进行时，则应该立即发布事实真相。此时对于媒体要给予疏导，而不应采取围追堵截的方式。通过疏导，一方面，为媒体报道吃下定心丸，避免单方猜测而出现不实报道；另一方面，也为消息的正式发布争取了时间和主动权，由被动变主动，让医院引领着媒体走，而不应让媒体牵着医院走。如果事件已成定局，则应立即发布事实真相，同时代表医院积极、正向表态，表示有错必改，限定事件的影响范围，并承诺持续改进，乃至视情况提出整改措施。搪塞和掩饰，甚至推脱责任，只会让事实欲盖弥彰，使双方矛盾更加激化，从而更加吸引媒体的追踪报道，将事件越炒越大。因此，正面面对才是医院积极的姿态和态度。医疗本身就是有风险的，积极认错

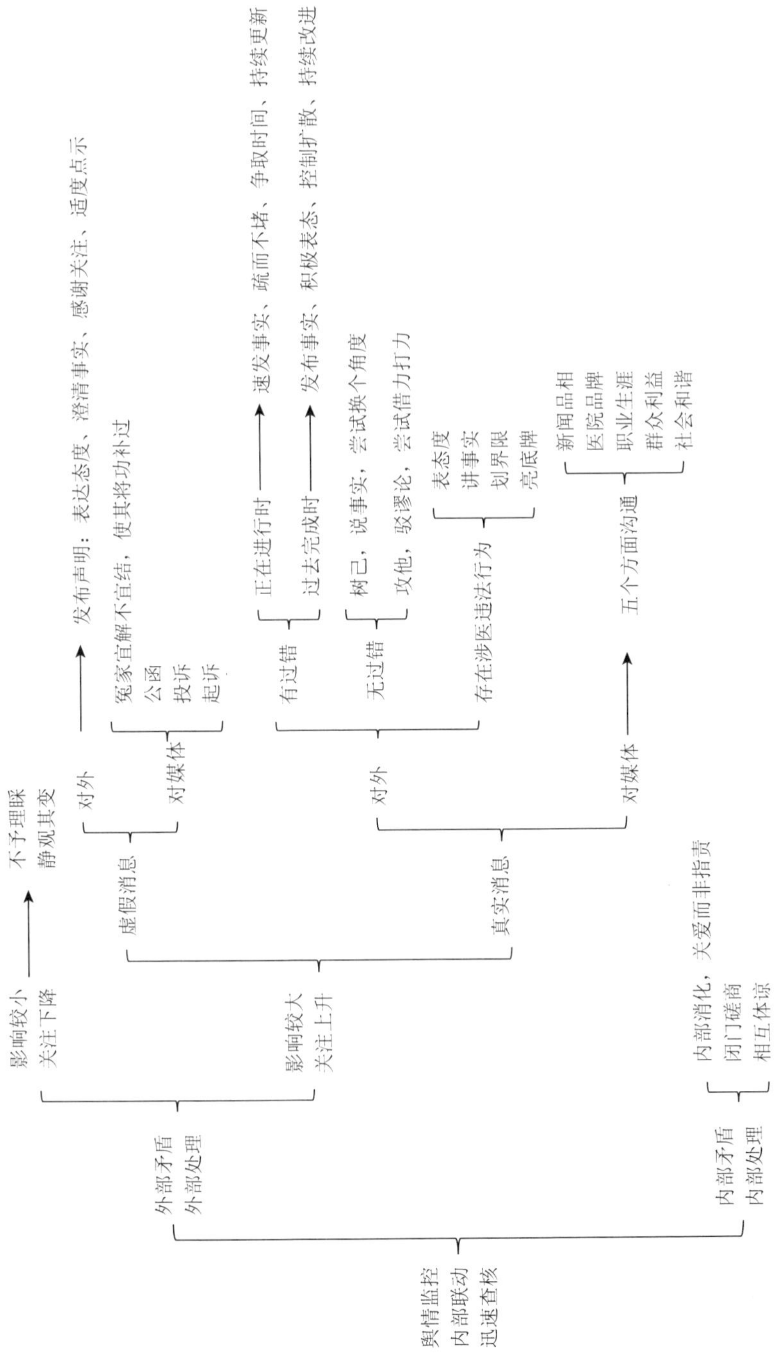

图 1　医疗新闻危机的处理要点

的态度反而会让更多的人信任和依靠。记得曾有一年央视“3·15”晚会曝光了某著名快餐企业。该企业明知自家制度规定油炸食品2小时未售出应予以销毁，却发现存在再加工出售的内幕。该企业立即第一时间诚恳道歉并承诺整改。本以为这个重磅消息会给这个企业带来难以估量的负面影响，但谁也没想到，自此之后，青睐该品牌的顾客越来越多。询问原因，顾客们说，这家企业居然如此严格地规定2小时不能售出即销毁，即使个别存在再加工又如何？而且曝光后肯定会更加严格改善。其他品牌还不知道再加工了多少次，存放了多久呢！这么严格的企业，将食品安全放在第一位，不选择它选择谁呢？

对于医院并无过错的事件报道，有两种应对方式。一种是树己，即从自身出发说明事实，采取与报道不同的角度诠释事件，从而争取获得公众和媒体的理解。另一种是攻他，是指针对对方观点进行反驳，不谈自身的观点，而是顺着对方的思路辨析错误，借力打力，反证自身的正确。

当前医患关系矛盾突出，暴力冲突时有发生。对于存在涉医违法犯罪行为的事件，施暴者常常会以医疗纠纷为理由来掩盖或逃避自身行为的违法性。医院应该及时发声，维护自身权利，谴责对方的违法行径并进行追责。声明首先要表达坚定的“暴力零容忍”的态度，然后还原事件的真实经过。将医疗纠纷和涉医违法犯罪行为划清界限，任何医疗纠纷都不是违法犯罪的理由。最后，亮出“暴力不协商”的底牌，对于存在涉医违法犯罪行为的医疗纠纷，除了患方向人民法院提起司法诉讼外，医疗机构将拒绝通过医患双方协商或调解的方式解决纠纷。

为了减少事件对医院的影响，针对媒体，医疗机构可从新闻品相、医院品牌、职业生涯、群众利益及社会和谐五个方面去沟通。先抬高对方，夸赞其媒体品牌的影响力。实际上，热衷于报道医患纠纷矛盾的，往往不是知名媒体的优良品质。接着，再放低自己。媒体的品牌不是一天两天就养成的，医院更是如此。所以，请媒体给医院留下一片热土。而且，医学是一个高科技密集型行业，医疗本身就有风险，再有名的专家也不可能保证一辈子不犯错。培养一名优秀的医师不容易，不能因为一次错误就毁掉一个医师的整个职业生涯。再给他一个机会，他能从中吸取教训，从而救治更多的患者，这也是从群众的利益出发，造福患者。此外，从大的角度来看，减少医患矛盾的报道也有助于医患关系的和谐。毕竟，医疗机构每天接待如此大量的患者，而出问题的是极少数。然而，如果总是报道极少数个案，夸大风险，波及广泛，最终吃亏的还是广大患者。最重要的是，尤其要减少对伤医事件的报道。戴志悦说过："伤医类新闻，如果不能告诉大家，打骂医师带来了什么严重后果，那么，请不要再公开报道伤医事件。因为，这样的报道，是把被打的医护人员的伤口公然撕给别人看，是一次次渲染医师群体'物伤其类'的愤怒之后无疾而终的失望。除了带来'破窗效应'，告诉大家'很多人都在打医师，没人会管，你也可以打打试试'之外，几乎起不到更多的积极作用。"[1]

作为一名从事医疗纠纷处理的医务工作者，出于工作的需要，笔者与新闻媒体接触较多，并相处较好。如果让他们走进医院的世界，也让自己走进媒体的空间，你就会发现，其实人心都是美好的、向善的。所谓的误解、隔膜和对立往往源于双方既不了解，也不沟通。若想让别人真正了解我们，就先要摘下我们自己的有色眼镜，以开放、迎接的姿态引领他们走进我们的世界，这一举措对于改善医院与媒体间的关系，增进相互了解，不失为良策之谏。

参考文献和注释

1. 戴志悦. 解决医院暴力的关键在哪里？南方周末，2016-2-4. 第8版.

由一则医疗假新闻事件引发的法律思考

——评“列车上救人反被告”假新闻事件

樊　荣

从古至今，救死扶伤是医务人员的天职。无论西方“希波克拉底誓言”中“为病家谋利益”之信条，还是东方“大医精诚”中“大慈恻隐之心”之精髓，均对医务人员的医德提出了至高的要求。但在医患纠纷频发的当下，信任的缺失加剧了矛盾的对立，接连不断的伤医、杀医事件更是将医务人员的群体自卫感推至新的境地。因此，在这样的氛围中，任何一件有关医务人员权利受损事件的传播与影响，都在被无形地放大。

一、事件由来

2014年6月27日，一则关于“南京李芊事件”的消息短时间内在各大社交媒体上广泛传播，并在28日早晨达到最高峰。在广泛转发的群体中，更是以感到自身权利受损的医务人员为多。更有甚者，为了强调其对社会的负面影响，便与前一段时间的“南京护士被打事件”和2006年的“彭宇案”进行了关联，抬头便是“南京，南京，又是南京！！！”

李芊事件大致是这样的：

2014年1月21日，一名在北京大学第三医院妇产科工作的医师李芊，在列车上主动救治了一名急产的产妇。分娩后，李芊还陪同产妇和新生儿到了南京市某区级医院。新生儿被送到监护室后，被诊断为羊水吸入性肺炎，前后住院治疗了四十多天。孕妇家属不仅没有感谢李芊，还将李芊扣下，并且把李芊告到了南京市雨花台区人民法院。该法院审理后，依据《中华人民共和国执业医师法》，认定李芊非法行医，导致新生儿吸入性肺炎，赔偿新生儿住院费用和家属误工费等费用共计人民币 14 361.59 元。李芊不服，上诉至南京市中级人民法院。南京市中级人民法院审理后，驳回上诉，维持原判。

李芊的辩护律师在法庭上质问法官："是不是医师离开医院就不可以救人了？"法官的回答是："依据《中华人民共和国执业医师法》，在执业地点之外的行医即是非法，需要承担民事和刑事责任。"

律师再次质问："在紧急的特殊情况下，医师在大街上遇见急救患者，是否应当放弃良心，不予施救？"法官回答："法律面前没有特殊。"

6 月 23 日二审公告后，李芊不服，重新申请行政复议。但是，南京市卫生局、江苏省卫计委和国家卫计委都无人应答。

二、内容存疑

初读此消息，无疑让人感到愤慨。在如此紧张的医患关系面前，在紧急情况下越来越多的医务工作者宁愿选择明哲保身，也不愿挺身而出、勇敢施救。而正是这些医德至上的医之大者，在全力施救后有时竟落得个恩将仇报、对簿公堂的结局，更何况还是一个二审败诉的落魄结局。这更是激起了医务人员的强烈抗议和声援。

在进入公共视野的事件中，有越多的失控情绪，就越会掩盖理性的思考。哪怕是面对各种各样医疗突发事件时依旧能保持冷静思考的医务人员，在面对自身的切身权益受到践踏时，其脆弱、敏感的神经便会出现集体暴发。实际上，若能冷静、理性地分析整个事件的信息，不难发现存在诸多疑点和明显的谬误。

1．疑点1：李芊是否确有其人？　在网络资讯发达、信息爆炸的时代，想要查询一名医师的身份根本不是一件难事。无论是国家卫计委还是北京市卫计委的官网，都提供了执业医师信息的查询界面。通过查询可知，北京大学第三医院妇产科根本就没有“李芊”其人。

还有更严谨的网友认为，仅通过一种途径查询或许不够可靠，还想到从学术期刊数据库中查询医师信息。这种方法的确有一定的道理。因为以北医三院在全国的知名度及其科研学术水平，应该是可以查询到与李芊有关的作者信息的。但在查阅了多个学术期刊数据库后，仍未发现北京大学第三医院的“李芊”，这不免让人心生怀疑。

2．疑点2：李芊为什么会陪同产妇和新生儿一直到医院？　在列车上，有患者突发疾病时通常都是由列车乘务人员联系最近的车站，准备急救车辆和急救人员接站。在联系过程必定会告知产妇状况，因此，来接站的一定是能够处理相关病情的急救人员。李芊没有必要一直陪同到医院。作为医师，她已经尽到了应尽的道德义务全力施救。虽然她是知名医院的执业医师，但是过多地干预后续治疗并没有必要。

3．疑点3：为什么去的是南京市某区级医院？　该新闻称，新生儿进入区医院后即被送到监护室，可见当时病情较重。作为知名医院具有丰富经验的医师，李芊理应在列车上就有所估计，也应对转诊医院有所建议。那么下车转运时就应该直接将产妇和新生儿送往诊治水平更高的三级或专科医院就诊。产妇也理应要求至大医院进行就诊。转运至区级医院与常理不符。唯一的可能就是就近选择了区级医院。根据信息分析，最后产妇将李芊诉至南京市雨花台区人民法院，而南京市仅有南京南站位于雨花台区。

那么分析，产妇和新生儿应该是从南京南站下车后就近转运的。但在南京南站下车后，完全可以通过机场连接线方便、快速地将他们转运至南京市儿童医院、江苏省人民医院和南京鼓楼医院等大医院云集的中心区域。因此，该事件报道的信息并不符合常理。

4. 疑点4：最后孕妇家属将李芊扣下？　根据《中华人民共和国宪法》第三十七条："中华人民共和国公民的人身自由不受侵犯。任何公民，非经人民检察院批准或者决定或者人民法院决定，并由公安机关执行，不受逮捕。禁止非法拘禁和以其他方法非法剥夺或者限制公民的人身自由，禁止非法搜查公民的身体。"身体自由权，是指以身体的动静举止不受非法干预为内容的人格权，即在法律范围内按照自己的意志决定自己身体行动的自由权利。

据此事件分析，新生儿在被送至监护室，被诊断为羊水吸入性肺炎时，李芊便已被产妇家属扣下。直至法院起诉前，并未通过检察院批准、法院决定或公安机关执行，便私自将李芊扣下四十多天。根据《中华人民共和国刑法》第二百三十八条[1]，产妇家属的行为已涉嫌"非法拘禁罪"。在此过程中，为什么"李芊"没有反抗或者报警？对此无法进行合理的解释。

5. 疑点5：为什么进行二审公告？　据此事件描述，二审公告后，李芊不服，重新申请行政复议。为什么进行二审公告？公告什么内容？根据《中华人民共和国民事诉讼法》第一百三十六条："人民法院审理民事案件，应当在开庭三日前通知当事人和其他诉讼参与人。公开审理的，应当公告当事人姓名、案由和开庭的时间、地点。"而依据此事件前后文的理解，此处的公告并不是开庭前的公告，而更像是判决的送达。根据常理推断，李芊不可能因为法院要公开审理而表示不服并申请行政复议。

《中华人民共和国民事诉讼法》第九十二条规定："受送达人下落不明，或者用本节规定的其他方式无法送达的，公告送达。自发出公告之日起，经过六十日，即视为送达。公告送达，应当在案卷中记明原因和经过。"第二百六十七条规定："人民法院对在中华人民共和国领域内没有住所的当事人送达诉讼文书，可以采用下列方式：（八）不能用上述方式送达的，公告送达，自公告之日起满三个月，即视为送达。”此事件中，李芊既不是下落不明，也不是无法送达，更不是没有住所，为什么要执行公告送达？从合理性上无法进行解释。

6．谬误1：关于认定李芊非法行医，法官的回答是：“依据《中华人民共和国执业医师法》，在执业地点之外的行医即是非法。”

对事件进行分析后，法官是认定李芊为超范围执业，而认定其非法行医的。但原卫生部《关于医师执业注册中执业范围的暂行规定》（卫医发［2001］169号）中明确说明：“医师注册后有下列情况之一的，不属于超范围执业：（1）对患者实施紧急医疗救护的。（2）临床医师依据《住院医师规范化培训规定》和《全科医师规范化培训试行办法》等，进行临床转科的。（3）依据国家有关规定，经医疗、预防、保健机构批准的卫生支农、会诊、进修、学术交流、承担政府交办的任务和卫生行政部门批准的义诊等。（4）省级以上卫生行政部门规定的其他情形。”

由上可见，并不是如法官所说，“在执业地点之外的行医即是违法”。李芊在列车上面对产妇生产的紧急情况，实施紧急医疗救护，不能认定其非法行医。

7．谬误2：“李芊非法行医，导致新生儿吸入性肺炎，赔偿新生儿住院费用和家属误工费等费用共计人民币14 361.59元。”

“非法行医”是行政和刑事上的罪名，视情节严重程度依法追究行政和刑事责任，但不可能用行政或刑法的罪名去判令承担民事上的赔偿。“非法行医”与吸入性肺炎之间不具备因果关系，无法构成侵权。《中华人民共和国侵权责任法》中，医疗损害责任有三个构成要件，分别为：过错、损害结果和因果关系。要构成民事赔偿，必须依据能够构成侵权的相关证据。要认定李芊侵权导致胎儿吸入性肺炎，必须要举证证明李芊在救治过程中未以一名妇产科执业医师的水准，尽到合理的诊疗义务，而造成吸入性肺炎的结果。法官是不可能以超范围执业的“非法行医”之名去判决侵权赔偿的。

8．谬误3：“李芊的辩护律师在法庭上质问法官”及“律师再次质问” 首先，既然事件信息显示法官判令李芊承担侵权赔偿，显然这是一起民事案件。在民事案件中，是不存在“辩护律师”的，只有“代理律师”。“辩护律师”是在刑事案件中为犯罪嫌疑人或被告人实施依法辩护的律师。

此外，在民事审判程序中，不存在律师在法庭上质问法官的环节。法官在庭审中，是不允许发表带有倾向性的意见的，因此，也不应引起律师的质问。只有刑事案件的辩护律师，在法庭质证和辩护环节，可以与公诉方就案件的证据与事实、罪与非罪，以及轻罪与重罪等方面，进行质证与辩论。即便如此，也没有律师质问法官的环节。

9．谬误4：法官的回答是：“需要承担民事和刑事责任” 身为审理民事案件的法官，不允许也不可能在庭上判定需要承担刑事责任或同时承担民事与刑事责任。就事件本身而言，李芊的行为也不构成《中华人民共和国刑法》中的“非法行医罪”。

10．谬误5：“6月23日二审公告后，李芊不服，重新申请行政复议。但是，南京市卫生局、江苏省卫计委和国家卫计委都无人应答。”《中华人民共和国行政复议法》第二条规定：“公民、法人或者其他组织认为具体行政行为侵犯其合法权益，向行政机关提出行政复议申请，行政机关受理行政复议申请、作出行政复议决定，适用本法。”

法院审判行为不属于行政行为，不适用于行政复议。而且市卫生局、省卫计委乃至国家卫计委等行政机关也无权干涉法院的审判。相反，《中华人民共和国行政复议法》第十四条规定：“对国务院部门或者省、自治区、直辖市人民政府的具体行政行为不服的，向作出该具体行政行为的国务院部门或者省、自治区、直辖市人民政府申请行政复议。对行政复议决定不服的，可以向人民法院提起行政诉讼；也可以向国务院申请裁决，国务院依照本法的规定作出最终裁决。”法院通过当事人提起行政诉讼是可以对行政复议进行裁决的。此事件中将行政复议与法院审判本末倒置，是编写者缺乏法律常识的表现。

在日常实践中，“非法行医”的认定，通常首先是由卫生行政部门和卫生监督所的执法人员进行认定并予以行政处罚。其中情节严重的，才由法院进行“非法行医罪”的裁决。对此案件而言，相对合理的解释应当首先由南京市雨花台区卫生局对李芊进行“非法行医”的认定。如李芊不服，可向市卫生局、省卫计委乃至国家卫计委等上级卫生行政部门申请行政复议。

综上所述，此事件信息存在诸多明显的疑点和谬误，违背常理，且违反基本法律常识，其真实性和可信度便大打折扣。

三、官方声明

在此新闻爆炸式传播的同时，也有一些人在冷静、客观地提出自己的疑问和分析。虽然影响力有限，不足以迅速遏制传播的态势，但还是有越来越多的人从激动中平复，在重新回味和思考此事件后默默地在网络上删帖。

6月28日凌晨4：21，北京大学第三医院官方微博发布消息：“经查，北京大学第三医院无李芊医师。特此告知。”

6月28日上午8：04，南京市中级人民法院官方微博发布相声明，内容如下：

“昨晚，微博和微信上出现大量‘北京大学第三医院李芊医师在列车上助产救人被认定非法行医而被判决赔偿’等内容的网帖，引发网民‘围观’并提出质疑。经调查核实，特做出如下声明：

1．南京市雨花台区人民法院及南京市中级人民法院从未受理过被告为李芊，或任何医师在列车上因救人而引发的诉讼。

2．经从北京大学第三医院官方网站核实，该院没有姓名为“李芊”的执业医师。

3．网络自由有边界。对恶意制造和散布网络谣言者将依法进行追究和制裁。

4．南京两级法院真诚地欢迎广大人民群众监督！”

至此，此事件已经被判定为假新闻无疑。截至6月28日当天下午，此消息的传播已得到有效的控制。

7月6日，关于此事件，最终查明，是河南省医务人员尚某认为有关法律中的相关条文对医护人员的保护不够充分，为了发泄不满，吸引眼球，制造事端，于6月26日晚10时许，凭空捏造虚假帖文，即在微信朋友圈中发布。公安机关已依法对其进行治安处罚。

回顾整个事件被迅速证伪的过程，两家相关单位的快速反应在其中起到了关键作用。假新闻在社交媒体上广泛传播，相关单位也正是通过社交媒体在第一时间积极辟谣回应。可见新媒体平台作为一种信息快速传播的工具，向好的方向还是坏的方向发展完全取决于使用者本身。无论是个人，还是机构，对此都要客观看待，谨慎发布，提高自身的新媒体素质。正如南京市中级人民法院所说的“网络自由有边界。”无所顾忌地恶意编造和散布消息，则将可能触犯“利用信息网络实施诽谤”的“诽谤罪”范畴，终将受到法律的追究与严惩。

四、事件背后的法律思考

我们不仅应从此事件中明白假新闻传播的危害，更应明确如果当医务人员真的遇到类似事件时应如何采取行动，以及医务人员有何权利和义务。这才是一则新闻事件带给我们的思考价值。

1．非法行医与非法行医罪 “非法行医”不等同于“非法行医罪”。

“非法行医”这个概念，最早出现在1990年《卫生部关于对湖南省临武县卫生局<关于医疗事故处理中几个问题的请示>的答复》中。该答复中说：“《医疗事故处理办法》只适用于业经卫生行政部门确认资格的合法医务人员在正常工作中所发生的医疗事故。未经卫生行政部门审查批准、擅自从事医疗活动的人员（即无证行医者）在非法行医中发生医疗事故，造成就诊者伤亡、残疾的，受害者可依法向法院起诉。”从文件的字面意思上理解，“非法行医”应理解为“非正常工作”。至今，并无法律、法规对“非法行医”这四个字进行明确定义。那么，就需要明确什么是“合法行医”。反之，就是“非法行医”。

根据《医疗机构管理条例》[2]和《中华人民共和国执业医师法》[3]，可以将“合法行医”归纳为：医师经注册后，可以在已取得“医疗机构执业许可证”的医疗、预防和保健机构中按照注册的执业地点、执业类别和执业范围执业，从事相应的医疗、预防和保健业务。那么不符合这些条件的就是“非法行医”。

而“非法行医罪”则是指未取得医师执业资格的人非法行医。2008年《最高人民法院关于审理非法行医刑事案件具体应用法律若干问题的解释》对“非法行医罪”的适用情形进行了详细列举[4]。

两者的主要区别在于：①程度不同：“非法行医”是一种违法行为，而“非法行医罪”是指非法行医情节严重，已构成了犯罪。②处罚不同：“非法行医”应受到不够刑事量刑下的行政处罚，而“非法行医罪”已达到刑事犯罪下的刑事责任追究。

但无论“非法行医”还是“非法行医罪”，实际上都开展了业务活动，即“行医”行为。因此可以说，“非法行医罪”是职业犯罪。行为人明知违法行为，却以此作为其职业或业务连续或反复实施。有人认为还应把营利目的作为构成要件。但营利目的是营业犯与职业犯的区别，不应作为职业犯的构成要件。职业犯应包含营业犯。不能靠是否收取费用去判断是否为“非法行医”，未收取费用的违法医疗业务行为也可以是“非法行医”。但一旦具有营利目的的违法业务行为则构成营业犯，且必定是职业犯。

因此，假设此事件中，“李芊”对产妇进行紧急医疗救治后，向其索要劳务报酬，其行为就表现出了主观以此为业务活动，并具有营利目的的营业犯的构成要件，同时必定符合“非法行医”职业犯的构成要件，可判定为“非法行医”。其行为相当于“李芊”在列车上开设了无证诊所进行行医。

2．无因管理与紧急避险 “李芊”在列车上对孕妇进行紧急医疗救治，其行为究竟应如何定性？首先，此行为从道德上是一种弘扬正义、乐于助人的道德救助行为。但从法律上对此应如何定性，业内存在两种声音。一种声音认为应将其归为紧急避险行为，另一种声音则认为应将其归为无因管理行为。

紧急避险行为是指为了使国家、公共利益、本人或者他人人身、财产和其他权利免受正在发生的危险，不得已而采取的损害另一较小合法权益的行为。其构成要件有：①危险的紧迫性：危险存在且事态紧迫。②采取措施的必要性：为了保护较大的合法利益不受损失，而不得不损害另一方较小的合法权益。其措施是避免风险所必需的。③行为的合理性。避险行为需适当，不得超过必要的限度。

无因管理行为，是指没有法定或约定义务，为了避免他人利益受到损失，主动为他人进行管理或提供服务的行为。其构成要件有：①管理人对他人事务进行的管理或提供的服务没有法律规定的或合同约定的义务。②管理人主观上需有自愿为他人利益进行管理或提供服务的意思。③管理人在客观上实施了管理或服务的行为。

据此分析医师在院外对患者实施紧急医疗救治的行为。其行为是道德所驱使的一种主动、自愿为患者提供服务的行为，不是不得已而采取的行为。双方之间没有法定或约定义务，也并不存在不得不损害某较小合法权益的情形。因此，将其归为无因管理行为更为合理。

3．无因管理之责　前文中已经分析，在列车上对孕妇实施紧急医疗救治的行为时不得向其索要劳务报酬，否则将构成“非法行医”。但如果“李芊”在救治过程中使用了一些无菌纱布和药品，甚至污损了自己的衣服，还向周围人借了200元钱，能否向产妇要求支付这些费用呢？

根据《中华人民共和国民法通则》第93条[5]以及《最高人民法院关于贯彻执行＜中华人民共和国民法通则＞若干问题的意见》[6]，在无因管理中，管理人或者服务人可以要求受益人偿付必要的费用，包括在管理或者服务活动中直接支出的费用，以及在该活动中受到的实际损失。因此，医师在无因管理中对患者实施紧急医疗救治后，可以要求患者偿付救治过程中所支出的费用、利息、债务以及在救治过程中自己的实际损失。

4．无因管理中医师的注意义务　注意义务是指行为人在特定情形下所必须遵循的行为准则以及依该准则应当采取的合理措施。注意义务分为一般注意义务和特殊注意义务。《中华人民共和国侵权责任法》第五十七条明确规定：“医务人员在诊疗活动中未尽到与当时的医疗水平相应的诊疗义务，造成患者损害的，医疗机构应当承担赔偿责任。”该条款要求医务人员要对患者提供合理的特殊注意义务。

但是在院外紧急医疗救治中，医师和患者属于无因管理关系，并无明确的诊疗关系，是医师作为具有特殊专业技能的社会公民对其他处于危急状况下社会公民所践行的道德救助行为。在无因管理中，管理人或服务人的注意义务是较低的。为了保证患者的生命权得到保障，采取必要的急救行为，甚至包括采取有创性的急救行为。行为本身可能会对患者造成损害后果或者患者病情无明显好转，除非出于故意或重大过失，管理人对该损害后果不承担法律责任。这是法律对于无因管理关系中管理者的有限豁免权。

在院外紧急医疗救治中，限于当时的现场条件以及紧张环境，若要求医师做到与当时的医疗水平相应的特殊注意义务显然是过高了，不能参照一般侵权处理。例如，一名妇科医师在院外紧急救治一名外伤患者时，不能要求医师必须做到相应外科医师的水平。但医师毕竟拥有一定的急救技能，又与普通公民不同，应高于普通公民的一般注意义务。因此，在院外紧急医疗救治中，医师的注意义务应介于一般注意义务和特殊注意义务之间。应视医师的执业范围、职称等级与患者的实际病情而定，同时考虑现场环境条件的限制因素，综合评定医师的注意义务水平，并对紧急情况下的轻过失免责。

参考文献和注释

1. 《中华人民共和国刑法》第二百三十八条规定："非法拘禁他人或者以其他方法非法剥夺他人人身自由的，处三年以下有期徒刑、拘役、管制或者剥夺政治权利。具有殴打、侮辱情节的，从重处罚。"
2. 《医疗机构管理条例》第二十四条规定："任何单位或者个人，未取得《医疗机构执业许可证》，不得开展诊疗活动。"
3. 《中华人民共和国执业医师法》第十四条规定："医师经注册后，可以在医疗、预防、保健机构中按照注册的执业地点、执业类别、执业范围执业，从事相应的医疗、预防、保健业务。未经医师注册取得执业证书，不得从事医师执业活动。"
4. 《最高人民法院关于审理非法行医刑事案件具体应用法律若干问题的解释》第一条规定具有下列情形之一的，应认定为刑法第三百三十六条第一款规定的"未取得医师执业资格的人非法行医"：①未取得或者以非法手段取得医师资格从事医疗活动的；②个人未取得医疗机构执业许可证但开办医疗机构的；③被依法吊销医师执业证书期间从事医疗活动的；④未取得乡村医师执业证书，从事乡村医疗活动的；⑤家庭接生员实施家庭接生以外的医疗行为的。
5. 《中华人民共和国民法通则》第九十三条规定："没有法定的或者约

定的义务，为避免他人利益受损失进行管理或者服务的，有权要求受益人偿付由此而支付的必要费用。”

6.《最高人民法院关于贯彻执行＜中华人民共和国民法通则＞若干问题的意见》第 132 条规定：“民法通则第九十三条规定的管理人或者服务人可以要求受益人偿付的必要费用，包括在管理或者服务活动中直接支出的费用，以及在该活动中受到的实际损失。”

安检门背后的反思

——评“90% 网友认为需要安检”的调查结论

樊　荣

一、事件经过

2015 年 6 月，10 天发生了 10 起伤医案件，让中国的医疗界蒙上了一层厚厚的阴影。人们都在反思，这到底是怎么了？为什么本应是共同面对疾病的战友，成了分外眼红的仇人？患者怨声载道，医务人员苦不堪言。在医院这个拯救生命的圣洁场所，为什么连最基本的安全都无法得到保障？

在 2015 年 6 月 16 日发生了广西医科大学第一附属医院放疗科医师被人泼汽油烧伤等伤医事件之后，通过微信公众号《中国医学论坛报》在对事件报道的同时发起了一项小调查。截至 6 月 18 日上午 9：00，共有 4825 名网友参与了投票。投票的内容很简单，结果却很有说明性。

第一题单选投票：“医院需不需要设置安检？”有 4367 名网友选择了“需要”，占比 90%。

第二题为多选投票：“面对屡禁不止的暴力伤医事件，我们还能做什么？”有 4216 名网友选择了“希望相关政策能得到进一步落实”，占比 37%；有 2788 名网友选择了“医院仍需加大安保力度”，占比 24%；有 2252 名网友选择了“需对患者进行深入的医疗风险教育”，占比 19%；有 2023 名网友选择了“医师需进一步提高与患者的沟通能力”，占比 17%。

这项调查说明，大家普遍认为医院应该通过设置安检以及加大安保力度来保障安全。近年来，国家多个部门针对涉医违法行为先后颁布过一些意见与通知，但广大网友希望这些相关政策能得到进一步的落实。此外，很多人认为，对于目前的医患矛盾，与患方对于医学认知的不足是分不开的。同时，医方的沟通能力需要提高也是不可忽视的一个方面。

二、安检门背后的反思

1．医疗机构可以进行安检吗？　安检，不是单纯为了防止伤医事件，防止患方携带违禁物品，而是防止任何人携带违禁物品进入，从而保障整个医疗机构内所有人员的安全。

《最高人民法院关于审理人身损害赔偿案件适用法律若干问题的解释》第六条规定：“从事住宿、餐饮、娱乐等经营活动或者其他社会活动的自然人、法人、其他组织，未尽合理限度范围内的安全保障义务致使他人遭受人身损害，赔偿权利人请求其承担相应赔偿责任的，人民法院应予支持。”医疗机构必须要尽到安全保障义务。若由于医疗机构未尽到安全保障义务，导致他人受到人身损害，医疗机构要承担相应的赔偿责任。因此，医疗机构进行安检是合法、合理的。

2．医疗机构的安检应如何进行？　既然医疗机构安检是合理、合法的，那么医疗机构应该如何进行安检？

地铁、机场、法院和奥运场所等重要场所都有安检，但安检的等级是不同的。不同的安检等级在抽检率和开包率上也是不同的。但对于医疗机构来说，如果做不到 100% 的安检，那么就不能保证安全保障的效果。

但是，由于医疗机构的本身特点，也有网友对安检提出了质疑。患者来医院是就诊的。尤其是急诊抢救患者，时间就是生命。

患者争分夺秒地到达医院，医院先不进行救治，而是先对躺在担架上的患者进行全面的安检后再行救治。这样合适吗?

因此，就现状来看，较为可行的措施是针对急诊科设置安全检测绿色通道，在其他入口则可以进行较为全面、仔细的安全检测。

3．安检能解决伤医问题吗？　安检是我们为了保障医疗机构的安全，防止医疗机构内冲突升级的一种措施。但我们要清楚，安检只能尽量保障医疗机构的内部安全。医务人员都是要上下班的，都要到医疗机构外活动和休息的。患者若真的要蓄意伤害医务人员，场所内部的安检对伤医行为的防护作用其实是有限的。

而且，安检只能避免在医疗机构内出现违禁物品，避免凶器和易燃、易爆等物品造成多人严重损害的结果，但无法避免伤医事件的发生。因为在很多伤医行为中，患方通过多人拳脚相加和肆意殴打，使医务人员遭受严重伤害的事件屡见不鲜。

因此，依靠安检能够起到的作用其实是很有限的。即使依靠法律，也仅仅能够处理医疗纠纷，是在事后对于纠纷结果和伤医结果依法给予裁判，但仍然无法避免医疗纠纷或伤医事件的发生。若依靠公安，也只能是在伤医行为出现时尽量在第一时间进行处理，避免冲突升级，但也依旧无法避免冲突的发生。

三、当务之急是先从两方面突破

当前，我们在避免医疗纠纷乃至伤医事件的发生时，除了采取“安检”这一具体措施外，针对外部环境，还是应重点从患方教育和媒体责任两方面入手。

1．患方教育的重要性　医患纠纷的发生存在着诸多因素。在以往医疗纠纷原因的分析中，医方沟通不到位占相当大的比例，这一点不应该被忽视，但更多的还是源于患者对治疗效果的不满意。

很多患者就医时所持的态度就是“花钱买疗效”。他们认为自己出了钱，医疗机构就必须把他们治好。通常在医疗纠纷中，患方最常见的口吻就是：“我们是走着进来的，怎么就躺着出去了？”“怎么花了那么多钱，这点病都看不好？”患方最不愿看到的就是：钱没了，人也没了。

但作为医方，也有较大的苦衷。医学本身就是一门高技术型和高风险性的科学，具有局限性、复杂性和不可控性。同时，由于患者存在个体特殊性与差异性，因此，有时治疗效果是不确定的。任何一名医务人员都无法向患方100%地保证治疗效果。但患者往往只看到了成功的概率，而选择性地忽略了存在的风险，或者把风险等同于医疗机构的过错而作为追究责任的依据，从而引发纠纷。

而且，有时当患者出现一些不愿面对的结局时，患者家属便立即抓着医务人员的衣服，怒目而视、咆哮推搡。这与某些港台剧中的情节十分类似。但实际上，医师在为患者治病时，无不希望患者的病情会有所好转。

医学是一把双刃剑，机遇与风险并存。因此，多措并举，协调联动，加大医学科普的宣传力度，广泛开展医学教育，普及医疗知识，提升全民对医学的认知程度，让患者正确认识医学，正视医疗风险，树立正确的疾病观和医学观，才是外部环境中避免医疗纠纷乃至伤医事件的重要方面。

2．媒体责任的重要性

对于医患纠纷以及伤医事件，不得不提的第三方就是媒体。媒体虽然不是当事双方，但对社会和行业的影响绝对不亚于当事双方本身。

媒体的职责是对事件进行全面、客观、真实的报道，而不是在没有充分事实依据的前提下，带着某种倾向性去报道。媒体不能为了博人眼球、创业绩，就使用虚构和夸大的手段，罔顾事实真相，违背科学规律，不注意新闻报道的舆论导向问题，人云亦云。因此，媒体对医患关系的紧张负有不可推卸的责任。

尤其是在对恶性事件进行报道时，媒体应该把着眼点放在坚决打击“医闹”行为，依法严惩伤医暴徒，大力公开宣传涉医违法犯罪行为受到法律制裁的典型案例，真正起到利用媒体导向，维护社会稳定的作用。然而，如果只是单纯地对恶性事件本身过多地报道，而不去阐明违法后果，则势必会对公众产生一定的放大作用和示范效应。不但会引起全社会的关注，还会引起更多的人模仿伤医行为。

媒体应要站在科学、客观和守法的角度，利用舆论导向，弘扬正能量，提高公民的遵纪守法意识，引导公众通过合法途径解决纠纷，共同营造一个和谐、稳定的社会环境，这才是媒体应尽的职责和应有的态度。

综上可见，针对防范伤医事件的外部措施，医疗机构实施安检只是一种被动措施，并不能避免纠纷的发生。而提升全民对医学知识的认知水平，理顺新闻媒体的舆论导向，才是避免纠纷发生的两个重要外部因素。同时，我们还应清醒地认识到，与其改变外部环境因素，不如先改变内在因素。这样才能积极避免纠纷的发生。

两“虎”相争，两败俱伤

——谈“医院拒收危重患者”事件

樊　荣

一、案例经过

《×× 日报》与 ×× 省人民医院的纠纷源自于 2015 年 9 月 28 日在《×× 日报》的一篇报道《×× 省人民医院以“无床位”为由拒收危重患者》。争议原因为一名患者突发急病被送至某人民医院急诊，但该医院急诊以“无床位”为由，拒收该患者。

笔者并不急于在第一时间评论，有三个方面原因。一方面，在事实真相没有披露清楚之前，不可随意评论；另一方面，作为一名从事医患关系的工作者，轻易表态很容易被质疑站队有问题。此外，在双方都剑拔弩张的时候，他们往往是听不进去他人的分析和劝导的。

最初知晓此报道的时候，笔者并未把此事很放在心上。因为在急诊，尤其是大型三甲医院的急诊，拥挤不堪已经是太常见了。因此，在床位、设备、收治能力等条件不具备时，对一些并非危及生命的急诊患者，劝其转院也是常见情况。但本事件的后续发酵有些超乎想象。

前前后后，《×× 日报》与 ×× 省人民医院应该交手了五个回合。

第一回合，2015 年 9 月 28 日，《×× 日报》刊发了《××

省人民医院以“无床位”为由拒收危重患者》。舆论把矛头指向医院。

第二回合，当天下午，一篇微博以现场亲身经历的 ×× 省人民医院医师的口吻，阐述了医院当时的接诊情况并突出了医疗机构及医务人员的实际困难，并指出了前篇报道的一些偏颇之处。此时，社会舆论开始倒戈媒体。

第三回合，9 月 29 日，《×× 日报》发表了一篇评论《医院的谩骂与省委书记的整改》，力图以医院院长与省委书记进行比较，实则是向医院施压，明言暗喻指责医院的错误并要求反思。

第四回合，同日，《×× 日报》再次发布了消息《×× 省人民医院严肃问责积极整改》，称进行调查核实，并到《×× 日报》就相关情况进行了说明。从调查结果看，尽管当时没有床位是事实，但其间暴露出沟通能力差、沟通方式简单和沟通语言不当，尤其是分诊护士与“120”急救中心以及患者家属沟通时采取了错误的沟通方式。并且，医院作出如下决定：“①进行全院通报。②将分诊台当班护士调离。③对科主任进行诫勉谈话。④尊重媒体的监督意见，绝不允许发表不和谐的攻击性言论。⑤全科进行首诊负责制的重新学习，并要求全院立即进行首诊负责制等核心制度的强化学习，对聘用人员专门进行培训。⑥要求全院职工引以为戒、举一反三。对照检查，防止此类事件的再次发生。⑦要求全院职工以此为戒、尽职尽责，服务意识常抓不懈，保障节假日期间的医疗安全。”事情终究要解决，可是不幸的是，当班护士成了替罪羊。

第五回合，10 月 9 日，中国医师协会法律事务部发表了一篇文章《媒体的强大与医护人员的弱小》，再次对事件的真实情况和处理意见表示质疑，并对《×× 日报》进行了谴责。

事情至此，没有后续的消息了，告一段落。但从始至终事件给人的感觉很奇怪。就像是邻村的两个小孩吵架了，其中一个孩子 A 认为自己受了委屈，就叫了同村的孩子帮自己出头。另一个孩子 B 尽管心里有怨言，但还是委曲求全了。不仅如此，孩子 A 回家后还找了家长。家长一听就立即来接着教训孩子 B。孩子 B 的家长一看对方家长势力很大，就想算了，谁让自己孩子惹事的，揍一顿得了，就当着孩子家长的面揍了自己的孩子，算了结了此事。孩子 A 的家长还把这事通过村大喇叭宣传了一通，看似趾高气扬、扬眉吐气了。但孩子 B 这村的村长看不下去了：凭什么本村的孩子这么受欺负啊！就立即通过本村的大喇叭也朝对方喊话。结果双方一看，本来不大的事快挑起两个村之间的争斗了，就都选择了到此结束。可问题是，事情的前前后后，那个被揍的孩子从始至终没有说过一句话。大家都在关注究竟这两方谁更有气势，谁更强，谁最终胜利了。但对于当时在两个孩子之间到底发生了什么，却没有人渴望去真正核实。对于事情的真相，不能仅听其中一方的声音，这是一个基本的常识。而仅有医师协会的文章对此提问过：到底当时患者的病情是否危急？正如在这个例子中，作为一个村的村长，其实是有能力搞清楚当时的真相的。因此，虽然两个村子其实都很强，但通过这件事，两败俱伤。

二、事件评析

1. 媒体错了　中共中央宣传部（简称“中宣部”）、国家新闻出版广电总局和新闻出版总署发布的《关于新闻采编人员从业管理的规定（试行）》第三条规定，新闻采编人员要坚持真实、全面、客观和公正的原则，确保新闻事实准确。要认真核实消息来源，杜绝虚假不实报道。在新闻媒体刊发新闻报道时要实行实名制，即署作者的真名实姓。不得干预民事纠纷和经济纠纷的调解，不得干预正常的司法审判活动。报道涉及有争议的内容时，要充分听取相关各方的意见，认真核对事实，准确把握分寸。

第五条规定，新闻采编人员从事新闻报道活动时如遇以下情形应实行回避，并不得对稿件的采集、编发和刊播进行干预或施加影响：

（1）新闻采编人员与报道对象具有夫妻关系、直系血亲关系、三代以内旁系血亲以及近姻亲关系。

（2）新闻采编人员采访报道涉及地区系本人出生地、曾长期工作或生活所在地。

（3）新闻采编人员与报道对象属于素有往来的朋友、同乡、同学或同事等关系。

（4）新闻采编人员与报道对象存在具体的经济、名誉等利益关系。

新闻出版总署办公厅发布的《关于严防虚假新闻报道的若干规定》中规定："新闻记者从事新闻采访报道必须坚持真实、准确、全面、客观、公正的原则，深入新闻现场调查研究，充分了解事实真相，全面听取新闻当事人各方意见，客观反映事件各相关方的事实与陈述，避免只采用新闻当事人中某一方的陈述或者单一的事实证据。"

《×× 日报》在采访时采访对象是本单位职工，直接采纳其说辞并登报，本身便违反了回避的制度要求。而该报自恃掌握公众话语权，便对医院的声音选择性地屏蔽，更是违反了新闻报道客观反映事件各相关方事实与陈述的基本要求。报道的情况与另一方目前所披露出来的情况存在出入，尤其是在关键问题上表述不清楚，使在无法判断真相的情况下便形成了单方结论，表现出明显的倾向性。并且以连续同样口吻报道的这种行为不仅更加加深了倾向性的表现，还体现了明显的“公器私用”现象。作为省级具有较大影响力的媒体，为了自己的职工连续发布倾向性的报道，甚至不惜将省委书记搬出来向医院施压。虽然表面看上去得到了医院的致歉，似乎在这场争斗中获胜，但其行为手段是欠妥的。作为地方的公众喉舌，着实令人“刮目相看”，生生是将舆论监督的职责演绎成了舆论审判。

2．医院也有错　媒体希望得到的是医疗机构对待此事的态度，但公众更希望看到的是事件的真相。而医疗机构在未披露真相的情况下便直接认错整改，甚至对当事人进行处理，看起来颇有大义灭亲的伪善姿态。

为什么这么说?

第一，医院半推半就，态度不清晰。医院本身通过调查得出的结论显示，肯定了没有床的事实，但追究的是沟通不当的错误，而媒体主要说的是医院无床拒诊的过错。这等于医疗机构并未认同媒体的指责，却找了个别的理由把自己人给办了。这到底是认错的态度，还是不认错的态度，让大家觉得不好分辨。

第二，医院认错是对的，但不应无故责罚。“急诊科永远缺一张床”，这在全国各大医院是不争的事实，也是多年来亟待解决的困境。在患者安全的范畴内，医院自身的改善是无止境的。所以从患者安全的角度上，医院认错并制定整改措施不仅不会让医院蒙羞，而更会让公众看到医院改善质量的决心。但是认错不一定必须要用当事人去“祭旗”。护士在医院中属于非常辛苦的角色，其疲劳程度不亚于医师，但收入和地位却远比医师低，说话的分量也十分有限，更何况没有床是事实. 而仅仅因为沟通的方式不合适就将护士调岗，对科主任进行诫勉谈话，这样的处理决定有些过重了。与其对急诊科主任进行诫勉谈话，倒不如院长、医务处和急诊科坐在一起好好检讨一下如何优化急诊资源配置，如何解决急诊拥挤的现状、如何保障急诊患者的绿色通道等医院管理改善工作更有必要！急诊无床的问题，绝不仅仅是处理一个采取不合适沟通方式的护士就能解决的；急诊工作的改善，也绝不仅仅是急诊科主任一个人的责任。这种处理决定，不是真正解决问题的态度，而更像是对外界的作秀，对媒体的献媚，是一种伪善。

第三，忽略真相是对公众的不负责任。在社会上引起广泛关注的争议，最终无非都期望能有一个公开、公正的结局。否则，在真相不明的时候就囫囵吞枣，往往会让人如鲠在喉。而且，“孩子”即使犯了错，不听辩解，不管三七二十一，上来就打，这样的“家长”只会让“孩子”更加抵触和反抗。

3．政府相关行政部门最应该认错和反省！　在对急诊拥挤的原因分析中，有患者的原因，也有医院的原因，但更多的是政策的原因。医保费用报销的政策、院前急救转运的政策以及急诊分级就诊的政策均影响着医疗机构日常的急诊运行。另外，政府对于整体医疗卫生资源的统筹安排和配置问题也是造成急诊拥挤的原因。在某年的北京市医政工作会上，北京市卫生局的领导因为当年在北京市一次突发事件中部分医疗机构急诊收治伤员不力的现象大发雷霆，还在会上现场播放了当时“120”急救车通过车载电话与医疗机构急诊人员的对话录音。录音中部分医疗机构急诊还没听“120”急救人员将伤员的情况说完就答复没床。那一年，北京市卫生局将急诊工作列为年度重点工作而进行大力管控。

在中国台湾，政府搭建了一个信息平台，院前急救车辆能在车上清楚地看到附近所有医疗机构的床位使用情况和空床情况，并且这个数据是实时更新的。因此，急救车辆就能够根据医院的收治能力直接转运，避免了在转运过程中不断与不同的医疗机构急诊进行协调，从而使急救转运更加高效。此外，台湾的医疗机构急诊分级就诊执行得很好。患者根据疾病的严重程度分级等候就诊，并且自觉排队候诊。而且，台湾的大型医疗机构通常都有协作的基层医院，这有些类似于近几年在大陆开始推广的医疗联合体。在台湾这种机制已经较成熟，基层医院承担非急诊患者和急性期过后患者的康复。此外，在台湾的全民健保报销比例中，也是基层医院高于大型医院，病区高于急诊。这样一来，医院急诊很少会出现拥挤和压床的情况。

由此，我们足以发现，医疗环境的改变绝不仅仅是一家医疗机构的责任，而是政府相关部门政策规范、资源统筹与综合治理的结果。因此，希望政府部门认真分析造成医院急诊无床的原因，深入研究并制订解决院前急救和三甲医院人满为患的政策与治理方案。通过该事件，如何从机制上采取措施，避免类似事件的再次发生，远比将事件分个青红皂白更有必要。

爱与恕

——记“患者被遗弃医院”事件的处理历程

樊　荣

“世界上最大的力量不是报复，而是原谅。”——《心术》

一、“烫手的山芋”

一天，某医院急诊送来了一位 40 多岁急性脑出血的女性患者。因为病情较重，接诊的神经外科直接将其送入了重症监护病房（ICU）。陪同其来院的有一个女性和两位男性。经了解，女性是患者的妹妹，一个男性是患者的朋友，而另一个男性是患者妹妹的朋友。医师本以为这不过是每日收治患者中的普通一员，但事情却向着出乎意料的方向发展。

在患者的朋友为其交了 3 万元押金后，三人便再无踪影。2 天后，一个中年男人和一个小伙子来到了医院。他们看上去充满了疑虑与苦恼。一问，原来是患者的弟弟和患者的儿子接到通知，专程从安徽老家赶来。但二人仅露了一面，便也没有了踪影。

患者在 ICU 的每日花费很高，3 万元押金很快就花完了。当医院的工作人员联系这几位家属时，这些人便开始相互推诿，谁也不愿来院照护患者。

经过初步的治疗，患者的病情逐渐趋于稳定，但患者仍然没有意识，成为了一个无主、无意识和无费用的“三无”患者。见此状况，原本将其送入ICU的神经外科也不愿将其接回。另外，依据患者目前的病情，神经内科也拒绝接收。患者成了一个“烫手的山芋”——符合转入普通病房的指征，却没有任何人愿意接手。医师说，随着出血缓慢地被吸收，患者的病情已经稳定并有所好转。若有资金支持，采取适当的高压氧治疗，也许还有恢复意识的希望。但如果维持目前的基础治疗，那么恢复意识的可能性就微乎其微了。

然而，出乎所有人预料的是，通过与患者的亲属之间的反复联系，一个有关这名患者人生经历的脉络逐步展现出来。正是这个庞大的信息脉络，将此事件的复杂与困难程度展现得淋漓尽致。

二、惊人的过去

患者出生于安徽的一个乡村，年轻时与邻村的一名小伙子相识并相爱。结果，在那个年代，这种自由恋爱遭到了家人的强烈反对。患者不顾家人的反对，硬是凭借着深厚的感情执着地与小伙子走到了一起。尽管没有领取结婚证，但二人依然如同夫妻一样生活在一起，并先后生下了一子一女。男人在外打拼挣钱，她在家养育儿女。日子并不宽裕，但很幸福。

然而，命运多舛，在儿子8岁的时候，患者的爱人在一次车祸中高位截瘫，彻底倒下了。随之倒下的不仅仅是这个人，更是这个家。没有了顶梁柱，她独自一人难以支撑全家三个人的生活。在无数个苦与泪的夜晚之后，一天早晨，她狠下心，在孩子和丈夫熟睡之际，自己一人离开了家，自此杳无音讯。

这一走就是二十多年。

在这二十多年里，她没有给家里有任何哪怕一点的消息，甚至连她的亲生儿女都没有接过她一次电话。她彻底抛弃了她曾经的爱人和儿女，抛弃了整个家庭。也正是因为这件事，本来邻村关系还不错的两个家庭变得形同陌路。过年过节，只有儿女还偶尔象征性地去看一眼姥姥和姥爷，平时两家便再无来往。两个家庭都生活在村里人异样的眼光下，卑微度日，尽力躲闪着周围人指指点点的言语和目光。

她的家中有一个弟弟和一个妹妹。对于姐姐的这种做法，弟弟和他们的父母强烈反对，但妹妹很支持姐姐的决定。毕竟她那时才二三十岁，一个女人如何能够独自撑起整个家庭呢？还不如狠心放弃所有，让自己重新开始。正因如此，姐姐和妹妹的关系非常近。而姐妹二人与弟弟和家人的关系同样名存实亡，几乎没有消息。相反，弟弟因为反对姐姐的所作所为，所以与他外甥一家的关系尚可。

她的离去，让完整的家庭濒临坍塌。更让他们雪上加霜的是，在她离家后，儿子查出来患有先天性室间隔缺损，必须要进行手术治疗。面对这一切突如其来的变故，她的爱人也曾一度丧失了活下去的勇气，多次试图寻求短见。一次，他把儿子叫到床前嘱咐了很多话。儿子察觉到异常，便偷偷翻他的床头，结果翻出来满满一瓶已拆封的剧毒农药。那次，父子二人抱头痛哭……

自那之后，也许是实在舍不得两个孩子，不为自己，就是为了两个孩子，他也要坚强地活下去。他放弃了轻生的念头，拖着截瘫的身体开始打工，以赚取一些微薄的收入。再加上村里给一家人的低保金，他们勉强度日，硬是靠着难以糊口的收入，将这有了上顿没下顿的日子过了二十多年。儿子也在全村各家各户的接济下，凑钱完成了手术。但因为这是先天性疾病，儿子看上去比同龄人又瘦又小，就连行动和说话都显得有气无力。另外，因为她离家时，女儿年龄尚小，因而女儿对她更是毫无感情，恨之入骨。而且，女儿的性格较倔强，患者发病至今，未来院看过一次。

而她，在这二十多年里，前后交过几个男朋友。这次突发疾病将其送至医院的就是她的现男友。二人一同从事养殖业。他自从留下 3 万元押金后便再未出现过。而在此之前，她还有个前男友，甚至还与这个前男友共同领养过一个女儿。前男友有小偷小摸的陋习，但和她感情很好，还对医院表示过，他与患者为女儿留了张银行卡，里面有给养女的生活费若干万元，但密码只有她自己知道。

可见患者漂泊半生，所经历的人间冷暖，关系的复杂程度，远远超出院方的预料。

三、各方的态度

医院目前所能够掌握的联系方式，仅有送患者入院的现男友以及随后来看望的患者弟弟和儿子。

其中，现男友的态度是，他已经尽了自己应尽的义务，为其缴纳了住院押金，后续的事情与他无关。

患者儿子的态度是，她虽然是他的生母，但二十多年来毫无音信。他已经将其遗忘。如今突然就以这样的一种状态相见，用他自己的话来讲，她只是他“最熟悉的陌生人”。对于处置和照料，他听舅舅的意见。

患者弟弟的态度是，已经二十余年不联系，他已经不认这个姐姐了。现在姐姐和她的现男友一起生活，并且从事养殖经营，相对来说具备相应的经济条件，后续事务理应由现男友承担。

对于医院而言，所面临的状况就是患者符合出ICU的指征，但无人照料和缴费，也没有科室愿意接收。患者在ICU每日费用增长较快，长此以往对医院也是巨大的成本负担。因此，当下首要的工作是要先把患者移至普通病房。本着“谁送来、谁接回”的原则，医政部门遂要求神经外科先行将患者接回普通病房。并由医院为代表，为其聘请了一名护理员，负责其日常的护理照料工作。

四、第一次沟通——结合情与法，做铺垫

在先期的接触中，院方感觉目前家属的话语权主要掌握在患者的弟弟手中。因此，医患办的首次沟通便以其弟弟作为突破点。

医患办工作人员与其弟弟进行了电话沟通，对其晓之以理、动之以情。一方面，对其进行法律法规的宣讲。医患办工作人员向她弟弟说，逃避不能解决问题。患者目前没有意识，她的配偶、子女和兄弟姐妹均是监护人，具有抚养义务。患者现在病情稳定，应该被接回家去照料，还能减少费用支出。但如果家人拒绝承担抚养义务，则涉嫌遗弃罪。而且，医院也有权起诉其家人偿还患者在院的欠款。另一方面，患者毕竟是其亲姐姐。尽管有过去那些不愉快的经历，但毕竟是从小照顾自己长大的姐姐。在今天这样的局面下，也是回报恩情的时候，不应该在这时候狠心离去。

其弟弟听后也表示，其实他也知道抚养和交费的事是逃不掉的，他也懂法。但他现在最难的地方在于，把患者接回家容易，但后续的照料谁来完成比较难。目前家里的亲戚不是出不起将患者接回家的钱，而是怕面对这样一个“无底洞”带来的无尽的人力和财力的投入。谁接回家，就意味着后续就由谁来照料。因此，没有任何人敢来将其接回。

医患办与其沟通，让其家庭成员共同商议以确定最终后续的照料方案。其弟弟答应待决定后将结果反馈给医院。但第二天再次联系其弟弟的时候，他的态度完全改变了。他说这件事与他无关，让医院联系与患者平时关系较好的妹妹。之后，无论如何打电话，均再无人接听。第一条途径失败。

五、第二次沟通——唤醒爱，探路径

在第一次沟通意外失败后的近一个月时间里，医院和家属之间从未取得有效联系。院方对于此事妥善解决的希望逐渐渺茫，

甚至已经开始着手通过法律途径起诉患者的监护人涉嫌遗弃并要求偿还欠款。

突然有一天，负责照料患者的护理员匆忙来电，说患者的儿子来医院看望母亲了。医患办与医事处人员立即赶至病房，正好遇个正着，便趁此机会与他进行了深入交谈。

他说这次本来不想来，但实在是被父亲逼得没办法才从老家赶到北京。年底正是工作繁忙的时候，自己本来就是临时工。这时候请假，在来北京的路上就收到了老板的电话，告诉他不用再回去上班了。这次来，主要是村里人得知了母亲患病的消息，又开始七嘴八舌地议论。这眼看就到年根了，父亲让其无论如何来看看她。无论如何，那也是他的母亲。这样一来，村民们知道他去看过了，也就不会再说什么了。但他不愿来，为此还和父亲吵了一架，实在没办法才过来。

患者的儿子一看上去就是朴实的农民，又瘦又小，话不多，说一会儿话就能明显感觉气不足，但给人感觉很真诚。这段时间，患者也较前有所好转了。当儿子来到患者床边呼唤她“妈”的时候，尽管她还没有明确的意识，但从四肢动作可以明显感觉到她的情绪突然出现了很大波动，嘴里“呜呜”地要说什么，动作也有了一些特殊反应。这一切，儿子完全看在了眼里。对他来说，时隔二十多年，这对他也造成了不小的触动。同样，这一幕也让医患办人员看到了事情的些许转机。

接下来的谈话，是以唤醒记忆为主，让儿子试图唤醒已经沉睡了二十余年的记忆。在八九岁之前，他的童年是幸福的。但母亲的不辞而别对他的人生造成了深深的伤害。在二十多年的时间里，没有任何消息，哪怕是在他在开胸进行心脏病手术的时候，他姨曾给母亲带过话，但母亲仍然没有出现。因此，对于母亲的容貌，他已经淡忘了，只依稀记得小时候母亲的朦胧轮廓。唤醒记忆，其实是为了唤醒他心底的爱。母亲离开时，他已经是一个大孩子了。深深的伤害正是源于他对母亲深深的爱与依赖。不愿再次想起，只是由于不愿再揭起曾经的伤疤，但并不能代表就已然忘记。他是爱母亲的，只不过是心被伤过，不敢再尝试。

明确了潜在的感情基础，那么接下来就逐步谈到对患者的处置。这时，他自己就说，他有心无力。父亲截瘫这本身就是一巨大的开销，如果再加上母亲所欠的医疗费用以及把母亲接回去的后续费用，这个家庭是无力背负的。他作为儿子，承担着家里的重担，靠打零工贴补家用，还要照顾父亲。这次来京，为了省钱，他每天只吃两顿方便面，而晚上只是找一个避寒的角落蜷缩休息。如果他有 30 万元，现在想都不用想就会把母亲接回家。但现在最大的问题就是经济压力和照料能力。另外，就算把母亲接回去，安置在何处也是个问题。半年前，村里有位阿姨同意与其父亲生活在一起，照顾其生活起居。这对他来说也是莫大的帮助。但刚刚半年，这个时候再把离家二十多年的母亲拉回家，家中的关系如何处理？毕竟，父母之间从未有结婚证，当然也就从未有离婚证。而阿姨是冲着父亲来的，现在家中的前女主人以这样的一种情况回来，她又能如何接受？

这些问题和重担都压在这个瘦弱的小伙子身上。面对这些问题，医患办也在帮着出谋划策，探寻解决路径。谁来解决？如何解决？解决不了这些问题，事情也就得不到妥善处理。

六、关系的梳理

要想妥善解决此事，必须要找到事件的关键人物。因此，面对患者复杂的人物关系网，必须进行仔细梳理，以确定突破口（图 1）。

患者目前的两大核心问题是费用与抚养。

在费用问题上，根据患者的背景与病情，符合我国疾病应急救助基金的申领条件，可以通过申请此基金对现有的欠费问题进行减免。对于转运患者的费用，其弟弟可以承担。对于后续治疗

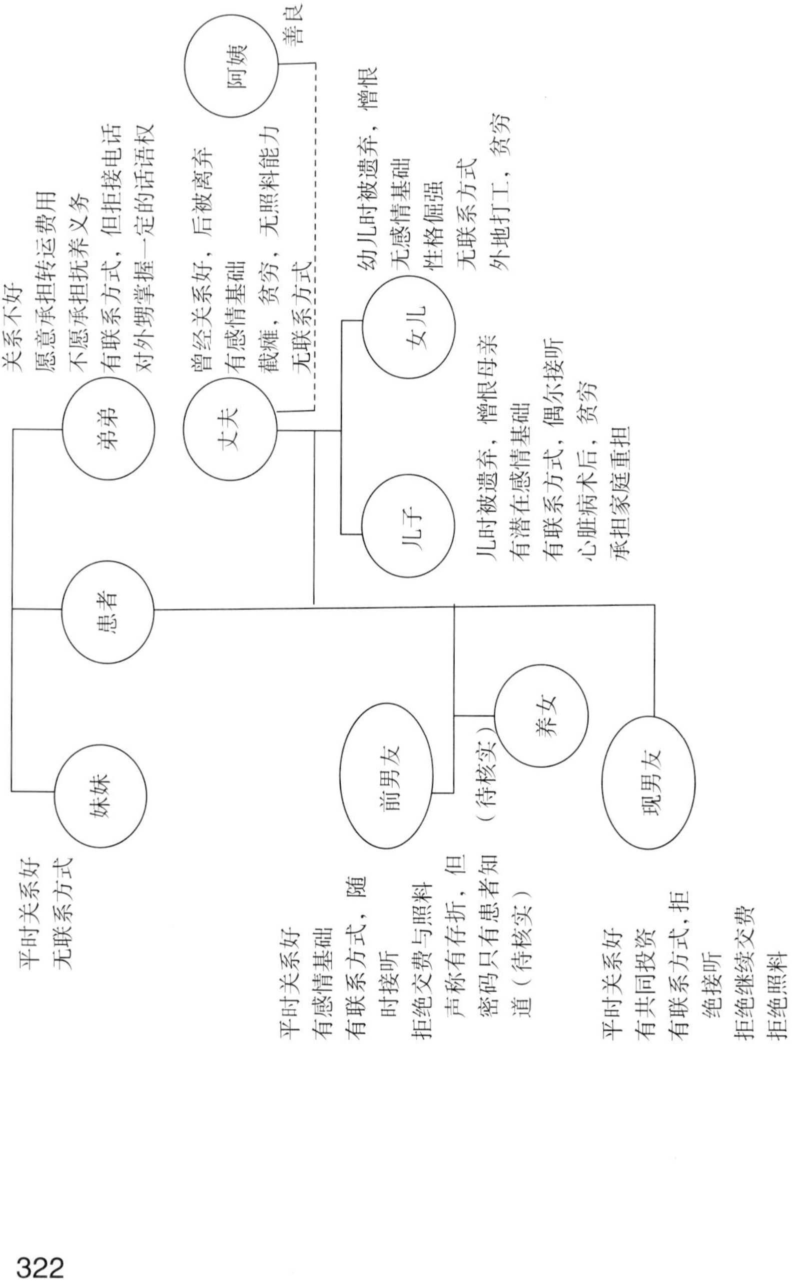

图 1 “患者遗弃医院”事件人物关系梳理图

费用，有三个方法可供选择：第一，回当地医院，但费用较高；第二，回当地养老院，但需要与养老院沟通，费用中等；第三，回家照料，但需要取得患者丈夫及其照料他的阿姨同意，费用最低。

而在抚养问题上，由于是一个长期的过程，因此，主要依靠的是感情。若没有感情，即使有足够的金钱，也无法容忍患者所带来的生活上的不便与负担。患者的前男友与患者虽有感情，但拒绝提供照料。而剩余的有可能照料她的就是患者的丈夫和儿子。患者的丈夫曾经被患者遗弃在家中，心灵上受到重创，但到了今天这个局面，情形发生了戏剧性的翻转。从患者丈夫的做法来看，他并没有像当初患者的做法那样遗弃她，反而要求儿子冒着被辞退的危险也要来京看望他的母亲，说明他的心底对患者还是有感情的。毕竟，她曾经不顾家人的反对义无反顾地和他在一起。另外，对于患者的儿子也是同样。尽管作为母亲，她抛下自己的亲生骨肉而杳无音信，纵然她的做法让他幼小的心灵受到过极大的创伤，但换位思考一下，作为一名女性，面对丈夫截瘫在床、两个孩子需要养育的重担，她又该如何撑起这个家？因此，她在万不得已的情况下狠心选择不告而别，其实心底也会有那么多不舍。二十多年的日日夜夜，回想起自己曾经义无反顾的爱情以及亲生骨肉，相信在儿女思念母亲的同时，母亲对儿女的思念只会更多而不会少。只不过她宁愿背负骂名而选择了生存，但回过头来看，也不能将过错完全归到她一个人身上。对她，作为子女，还是应该有一些同情和理解。

七、第三次沟通——放下、宽恕和希望

因此，第三次沟通时，院方把重点放在了患者的儿子和丈夫身上。

这两个人的心都被患者深深地伤过。如果说，他们要是怀着一颗报复的心的话，此时完全可以以其人之道还治其人之身，但这样的做法会达到预期的目的或效果吗？其实报复行为所获得的

快感是极其短暂的，而且往往在报复之后还会存在以暴制暴和以牙还牙的负罪内疚感。我们应相信“人之初，性本善”。就内心而言，他们之所以曾经会伤心，正是因为对家庭完整的珍惜和对她的依赖。因此，无法弥补伤害，也实现不了他们重建家庭的愿望和她的回归。有句话说好：“世界上最大的力量不是报复，而是原谅。”

而且，通过患者见到其儿子时的表现而言，说明在她的心中，其实根本没有忘记，没有放下曾经的家，没有割舍这段切不断的亲情，只不过是为了生存而不得已坚持着不联系。一方面是有愧，另一方面也是无法回头。虽然不知道患者未来究竟能否恢复意识，但当患者再次回到那个曾经的家，那个她无数个夜里朝思暮想的地方，也许能够出现奇迹。如果她有一天真正能够恢复意识，那么她一定会为当初自己鲁莽、愚蠢的决定而感到后悔。所以，宽恕，会让一个人重生，让一个家庭重圆。这些年，再苦的日子都已经咬牙度过了。起码两个孩子都已经能够挣钱尽微薄之力了。真心盼望着有一天她能够好起来，让这个家庭能够像当初那样，幸福团圆。哪怕她真的无法醒来，把母亲接回身边，作为儿女尽一份孝心，不也是一种久违的爱吗？

当医患办人员将这些想法讲给患者的儿子听的时候，他沉默了，看得出他的心里非常纠结和痛苦，在怨恨与原谅之间摇摆，在责任与困难之间煎熬。一个二十多岁、本身就有疾病的小伙子，家里有一个截瘫的父亲，现在又要接回去一个毫无生活自理能力、没有意识的母亲，还要面临阿姨的断然离去，而自己的妹妹毫无指望，所有家庭的重担都要自己一个人承担。然而，他自己又是领着低保、刚刚失去工作的人。对此院方发自内心地理解他，理解他的苦衷。

他想了很久，最后对院方说，如果他答应把患者接走，那么医院所欠的费用能否减免一些。院方立刻说，医院虽然无法和他签署协议免除所有的十万元左右的欠费，但一定会通过多种方式去争取最大程度的救助，这也需要他的积极配合，提交相关材料。他点点头答应了。

那一刻，这个瘦小的小伙子显得是那么高大，他这个柔弱的身躯已然成为了这个命运多舛的家庭中那根坚实的顶梁柱。

八、内心的感悟

第二天一早，医院传来消息，患者的儿子带着他母亲，办理了出院，回安徽老家了。

原本一件可能会在医院滞留若干年而无人照料、耗费医院大量人力、物力和财力的事件，就这样较为圆满地解决了。作为医院相关部门的管理人员，固然有一些成功的喜悦，但更多的还是对这个家庭、这个顶梁柱的挂念和祝愿[1]。

同时，笔者还有一些内心深切的感悟。

对于制度，我们真的不愿看到这样的患者因为钱而放弃，因为钱而无人照料，因为钱而抛弃家庭，这是民众的悲哀，也是体制的悲哀。贫穷，让身处社会底层的人们几乎用生命作为了代价。希望国家的疾病救助体系越来越完善。

在医师和患者之间，通过真诚的沟通、设身处地的着想和换位思考，去唤醒对方心底的爱与信任，也许就是我们打开尘封大门的钥匙。正如美国医师特鲁多的墓志铭上所写的："偶尔是治愈，常常是帮助，总是在安慰。"

对于亲情，家庭与亲人之间是切不断的血脉。无论我们犯了再大的错，到最后还能原谅并继续选择爱你、接纳你和照顾你的，一定会是你的亲人。"以责人之心责己，以恕己之心恕人"。恕，是一个可以终生奉行的人生信条。[2]

参考文献和注释

1．据 2016 年 4 月对患者进行了追访，目前该患者在家中由其丈夫负责日常照料，病情较前略有好转。

2.《论语·卫灵公》，“子贡问曰：‘有一言而可以终身行之者手’？子曰：‘其恕乎！己所不欲，勿施于人。’”

问题疫苗未致疾，过度恐慌却成疫

——评“问题疫苗”事件

张晓慧　樊　荣　张　雪*

一则“上亿元疫苗未经冷藏流入18省份，专家表示：或致人死亡”的新闻又一次进入大众的视野。人们在感到愤怒的同时，也有一些疑虑。此次事件的疫苗最主要的问题是什么？会有什么危险？相关人应承担什么责任？

对这个问题，要从疫苗本身说起。

一、疫苗是一种特殊的药品

疫苗是将病原微生物（如细菌、立克次体和病毒等）及其代谢产物，经过人工减毒、灭活或利用基因工程等方法制成的用于预防传染病的自动免疫制剂。

《中华人民共和国药品管理法》第一百零二条规定：“药品，是指用于预防、治疗、诊断人的疾病，有目的地调节人的生理功能并规定有适应证或者功能主治、用法和用量的物质，包括中药材、中药饮片、中成药、化学原料药及其制剂、抗生素、生化药品、放射性药品、血清、疫苗、血液制品和诊断药品等。”

疫苗的基本成分包括抗原、佐剂、防腐剂、稳定剂、灭活剂

---

* 张晓慧，蒲黄榆社区卫生服务中心；张雪，北京新里程肿瘤医院。

及其他成分。抗原是疫苗最主要的有效活性组分，是决定疫苗的特异免疫原性物质。疫苗效果的好坏主要取决于抗原。佐剂又称非特异性免疫增生剂，本身不具抗原性，但与抗原一起或预先被注射到机体内后能增强免疫原性或改变免疫反应类型，用于防止外来微生物的污染。一般为了避免液体疫苗在保存期间微量污染的细菌繁殖，均加入适宜的防腐剂。为了保证作为抗原的病毒或其他微生物存活并保持免疫原性，常向疫苗中加入适宜的稳定剂或保护剂，如冻干疫苗中常用的乳糖、明胶和山梨醇等。对于灭活病毒或细菌抗原的方法，除了可用物理方法如加热和紫外线照射等之外，也常采用化学方法灭活，即向在疫苗中加入灭活剂，常用的化学灭活试剂有丙酮、酚和甲醛等。这些物质对人体有一定的毒害作用，因此，在灭活抗原后必须及时从疫苗中除去，并经严格检测，以保证疫苗的安全性。在制备疫苗时还需使用缓冲液和盐类等非活性成分。缓冲液的种类及盐类的含量都可影响疫苗的效力、纯度和安全性，因此，都有严格的质量标准。

由此可见，疫苗的制作没有那么简单，非正规厂家生产的任何不符合要求的疫苗流入市场都会对人体造成伤害。

二、疫苗的分类管理与供应

目前市面上流通和使用的疫苗分为两类。

第一类疫苗，是指政府免费向公民提供，公民应当依照政府的规定受种的疫苗，包括国家免疫规划确定的疫苗，各省、市在执行国家免疫规划时增加的疫苗，以及在局部地区发生疾病流行时应急接种所使用的疫苗。这类疫苗通常称为免费疫苗。目前这类疫苗统一由各省、市疾病预防控制中心统一管理，逐级下发，且不收取任何费用，因此质量可以保障。

第二类疫苗，是指由公民自费并且自愿受种的其他疫苗。在2005 年实施的《疫苗流通和预防接种管理条例》(国务院令第 434

号）中第十五条规定："疫苗生产企业可以向疾病预防控制机构、接种单位、疫苗批发企业销售本企业生产的第二类疫苗。"也就是说，接种单位可以自行购进厂家的疫苗用于自费接种，这就使市场出现了可乘之机。

三、疫苗的冷链管理

疫苗是一类特殊的药品，含有经过人工处理的病原体成分，以及佐剂、防腐剂和稳定剂等辅助成分。作为生物制品，疫苗对温度比较敏感，温度过高或过低都会对其产生影响。为了保证疫苗的稳定性和抗原性，疫苗的流通、运输和储存等环节需要全程的冷链保障。我国要求对疫苗的流通、储存和运输温度按照药店和疫苗使用说明书的规定执行，全程采用冷链保障，一般液体疫苗在 2 ～ 8℃条件下运输和储藏，脊髓灰质炎减毒活疫苗需冷藏运输、冷冻保存，因此，疾病预防控制中心的基本装备包括冷库、冷藏车、冰箱、疫苗运输箱、冰排以及温度记录器。接种单位要配备药用冰箱、冷藏运输箱、冷藏包、冰排和温度记录器。

四、接种超温疫苗的后果

未严格按照疫苗保存要求保存的疫苗称为超温疫苗。实际上疫苗有一定的热稳定性，即使在 37℃的情况下，至少可以保留 1 周效果稳定。所以说，如果疫苗短时间地脱离冷藏环境，其风险只是有效期缩短，效果降低。但对于长期脱离冷藏环境的疫苗来说，首要风险并非有毒或有害，而是无效免疫。

预防接种是把疫苗（用人工培育并经过处理的病菌和病毒等）接种在健康人的身体内，使人在不发病的情况下产生抗体，从而获得特异性免疫，以提高人群的免疫水平，达到预防和控制针对传染病发生和流行的目的。对未按冷链要求保存的疫苗，疫苗中的抗原成分失活，接种之后自然无法激活免疫反应。这样一来，当机体遇到病原体的时候，因为没有产生抗体，就无法得到保护了。简言之，就是打了等于没打。比如水痘疫苗，机体接种长期脱离冷藏环境的水痘疫苗后，不能产生相应的抗体，达不到免疫效果，因此，当机体遭遇水痘病毒侵袭的时候就可能感染水痘病毒，而出现发热、出疹和嗜睡等相关症状，但经过及时、有效的对症治疗和调理后，一般不会产生严重的后果。但如果接种的超温疫苗为狂犬疫苗，在免疫空白的情况下，机体一旦发生狂犬病病毒感染，就会因为缺乏抗体的保护而最终导致死亡。但这种死亡本身并非超温疫苗所致，而是由疾病本身引起的，只是因为超温疫苗没有起到正常疫苗应有的保护作用而导致了疾病的发生。对于整个人群而言，超温疫苗带来的潜在风险依然是巨大的。人群中如果大多数人对于一种或者多种疫苗相关传染病存在免疫空白，那么势必会大大增加疾病暴发或流行的风险，从而造成巨大的社会和经济负担。然而，对于超温疫苗是否会带来直接的毒、副作用，目前国内外均没有明确的接种超温疫苗直接导致伤害或死亡的案例报告。

五、该案件的法律责任

自 2011 年以来，庞氏母女在未获取任何药品经营许可的情况下，通过网上 QQ 交流群和物流快递，联系了国内十余个省、市的 100 余名医药公司业务员或疫苗非法经营人员，购入防治流行性乙型脑类（简称“乙脑”）、狂犬病和流感等 25 种人用二类疫苗或生物制品，加价销给全国 24 个省的 300 余名疫苗非法经营人员或少量疾病控制部门的基层站点。

此次庞氏母女疫苗案的主要问题在于两点：第一是非法经营疫苗，私自非法购入并用于销售；第二是疫苗的储存和运输未经严格冷链保障（这些疫苗是由正规疫苗生产厂家生产的，但其未按规定进行冷链存储和运输，部分属于临期疫苗）。

《疫苗流通和预防接种管理条例》第六十四条规定："疾病预防控制机构、接种单位、疫苗生产企业、疫苗批发企业未在规定的冷藏条件下储存、运输疫苗的，由药品监督管理部门责令改正，给予警告，对所储存、运输的疫苗予以销毁；疾病预防控制机构、接种单位拒不改正的，由卫生主管部门对主要负责人、直接负责的主管人员和其他直接责任人员依法给予警告、降级的处分；造成严重后果的，由卫生主管部门对主要负责人、直接负责的主管人员和其他直接责任人员依法给予撤职、开除的处分，并吊销接种单位的接种资格；疫苗生产企业、疫苗批发企业拒不改正的，由药品监督管理部门依法责令停产、停业整顿，并处5000元以上2万元以下的罚款；造成严重后果的，依法吊销疫苗生产资格、疫苗经营资格。"但本案中，庞氏母女并不属于疾病预防控制机构或接种单位，也不属于疫苗生产批发企业，因此，不能参照该条款处罚。

庞氏母女没有取得药品经营资质而从事药品经营活动，根据《疫苗流通和预防接种管理条例》第六十八条规定，不具有疫苗经营资格的单位或者个人经营疫苗的，由药品监督管理部门依照药品管理法第七十三条的规定处罚。《中华人民共和国药品管理法》第十四条规定，开办药品批发或零售企业，需经企业所在地省、自治区、直辖市人民政府或县级以上地方药品监督管理部门批准并发给药品经营许可证。无药品经营许可证的，不得经营药品。第七十三条规定，未取得《药品生产许可证》《药品经营许可证》或者《医疗机构制剂许可证》生产和经营药品的，依法予以取缔，没收违法生产、销售的药品和违法所得，并处违法生产、销售的药品（包括已售出的和未售出的药品，下同）货值金额2倍以上5倍以下的罚款；构成犯罪的，依法追究刑事责任。从上述规定可知，国家对药品实行经营许可管理制度，该案中庞氏母女无证经营药品的行为属于非法经营行为。

《中华人民共和国刑法》第二百二十五条规定，违反国家规定，有下列非法经营行为之一，扰乱市场秩序，情节严重的，处5年以下有期徒刑或者拘役，并处或者单处违法所得1倍以上5倍以下罚金；情节特别严重的，处5年以上有期徒刑，并处违法所得1倍以上5倍以下罚金或者没收财产：“经许可经营法律、行政法规规定的专营、专场物品或者其他限制买卖的物品的……”最高人民检察院和公安部《关于公安机关管辖的刑事案件立案追诉标准的规定（二）》第七十九条规定，从事其他非法经营活动，个人非法经营数额在5万元以上，或者违法所得数额在1万元以上，或者虽未达到上述数额标准，但2年内因同种非法经营行为受过2次以上行政处罚，又进行同种非法经营行为的，应予追诉。因此，该案例的行为已符合非法经营罪的立案追诉标准。

《中华人民共和国刑法》第二百二十五条对何为“情节特别严重”未作具体规定，并且也无相关司法解释对非法经营药品“情节特别严重”的情形进行明确。有学者认为，可以根据非法经营数额、违法所得、是否在2年内因同一行为受过2次以上行政处罚等因素，参照其他相近司法解释对其情节特别严重进行认定。参照《关于办理妨害信用卡管理刑事案件具体应用法律若干问题的解释》和《关于办理非法生产、销售烟草专卖品等刑事案件具体应用法律若干问题的解释》可以看出，其中非法经营情节特别严重的数额标准是情节严重的5倍，包括非法经营药品在内的其他非法经营犯罪行为情节特别严重与情节严重的比例也可参照5倍计算。因此，结合上述对其他非法经营行为的追诉标准，对于非法经营药品犯罪行为情节特别严重的数额标准是：非法经营数额在25万元以上，或者违法所得数额在5万元以上的，应当认定为《中华人民共和国刑法》第二百二十五条规定的“情节特别严重”。而在本案中，犯罪嫌疑人涉嫌非法经营收款金额高达3.1亿余元，累计金额（含收入和支出）则高达5.7亿余元，已远超出立案标准，应符合“情节特别严重”的量刑标准。

而且，对于超温疫苗导致的药品失效，根据《中华人民共和国药品管理法》第四十八条规定，应将其认定为假药。根据最高人民法院和最高人民检察院《关于办理生产、销售假药、劣药刑事案件具体应用法律若干问题的解释》第六条的规定，实施生产、销售假药、劣药犯罪，同时构成生产、销售伪劣产品、侵犯知识产权、非法经营、非法行医、非法采供血等犯罪的，依照处罚较重的规定定罪处罚。

此外，根据《疫苗流通与预防接种管理条例》第六十三条，疫苗生产企业、疫苗批发企业向疾病预防控制机构、接种单位和疫苗批发企业以外的单位或者个人销售第二类疫苗，或者疫苗批发企业从不具有疫苗经营资格的单位或者个人购进第二类疫苗的，由药品监督管理部门没收违法销售的疫苗，并处违法销售的疫苗货值金额2倍以上5倍以下的罚款；有违法所得的，没收违法所得；情节严重的，依法吊销疫苗生产资格和疫苗经营资格。本案中多家涉案医药公司及其业务人员因违规向无资质人员销售疫苗药品和生物制品，均受到当地食品和药品监督管理部门的行政处罚。

根据《疫苗流通与预防接种管理条例》第五十八条，疾病预防控制机构或接种单位从不具有疫苗经营资格的单位或者个人购进第二类疫苗的，由县级以上地方人民政府卫生主管部门责令改正，给予警告；有违法所得的，没收违法所得；拒不改正的，对主要负责人、直接负责的主管人员和其他直接责任人员依法给予警告或降级的处分；造成受种者人身损害或者其他严重后果的，对主要负责人、直接负责的主管人员依法给予撤职或开除的处分，并由原发证部门吊销负有责任的医疗卫生人员的执业证书；从犯罪嫌疑人处购买疫苗的疫苗非法经营人员或少量疾病控制部门的基层站点也将受到相应的行政处罚。

六、消除恐慌，正视疫苗，规范接种

此次山东疫苗事件发生之后，全国人民对其予以高度关注，但也出现了一些过度关注导致的过激言论。某专家学者担忧地发出“这是在杀人”的言论。随之，多年前的一篇《疫苗之殇》文章开始广为流传。对 4 个月的孩子来说，打疫苗后死亡属于偶然事件，出现率极低，只有几十万分之一。该文章却直指疫苗杀人，夸大了疫苗的风险性。此时再次将旧文炒作，将两件事混为一谈，实际上是把疫苗之殇演绎成了媒体之殇。似乎在一夜之间，越来越多不明真相的家长站到了坚决抵制预防接种的阵营。

其实，预防接种已经被证实是控制相关传染病发生和流行最经济、有效的手段，也是减少滥用抗生素的一个重要手段，其具体实施是通过疫苗来完成的。通过预防接种，全球不仅已经成功地消灭了天花，脊髓灰质炎的发病率也下降了 99%，并且因白喉、百日咳、破伤风和麻疹导致的发病率、致残率与死亡率也显著下降。

自我国 1978 年开始实施免疫规划以来，鼠疫和霍乱等传染病得到了有效控制；麻疹、百日咳、白喉、脊髓灰质炎、结核和破伤风等疾病的发病减少了 3 亿多人，死亡减少了 400 万人；实施乙肝疫苗接种后，全国人群乙肝病毒表面抗原携带率从 1992 年的 9.75% 下降至 2006 年的 7.18%，5 岁以下人群已降到 1% 以下，因接种疫苗减少乙肝病毒感染者 3000 多万人；乙脑、流行性脑脊髓膜炎（简称流脑）等发病人数也降至历史最低水平。近年来，在应对甲型 H1N1 流感的过程中，接种疫苗也成为重要的手段。因此，家长不能因为此次问题疫苗就因噎废食，完全否认我国的疫苗管理和预防接种的重要性，应该相信疫苗的作用，并且选择正规的接种门诊为孩子进行预防接种。

当然，疫苗的作用并非百分之百地避免发病，只是减少感染概率，同时减轻感染后的症状，减少并发症。因此，也不能盲目地过度依赖疫苗。同时，在疫苗接种中，家长也应该注意疫苗的接种禁忌和注意事项。

世界卫生组织规定以下情况者为常规免疫的禁忌证：

（1）具有免疫缺陷、恶性疾病（肿瘤或白血病）及应用放射治疗或抗代谢药而使免疫功能受到抑制者，不能使用活疫苗。

（2）接种对象正在患有发热或明显全身不适的急性疾病，应推迟接种。

（3）以往接种疫苗有严重的不良反应者，不应继续接种。

（4）患有神经系统疾病的患儿，如癫痫或婴儿痉挛等，不应接种含有百日咳抗原的疫苗。

（5）如每天大便次数＞4次，需待恢复正常2周后才可服用脊髓灰质炎疫苗。

（6）最近注射过白蛋白或免疫球蛋白者，注射后3个月内不能接种疫苗。

与此同时，不同的疫苗有具体的接种禁忌，需要家长在疫苗接种前仔细阅读并甄别疫苗接种知情同意书内容，在孩子身体健康的情况下选择接种疫苗。

关于伤医事件报道争论的思考与建议

——针对“温岭杀医案”中媒体作用的反思

樊　荣

2016年5月5日，陈仲伟事件后仅仅5天，重庆市石柱县和江西省又纷纷报道了恶性伤医事件。尤其是重庆市的案件，表现为与陈仲伟案件在作案手法上惊人地相似。因此，关于媒体是否应反复报道伤医事件，是否会产生“破窗效应”，也引起了广泛争论。

一、媒体报道在伤医事件中的影响

谈到媒体报道在伤医事件中的影响，应该从3年前的一次事件谈起。

2013年10月25日，患者连恩青来到温岭市第一人民医院耳鼻咽喉科门诊就诊，寻找之前的主治医师，但主治医师不在。他就用匕首捅伤耳鼻咽喉科王某和江某等3名医师。其中，王某因受伤过重抢救无效离世。

经查，连恩青曾于2012年3月20日到温岭市第一人民医院进行鼻内镜下鼻腔微创手术。主刀医师为该院耳鼻咽喉科副主任医师蔡某。手术后，连恩青常常感到鼻子通气不畅。2012年12月28日，连恩青第一次到温岭市第一人民医院医务部投诉，此后又陆续投诉多次。该医院组织医师为连恩青先后两次进行会诊，但未找出原因。连恩青又前往台州市中心医院和浙江医科大学第一附属医院就诊，两次诊断结果都表明不需要再做手术。2013 年 5 月 14 日，温岭市第一人民医院邀请浙江大学邵逸夫医院五官科副主任医师汤某为连恩青会诊。会诊结论为“手术良好，不需再做手术”。但连恩清认为，这是多家医院串通一气在骗他，医院存在着黑幕，遂产生杀医动机。在其家中的墙上，可以清楚地看到他所写的“王某、林某”，后面是一个大大的“死”字。“死”字的最后那一撇看上去充满了愤怒。经过几个月的筹划，最终发生了惨剧。

2014 年 4 月 1 日，浙江省高级人民法院二审对“温岭杀医案”进行了公开宣判，驳回被告人连恩青的上诉请求，维持死刑原判。在宣判后的 4 月 2 日，我国某著名电视台在狱中对连恩青进行了采访。他对着电视机镜头说，“他们为了各自共同的利益！”“自作孽，不可活！他咎由自取！”“我无悔！”这则节目在 4 月 7 日晚向全国电视节目观众播出。

而就在第二天的 4 月 8 日中午，在江苏丰县，45 岁的患者王方立用刀杀死了该县协和门诊部 28 岁的医师单某。理由是当年 3 月 30 日，王方立在该协和门诊部接受了一个小手术。但患者认为术后效果不好。王方立曾找到医师，但医师认为，王方立因患有皮肤病，影响了疗效。丰县卫生局的工作人员没有过多解释。但王方立认为，医师缺医德，用药有问题，于是产生了杀害医师的念头。

但是关于王方立的直接杀人动机，经丰县警方询问，王方立说，是来自在 4 月 7 日晚看了关于“温岭杀医案”的电视节目报道。他认为连恩青是一个英雄，他是在坚定决心后有意效仿的。

一个公安系统的朋友对此曾表示出强烈的愤慨。一个面对全国的电视媒体，在节目制作与播出的时候，就不曾考虑一下这个节目播出之后的效果。一个穷凶极恶、毫无悔改之意的犯罪分子的那种“视死如归”的表现，是否鼓励了他人犯罪。

二、观点争论

对于是否应该报道伤医事件，目前在医疗界和媒体界存在两种观点。

1．一方认为，应该报道伤医事件

首先，即使不报道，也不会掩盖“医患之间的问题”，并不能说明医患关系就和谐了。

其次，在有些医院以及医务人员的眼中，医师都被打、被杀了，居然连声音都不能有，居然都不能对公众进行呼吁，对恶行进行呐喊，那样只会让医务人员更加寒心和绝望。积极报道，就是要让一个个血淋淋的事实去引发社会的关注和触动。

另外，在一些媒体的眼中，当下的医患之间确实存在问题。伤医这种极端事件的出现更加暴露出这种矛盾的尖锐性。因此，正如一个“脓疱”，通过掩盖是无法治愈的，必须要将其“挑破”才能促进愈合。因此，他们认为，积极的报道正是去促进人们关注与反思，其中更多的是医疗机构的反思。

由上可见，虽然一部分医疗机构和媒体都倾向于报道，但双方的出发点是不同的。正如在“陈仲伟事件”后，有人在网上评论道：“医疗界希望这条生命能够唤起公众的觉醒，而公众则希望这条生命能够唤起医疗界的觉醒。”这句话，清楚地表达了一些医疗机构与媒体在对待伤医事件中截然不同的两种态度。

2．另一方认为，不应该报道伤医事件

首先，相对于全国的就诊量来说，这种极端的伤医事件仅仅是偶发事件。过多的报道会有夸大作用，让医患双方都倍感压力，失去安全感，加深彼此间的不信任。

其次，如果我们去了解其他行业，就会发现矛盾、丑闻和极端事件同样存在，并不比伤医事件少。但因为没有出现那么多的报道，所以显得并不那么突出。因此，过多的报道不利于双方信任的重筑。

另外，对于这种恶性事件的报道，容易引发“破窗效应”和“涟漪效应”，从而导致更多的伤医事件的发生。

三、思考与建议

1. 渐进式改良与革命式变革　那么对于医患关系的改善，我们应该采取什么行动呢？正如前文所述，有些记者将其比喻为“挑脓疱”，通过显著暴露矛盾与内幕，甚至进行催化、加深和扩大后再将其暴露，以此来促进关注和问题的解决。然而，令人感到惊讶的是，连恩青也采用了相同的词——“暴露”。

节目中，主持人问连恩青：“你觉得用杀人的方式可以解决什么问题？”连恩青不假思索地回答：“暴露。”他从始至终偏执地认为，医疗机构和医师是在联合作假欺骗他。而他这样做，是在用一个人的牺牲去揭开医疗界的“黑幕”。由此可见，现在的很多记者其实与连恩青的出发点是一致的，只不过手段没有那么过激而已。这种方式其实是一种革命式的变革。他们期望通过激进的革命来换取天翻地覆的变化。

我国的文明原本是信奉儒学思想、中庸之道的，但在近代国家救亡危机之中，国人受法国激进主义的影响较深，还把这种激进主义当作理想主义加以歌颂。在经历过“文革”后，在和平年代还有人崇拜革命。把“穷批猛斗”和“揭竿而起”作为促进变革的方式。这样的理念，在如今很多社会矛盾事件中均有显著的表现。

革命式的变革不是万能的。在和平年代，我们需要的是在保持稳定前提下的渐进式改良。“冰冻三尺非一日之寒，水滴石穿非一日之功”。如今的医患关系并非短时间内形成，同样也不会在短期就可好转。而且，医患关系的改善不仅仅是医患双方的事情，社会诸多力量均应参与。医院改善服务与管理，医务人员加强人文与沟通，患者增强理性与信任，医保部门提高投入，民政部门扩大救济，即政府、公安、司法、媒体和卫生行政部门等都需要携手努力，才能换来环境的改善。

2．“模仿效应”与“警示效应” 说到近期的伤医事件报道，很多人都在说“破窗效应”与“涟漪效应”。

“破窗效应”是由詹姆士·威尔逊（James Q. Wilson）及乔治·凯林（George L. Kelling）提出来的。此理论认为，如果放任存在环境中的不良现象，会诱使人们仿效，甚至变本加厉。如果有人打坏了一幢建筑物的窗户玻璃，而这扇窗户又得不到及时维修，别人就可能受到某些暗示性的纵容去打烂更多的窗户。

“涟漪效应”亦称为“模仿效应”，是由美国教育心理学家杰考白·库宁（Jacob Kounit）提出的。此理论认为，如果一群人看到有人“破坏”规则，而未见对这种不良行为及时处理，就会模仿破坏规则的行为。正如向一湖平静的湖水里扔进一块石头，泛起的水波纹会逐渐波及很远的地方。

这两个理论在表现上较为类似，均指社会对恶习纵容所引起的效仿。如不及时制止这种效仿，则会导致连续发生、范围扩大和程度加深等进一步的后效果。

早在2010年，我国就曾出现过两起较为严重的“破窗效应”事件。2010年1月23日至2010年11月5日，富士康员工因工作环境、薪资待遇和公司的高压管理引发连续14起跳楼事件，引起社会各界乃至全球的关注。

2010年，在40天内发生了5起校园惨案。3月23日，福建南平市南平实验小学发生凶杀事件，死亡8人，重伤5名。4月12日，广西合浦西镇小学发生凶杀事件，2人死亡，5人受伤。4月28日，广东湛江雷州市雷城第一小学发生行凶事件，凶手砍伤了15名学生和1名老师。4月29日，在江苏泰兴某幼儿园，凶手对幼儿和教师员工大肆残杀，导致29名幼儿、3名教工和群众共计32人受伤。2010年5月12日，陕西省南郑县圣水镇幼儿园发生恶性凶杀案，砍伤20人，死亡人数8人。

由此可见，这样的单纯传播只会让事件进一步恶化。正是因为毫无遏制与毫无理智地传播血腥、暴力的伤医事件，一定程度上催动着恶性伤医事件的连续发生，而盲目的转发正成为同类事件发生的一条导火索！

因此，如果我们是为了改善医疗生态，提高医师安全，遏制犯罪势头，那么我们在报道伤医事件时，更应该在将犯罪分子绳之以法、使其接受法律的严惩之后再进行宣传报道。这样，我们的转发才能够起到警示效应，而不是模仿效应。如果暂时未获得这样的信息，就不如不转发。正如我们不仅不能做第 N 个打破窗户的人，还要努力做修复“第一扇窗户”的人。即使当我们无法选择环境，甚至无力改变环境时，我们还可以努力，那就是使自己不要成为一扇“破窗”。

3.“发现漏洞”与“制造漏洞” 笔者曾与一位社会媒体记者探讨校园惨案与“陈仲伟”事件中的“破窗效应”。但该记者并不认为这种效应是问题，反而认为正是当初对校园凶案的报道，才促进了国家对校园安全的关注，才出台了后续的一系列政策以加强校园安保。因此，这个“安全漏洞”的发现正是媒体报道的功劳。笔者问他，有没有考虑过这些逝去的人的感受，难道非要采用这样的方式改革吗？他说，如果没有早日完善安保，其实还会有人早晚会逝去。这些人的逝去虽然可惜，但他们换来了更广泛的、持久的安全。

然而，在笔者看来，这种报道并非“发现漏洞”，而是在“制造漏洞”。试问，有多少人会残忍地想到专挑幼儿下手？而且还是群死群伤？有多少人会想到去幼儿园或小学门口行凶？即使发生了案件，是立即上报公安部门，还是立即向社会公布？哪一种方式更有利于事件的防范和解决？退一步讲，提升校园安保，是否必须通过犯罪来激发？

在极端犯罪事件引起社会的广泛关注之前，大部分人是不知道这种极端的犯罪方式的，因此，也就不存在所谓的安全漏洞。

媒体的广泛报道并不是发现了漏洞，而是通过传播犯罪形式去人为地制造了漏洞。曾经有一个国内知名的杀毒软件公司，宣称自己的产品能够清除其他公司所不能清除的计算机病毒，并以此来促进产品的营销。然而人们最终发现，这种病毒的制造者正是来源于该公司。因此，如果不改变这样的传播理念和方式，这样的“漏洞”还会被接二连三地制造出来，犯罪的手段也会越来越升级。

4．建议　关于医疗机构针对伤医事件的信息发布，笔者提出了几点个人建议：

（1）伤医事件发生后，避免早期未经调查核实事件信息就进行传播，尤其要避免针对非医疗圈的信息流出。

（2）经过医疗机构与公安等相关部门勘查核实后，一切均由医院官方发布权威信息，避免单位职工私自发布尚未核实的消息。

（3）信息发布的目的：信息发布的目的是坚决维护医务人员的人身安全，坚决打击涉医违法犯罪，坚决依法严惩犯罪分子。对医疗暴力绝不容忍，对伤医行为绝不妥协，对犯罪分子绝不姑息。

（4）信息发布的时机：关于信息发布的时机，有两个重要的时间点——事件发生时与依法严惩时。

（5）信息发布的方式：事件发生时，以内部通报为宜；依法严惩时，以新闻通稿为宜。

（6）信息发布的内容：事件发生时，以关心和慰问职工、表态全力缉凶为主，重在关爱；依法严惩时，以强烈谴责伤医、绝不容忍犯罪为主，重在震慑。

（7）信息发布的范围：事件发生时，以医疗圈为主，卫计委、公安、司法、工会、行业协会和相关部门为辅，尽量减少对社会的发布；在依法严惩凶手后，则应向社会公开宣布依法处理的结果。

（8）避免在报道中描述行凶方式的细节，避免在报道中使用血腥现场图片，避免在报道中出现虚假和模糊的信息，避免在报道中以纠纷作为理由，避免在报道中采用凶手偏激的言论，避免在报道中煽动医患矛盾对立。

（9）如果事件引发了媒体关注，媒体提出了相关的采访要求，医疗机构应当加速事件调查和核实的进程，及时发布消息，积极应对采访，不可拒绝或回避媒体采访。

互联网医疗的风险与机遇

樊　荣

在 21 世纪的今天，互联网的发展进入了我们的生活，同时也改变了我们的生活。在互联网为我们的生活带来极大便利的同时，也存在着相关的风险。尤其是当互联网与关乎我们生命健康的医疗相结合的时候，其带来的风险就更应引起充分的重视。

一、互联网医疗与远程医疗

原卫生部制定的关于互联网医疗和远程医疗相关的规范性文件有《卫生部关于加强远程医疗会诊管理的通知》（1999 年）、《互联网医疗保健信息服务管理办法》（2009 年）和《国家卫生计生委关于推进医疗机构远程医疗服务的意见》（2014）。其中，互联网医疗保健信息服务是指通过开办医疗卫生机构网站、预防保健知识网站或者在综合网站设立预防保健类频道向上网用户提供医疗保健信息的服务活动。远程医疗服务是指一方医疗机构（以下简称邀请方）邀请其他医疗机构（以下简称受邀方），运用通讯、计算机及网络技术（以下简称信息化技术），为本医疗机构诊疗患者提供技术支持的医疗活动。医疗机构运用信息化技术，向医疗机构以外的患者直接提供的诊疗服务，属于远程医疗服务。

从以上定义可以看出，互联网医疗保健信息服务与远程医疗服务有部分功能是重叠的。但就互联网医疗发展领域而言，绝不仅仅限于以上这些内容。对于互联网医疗，目前还没有官方的定义。百度百科将“互联网医疗”定义为：互联网在医疗行业的新应用，包括了以互联网为载体和技术手段的健康教育、医疗信息查询、电子健康档案、疾病风险评估、在线疾病咨询、电子处方、远程会诊、远程治疗和康复等多种形式的健康管家服务。

互联网医疗肯定是一个涵盖了远程医疗的上位概念。互联网医疗目前正处于行业的快速发展期，现在对其进行了定义尚为时过早。正如老子所云：“名可名，非常名。”对于社会新生业态，可以顺其自然地发展，在偏离的时候适当纠正，在过激的时候适当控制，在消沉的时候适当鼓励，从而使互联网医疗有一个良好的发展空间。

二、咨询与诊疗

对于远程医疗服务，最新发布也是最重要的文件为国家卫生计生委《关于推进医疗机构远程医疗服务的意见》。正是由于这个文件规定了“非医疗机构不得开展远程医疗服务”，使在文件出台之前已经习惯于通过微博和专业网站进行在线咨询答疑的医师们反应较为激烈。相关部门不久即发声，认为医师们的行为不是诊疗行为，而仅是咨询行为，不属于远程医疗管理范围之内。

因此，根据以上的区分，可以理解为：远程医疗是医疗机构之间或者医疗机构与患者之间，通过远程医疗服务仪器设备，开展远程病理诊断、远程医学影像诊断、远程监护、远程会诊、远程门诊和远程病例讨论等内容的诊疗行为。而非远程医疗的互联网医疗，则是指医疗机构、医师和患者之间，通过互联网、便携式电子设备和可穿戴设备等，开展咨询建议、健康管理、预约挂号、缴费结算和医患沟通等工作的非诊疗行为。

然而，在实际工作中，咨询和诊疗行为之间的界限并不清晰。如果我们打开某健康类软件，软件的首页就会抛来提问请求回答。

例如，“乳房上有多发小纤维瘤，该怎么治疗？”那么医师通过网络该如何回答才能被算作是咨询而不是诊疗行为？医师在发言过程中很可能会涉及诊疗方案。那么，应如何区分咨询和诊疗？

有人提出区分的关键在于是否存在诊断和治疗。只要不进行诊断和治疗就不属于诊疗行为。如前所述，互联网医疗服务的范围包含了咨询建议和健康管理等形式。那么最常见的就诊科室咨询和分诊有什么区别？早期糖尿病的饮食控制方案和糖尿病的膳食医嘱有什么区别？幼儿发热咨询与诊断和鉴别诊断有什么区别？在实践中，确实难以将其区分。因此，要想清晰地区分咨询和诊疗行为，并不是十分现实的。

三、互联网公司与医疗机构

既然区分咨询和诊疗行为并不现实，那么实际上目前互联网中的许多咨询其实是应归于诊疗行为的。根据国家卫生计生委《关于推进医疗机构远程医疗服务的意见》的规定——“非医疗机构不得开展远程医疗服务”以及“医疗机构运用信息化技术，向医疗机构外的患者直接提供的诊疗服务，属于远程医疗服务”，这就意味着，要想通过信息化直接为患者提供远程医疗服务，则必须要是医疗机构，而且医师必须在其注册地点执业。

2014年10月底，我国首家网络三甲医院——广东省网络医院在广东省第二人民医院正式上线启用。这是全国首家获得卫生计生部门许可的网络医院，患者在社区医疗中心或者连锁药店等网络就诊点即可通过视频向在线专家求医问诊。网络医院主要针对常见病和慢性病等病情较为简单的病种，通过后台初步分诊，患者可选择对应的科室和医师，在家门口就可享受到三甲医院的专家服务。但目前来看，在一家医疗机构的基础上去开发互联网应用相对容易，而要求互联网公司都成为医疗机构则较为困难。因为互联网公司并不具备实体的医疗机构。即便如此，在2016年，

"好大夫在线"在银川正式开办了"银川智慧互联网医院"，开创了无实体医院的互联网公司获批"医疗机构执业许可证"的先河。但全国范围内，对其合理合法性的态度还不明统一。

四、会诊与门诊

相关部门之所以对咨询与诊疗进行区分，部分原因也是因为《中华人民共和国执业医师法》第二十三条规定："医师实施医疗、预防、保健措施，签署有关医学证明文件，必须亲自诊查、调查，并按照规定及时填写医学文书，不得隐匿、伪造或者销毁医学文书及有关资料。"而互联网医疗的最大困境就在于医师不可能按照传统的"视、触、叩、听"或"望、闻、问、切"来诊疗疾病，而仅是通过远程系统中的视频摄像来用作参考，这就是会诊和门诊的巨大差异，无疑会带来较大的医疗风险和法律风险。因此，对于远程医疗服务范围内的远程门诊工作，即便作为国内信息化水平最高的国内首家、亚洲第二家已通过医疗卫生信息与管理系统协会（Healthcare Information and Management Systems Society，HIMSS）7 级评审的北京大学人民医院，也同样是尚未涉足。北京大学人民医院早在 2007 年开始就启动了"共同体"协作单位间的远程会诊，协作单位遍布全国，甚至还涉足了老挝等东南亚国家。但其一直坚持提供会诊服务，而不是门诊服务。远程会诊所连接的两端一定是两名医务人员。医师绝不单是独通过远程门诊诊治患者。这正是北京大学人民医院一直所坚持的。

五、手机软件与医疗器械

目前，很多智能医疗程序软件逐步普及。结合可穿戴设备，使自身能够方便地进行健康监测和自我诊断工作。但是对于这样的软硬件，需要严格的准入和把控。以美国为例，将相关移动应用程序（Application，APP）分为健康类 APP 和医疗类 APP。2012 年，奥巴马签署了新的食品和药品监督管理局（Food and Drug Administration，FDA）安全和创新法案。其中就包括了对于医疗类 APP 的准入管理。如果将程序仅仅是读取血糖监测结果，则为健康类 APP。如果将程序代入简单公式，使检测结果数据自动计算得出当前糖尿病的严重程度和此次胰岛素的注射量调整方案，则该程序就属于医疗类 APP，需要按照医疗器械来管理，进行严格准入。

六、网帖与病历

国家卫生计生委颁布的《关于推进医疗机构远程医疗服务的意见》规定："邀请方和受邀方要按照病历书写及保管有关规定共同完成病历资料，原件由邀请方和受邀方分别归档保存。"在无法明确区分咨询与诊疗行为的时候，一旦出现纠纷，则互联网相关内容的保存就成为了亟须解决的难题。网帖是否具有病历的法律效力？是否可按照病历的形式保存？如何保存？网帖是否能够参照电子病历进行管理？发帖是否需要电子签名？这都是现实的法律问题，也是目前难以解决的问题，亟须出台相应的法律法规进行明确。因此，互联网医疗公司在初期人员的资质注册备案就显得尤为重要。在法律尚不明确的时期，妥善做好内部管理和应答技巧，避免纠纷的产生才是目前力所能及的工作基础。同样，在尚未明确区分咨询与诊疗的时候，互联网医疗公司保存好相关的网帖信息，同样也是自我保护的方式之一。

既然是互联网医疗，病历的便捷传输和随时调用也是互联网的基本优势所在。若需要在不同地域、不同时间和不同设备间传递病历，就必须要推动标准化病案的进程。在做好信息安全的前提下，使个人健康档案无论在哪里，使用什么设备终端都能够方便调阅。

七、天使与魔鬼

任何事物都有天使或魔鬼的两面性，互联网医疗在方便医务人员向患者输出健康资讯的同时，同样增加了虚假医疗宣传的风险和监管的难题。我们不希望互联网医疗成为胡万林、张悟本和李一等的“培养皿”。因此，一方面，对于从事互联网医疗人员的准入机制一定要严格，并且应作为互联网医疗的核心问题来抓；另一方面，要加强公司发帖的实时内部审核质控，根据质控工作的反馈即时调整网帖内容。医务人员是互联网医疗公司的基础，更是品牌创建与维护最有力的推动者。

八、机遇

尽管存在以上这些问题，但互联网医疗是大势所趋，具有巨大的发展空间。就像大禹治水一样，洪水来了，宜疏不宜堵。作为卫生行政部门，首先需要将之前制定的、随着发展已显得不合时宜的关于互联网医疗的规定进行修订和更新。如果定义明确、权责清晰、管理细化，相关的互联网医疗公司便可准确地找到自己的定位与市场方向，如此则能更有利于互联网医疗做大、做强。

此外，互联网医疗不仅限于医疗机构与患者之间为患者服务，还可以将目前医疗机构内的医疗信息进行深度整合，为医院或医师服务。例如，医师在家里就可以通过便携设备上的互联网医疗工作站实现查房或为患者下医嘱等。

可穿戴设备是移动医疗发展的核心，也是硬件的核心技术，直接影响了移动医疗能够开展检测的项目，从而间接地影响了移动医疗的业务范围。可穿戴设备的发展也必将推动整体互联网医疗的发展。

另外，对于一些不需要医师通过“视、听、叩、诊”或“望、闻、问、切”全步骤诊察的疾病，如皮肤病、慢性病管理和精神类疾病等，只需要通过视频、图片或问卷交流便可得出诊断结果和拟定治疗方案的，在将来可以尝试通过开放的互联网医疗进行诊治，至少从美国的经验来看，过敏 / 免疫疾病和皮肤疾病等专业远程诊疗已经被认可并付诸实践了。[1]

参观文献

1. 时占祥. 美国远程医疗服务模式和服务项目. 微信公众号“全球医生组织北京代表处”. 2015-8-11.

从医院的角度看互联网与医疗大数据

樊　荣

若谈及当下最热的词汇，“互联网”和“大数据”一定会在名单之列。而医疗与互联网或者大数据之间所擦出的火花，从来就没有熄灭过。中国的首富马云2014年在“全球互联网大会”上放出豪言，30年后要让医师失业。这一言论更是让医疗与互联网、大数据的结合成为了最炙手可热的一块沃土。

那么，究竟互联网能给医院带来什么？大数据又能为医疗做些什么？这些成为了医院实务者思考的核心问题。

一、互联网应用于医疗的四个方面

互联网对于医疗能在以下四个方面发挥作用：智能式的信息采集服务、交互式的就医辅助服务、系统式的健康管理服务以及便捷式的医患沟通服务。

1．智能式的信息采集服务　可穿戴设备在医疗领域是一个潜在的巨大市场，未来一定是改变互联网医疗的重要手段。近几年来，可穿戴设备的产品快速升级换代，取得了长足的发展。目前，通过可穿戴设备已实现的监测包括血压、心率、呼吸、情绪、消耗的热量和运动量等项目。而科学家新研发的一款上衣可以与可穿戴设备相结合，不仅具有检测心率和血压等一些常见功能，还能做心电图。这就相当于随时背着24小时动态血压监测和24小时动态心电图。

另外，现在还有一种无创血糖检测。将其贴在皮肤上，就可以从皮肤上通过体液的变化检测血糖。试想一下，如果这个设备能够与胰岛素泵互联，根据血糖的变化微量控制胰岛素注射，使之有平稳的给药过程，那么会始终使机体保持一个平稳的内环境。或者，如果将24小时血压监测与高血压用药提醒互联，使血压保持在一个平稳理想的水平线上，这就突破了过去单纯的信息采集，而进入智能干预的阶段。在未来这种技术一定会有更好的发展。

现在有一种智能手环已经在开始尝试智能干预了。人的睡眠分为快速动眼睡眠（浅睡眠）和慢速动眼睡眠（深睡眠）。慢速动眼睡眠是人类大脑休息所必需的睡眠时段。如果人在慢速动眼睡眠中醒来会觉得很难受。这种手环通过对睡眠的监测起到一定的作用，比如早上定的闹钟是6点，手环将从5：50开始间断发出很微弱的振动，让使用者从慢速动眼睡眠中逐步过渡到快速动眼睡眠状态，然后逐步加快振动，在6点时让使用者慢慢地、很舒服地的从快速动眼睡眠中自然醒来，从而达到优质睡眠和舒缓苏醒的目的。虽然这是一个很简单的设计，但却是可穿戴设备向智能干预迈进的一种崭新尝试。

可穿戴设备未来的发展要解决四个问题：准确性、稳定性、便捷性和持续性。以便携式血压计为例，电子血压计测量的稳定性也要远远低于传统水银柱式血压计的测量结果。设备的体积直接影响了穿戴的便携性。另外，可穿戴设备的续航能力直接关系到充电时间段内相关数据采集的中断。将来可穿戴设备要结合无线充电技术。两者的结合将会是技术上的跨越。准确性、稳定性和续航能力直接决定了数据采集的质量。高质量的数据才是制订诊疗方案的基础。随着移动医疗的进一步发展，可穿戴设备的改进与完善必须先行。

由上可见，智能式可穿戴设备的发展之路，应该是从人工录入，到自动采集，再到智能干预。从过去靠人工录入，比如输入某日的进食量和运动量，然后通过软件计算当天的摄入与消耗。到如今，由可穿戴设备自动进行采集，则无须再进行人工录入。未来，可穿戴设备将根据采集的信息进行智能干预。这是可穿戴设备的发展趋势。

2．交互式的就医辅助服务　就医辅助服务有四个环节：来院之前、就诊期间、住院期间和出院之后。

（1）来院之前：内容包括医疗机构、医务人员的信息索引。通过互联网，可以使患者在来院之前就知道要去哪家医院，看哪个专科和哪个专家，专家什么时间出诊，又有哪个专家今天因故停诊。可以使患者统筹安排自己的工作和就诊通过便捷预约挂号手段，逐步改变患者的就医习惯，最终实现分时段有序就诊。

（2）就诊期间：互联网除了分诊导医外，还可以对门诊实时状态流量进行监测。

医院的门诊办公室都清楚，上午的门诊量比下午大，但在上午也是分时段的。例如 8 点到 9 点，人流量最大的是诊室；9 点到 10 点，流量最大的是采血化验室和辅助检查室，10 点到 11 点，流量最大的是药房或者收费处。大医院因为整体流量过大，可能流量高峰就不是那么明显。但医院依然要做到对流量进行监测。在某部门人流量大的时候，就适当增加部门人数，增加开放窗口的量。例如收费处，早晨 7 点到 8 点之间根本没有人缴费，则收费处有一两个人就够了。但是 9 点到 10 点，有些人陆续开始缴费了，所以要逐步增加开放的窗口。但是在 10 点之后，大部分人都看完了病，检查、化验和取药都需要缴费，流量特别大。精确的控制人力资源配备离不开对于流量的精确掌握，这对医院的就诊秩序的维护非常重要。另外一项工作是在线结算。过去的医疗模式是看病时先挂号，交检查费，交化验费，然后再缴费拿药。很多流程的节点都制约在了缴费环节。正因为此，卫生行政部门一直在推行“先诊疗，后结算”。有了互联网，就可以做到在线结算，从而减少环节节点所导致的流程阻滞。目前，这项工作已经在北京的试点医院落实。

（3）住院期间：在此期间要做到用药指导、健康宣教和知情同意。

在用药指导上，由于现在药品的种类特别多，很多时候医师更关心的是药理和适应证。在用法和用量上，通常是依据药品说明书。有心的患者常常会自己去查药品说明书，而不是仅仅听医师的简单安排和解释。这就需要便捷查询途径。

在健康宣教方面，医疗机构和医务人员通常做得并不到位，而通过互联网就能把健康宣教进一步完善，还就能够减轻医院健康宣教工作的人力成本。

在知情同意方面，良好的知情同意需要让患者有充分的理解。但是这一点仅靠医师10分钟的讲解是根本不明白的。台湾慈济医院在这方面做得非常好。他们把一般性有创性操作和常见手术的知情同意以视频的形式发布在医院的网站上。患者只要登录网站的知情同意专栏就可以看到视频，就能够很清晰、形象地看到整个流程及相关的注意事项。在做操作或手术之前，医师先让患者把这个录像看三遍，然后让患者讲这个手术有什么风险，为什么要做这个手术，需要做什么准备工作。患者讲解了一遍，医师就会明白，患者是真的理解了。而后医师再根据患者个人的特殊情况进行强调，告知其与视频内容不同的个别注意事项，最后再请患者签字同意。而不是像过去，医师一味地去给患者灌输相关知识。这就是做得比较好的知情同意。当然，也要基于互联网手段进行很好的宣传和支持。

（4）出院之后：在这个环节，还有一个出院随访和检查结果回传反馈，这个时候能够把信息很容易地反馈给医院和医师，减少没有必要的复诊。对于一些慢性病的短期复诊，如果监测数据准确可靠，可以通过的互联网在线的方式解决。

3．系统式健康管理服务　之所以称其为系统式，就是因为它是建立在大数据的基础上。系统式的健康管理服务具有便捷性、安全性、全面性和连贯性。

便捷性是指在任何地方打开智能通讯设备就可以获取到；安全性指该信息只有本人输入个人账号和密码后才能浏览，而别人无法获取；全面性指含有该患者在任何一个医疗机构就诊的信息；连贯性是指将患者从疾病的初期、到门诊的信息、到住院就诊的信息。再到出院恢复的信息，形成一个连贯的信息资料库。这才是一个系统式的健康管理服务。

4．便捷式的医患沟通　对于便捷式的医患沟通，分为三个层面。

（1）患者和患者之间：通过互联网服务，患者就诊时只要使用这个软件录入诊断，就可以对该患者所患疾病进行诊断分组。互联网软件会把同样诊断分组的患者分到相关小组里面去，以方便他们更好地交流。这种方式可以作为医院诊疗之外很好的补充。

互联网软件还应做到对病程进行智能分析。在发病、门诊就诊、住院和恢复过程中，生成了大量资料，但是患者本人看不懂。软件能够做的就是通过可视化的程序或者可视化的方式，让复杂的数据能够很浅显明了地让患者理解明白。

另外，通过互联网可以组建病友俱乐部，让患者相关疾病的患者集合到一起进行关于疾病、治疗和经验的交流分享。

通过互联网还可以做到位置的共享发现。比如，某患者去医院看病，打开手机后会发现身边有三个人跟他患一样疾病的患者在就诊。这样，患者之间就很容易成为病友，通过这样的手段也能够让患者之间进行沟通。

（2）患者和医师之间：通过互联网，应该让医师很容易得到患者完整、连贯的资料作为充足的诊断依据。

患者去医院就诊时，挂一个号看一名医师。而通过互联网，患者就能像在网络社区发帖一样，提出问题后，由网络上的专家组进行讨论分析。通过这样的方式也能够避免患者急病乱投医。而且，通过互联网，医师可以方便地对患者进行连贯的随访指导。

甚至，患者可以选择长期信赖的医师签约成为互联网私人医师。

（3）患者和医院之间：患者和医院之间应该要有良好的沟通交流途径。一方面，医院的通知，包括健康活动或是停诊信息，应该及时通知到位，让患者知晓。另一方面，医院也需要及时了解患者的就医反馈。

通过互联网，医疗机构可以建立星级评价反馈机制。就像网购一样，买了东西给好评、中评或差评，医院也是一样。研究发现，100 个顾客中会有 5 个左右投诉，然而，实际上并没有那么高的比例。因为医院投诉的渠道并不顺畅，有时患者嫌麻烦或耗费时间和精力就不投诉。另外，还有 20 个左右的患者虽然有一些小的不满意，但后来想想就不投诉了。这些意见对医院的管理提升有非常有价值的信息。但是医院管理者得到的信息实在太少了。互联网要做的就是要打通投诉建议通路。患者的意见对医院的医疗质量改善、服务质量提升、工作流程再造都有极大的参考价值。

此外，互联网还要消除医疗机构之间病历资料的壁垒，实现院间病历资料的互通。

二、大数据在医疗中的应用

大数据是在无数个用户信息的基础上，经过进一步深加工和数据处理，形成具有更强的决策力、洞察发现力和流程优化能力的海量、高增长率和多样化的信息资产。大数据有 4 个特点：大量（volume）、高速（velocity）、多样（variety）、价值（value），简称“4V”。

个别软件在用户注册的声明中写道，用户一旦接受了本协议，即表明用户主动将其在任何时候在该软件发布的任何形式的信息内容的财产性权利等任何可转让的权利，全部独家且无偿、不可撤销地转让给软件公司所有。但是，以法律角度，软件公司这样的条款并不合理。

根据最高人民法院《关于审理利用信息网络侵害人身权益民事纠纷案件适用法律若干问题的规定》第十二条规定，网络用户或者网络服务提供者利用网络公开自然人的姓名、基因信息、病历资料、健康检查资料、性生活信息、犯罪记录、出生年月日、身份证号码或者护照号码、家庭住址、联系方式、银行账号、婚姻、家庭、肖像、私人活动等能够识别自然人身份或者涉及个人隐私的信息，造成他人损害，权利人请求其承担侵权责任的，人民法院应予支持。但下列情形应除外：①经自然人书面同意且在约定范围内公开。②法律或者行政法规另有规定。③为促进社会公共利益且在必要范围内。④学校、科研机构等基于公共利益为学术研究或者统计的目的，经自然人书面同意，且公开的方式不足以识别特定自然人。⑤自然人自行在网络上公开的信息或者其他已合法公开的个人信息。⑥以通常可获得的来源获取的个人信息。网络用户或者网络服务提供者以违反社会公共利益和社会公德的方式公开前款第五项、第六项规定的个人信息，或者公开该信息将侵害权利人值得保护的重大利益，权利人请求网络用户或者网络服务提供者承担侵权责任的，人民法院应予支持。

以上这个条款，明确了网络中个人隐私的范围，以及如何避免侵害个人隐私和信息权。书面同意并且在约定范围内公开的，或者说为了促进公共利益且在必要范围内的，或者是学校和科研机构登记以公共利益为学术研究或者统计的目的，经自然人书面同意，且公开的方式不足以识别特定自然人。这些都可以在互联网医疗应用中进行参考。

关于医疗大数据的开发，其应用范围非常广。常见的应用方式包括：根据大数据相应结果，分析用户需求，进行准确的健康投递服务；利用大数据来明确某个市场需求，从而确定产品服务供给；监测人群发病状况，进行疾病的预测和分析；根据人群疾病的监测确定下一步要研发方向的评估；根据大数据进行疾病治疗干预效果的分析评测……这些都是医疗大数据的利用。我们相信，未来医疗大数据的应用，还远远不止这些。

三、互联网医疗与医疗大数据发展的注意事项

有机遇便一定面临着风险。互联网与医疗大数据相关的注意事项包括这几个方面：

（1）病历资料的有限性。用户希望医疗机构通过互联网开放病历资料。但对于医院来说，主观病历医院不能公开，客观病历在获取授权的情况下可以公开。如果互联网公司和医院签了协议，如经患者同意则可以提供客观病历数据。同时，如果某个患者使用该互联网软件，与互联网公司签约，愿意把其在该院所有的客观病历资料传递到互联网云存储中，仅供患者本人使用，这就可以实现病历资料云存储和云利用。

（2）信息互联的安全性。云存储的信息一定要保证安全，避免泄露。在互联网大数据时代，信息安全是首要的保障。

（3）个人资料的隐私性。一定要保护患者个人的隐私。即使是互联网公司自身对于大数据的开发也不能侵犯患者的隐私。

（4）咨询诊疗的交界性。远程医疗目前仅限于医疗机构开展，个人不允许进行远程医疗。通过互联网仅可以进行健康咨询。互联网公司不要轻易触碰诊疗的红线，要在法律的框架下开展业务活动。

（5）采集资料的可靠性。通过可穿戴设备获取数据，为用户所使用，则必然要首先确定数据的可靠性。这是后期进行任何健康咨询判断的基础。

（6）行为属性的差异性。即使是健康咨询，医师在回答咨询时依然要面对其行为属性的差异性。这种健康咨询代表单位的职务行为还是仅代表个人的行为，这将直接影响其行为的责任主体。

四、互联网医疗与医疗大数据发展的矛盾与权衡

1．主观病历与客观病历的矛盾与权衡　当传统病历面对互联网与大数据，病历内容的开放就会成为问题。目前医疗机构仅仅开放客观病历。主观病历暂时未对患者开放。但就长远来看，将全部病历对患者开放是必然趋势。

2．单位人与社会人的矛盾与权衡　医师是单位人，但是医师如果做互联网医疗，在互联网软件平台去做网络医师，是以个人的身份去做，则更属于社会人的属性。这种区别在责任主体认定上非常关键。如果是单位人，那么医务人员的行为就是职务行为，责任主体是单位。如果是社会人，那么其行为就属于个人行为，责任主体是个人。

3．工作时间与业余时间的矛盾与权衡　医师在轻问诊平台上解答咨询时，可获得咨询费。据统计，某轻问诊平台在短短几个月的时间，医师收入最高的就已经超过了 40 万元。可见，这个医师投入了多少时间精力在解答咨询上。那么这些时间是否都是业余时间完成的？其在工作时间又做了多少单位的事？医院支付着劳动报酬，医师却在赚取私人收入，这是医院管理者所不愿看到的。曾有一位医院院长评价多点执业说，谁要是想申请多点执业，就说明我给他安排的工作还不够多。而且，一旦医务人员在业余时间过多地参与互联网业务而无法获得休息，则必然会影响工作时间的效率与质量，影响患者安全。

4．诊疗行为与咨询行为的矛盾与权衡　从医学的角度去审视，咨询和诊疗行为之间的界限并不清晰。但二者在法律定性上有着明显的差别，需要承担不同的法律责任，因此，当定性不明确的时候，则意味着法律责任不明。这对行业的健康发展是不利的。

5．便捷性与风险性的矛盾与权衡　互联网越便捷，则其信息安全的风险性就越大。

苹果公司一直以其优秀的产品设计、丰富的应用市场和安全的 iCloud 云数据为优势。但 2014 年，iCloud 的用户资料泄露导致了众多用户包括许多知名人士的隐私权受到严重侵害。不得不给互联网公司敲响一个警钟。

6. 自主研发与出售开发的矛盾与权衡　基于大数据的自主研发是一项庞大的技术工程，而且大数据的拥有者通常为医疗机构，其本身并不具备自主研发的技术实力。因此更倾向于对数据开发的团队进行协作开发。但是这种协作往往是以医疗机构提供数据，技术公司进行数据加工。但这种大数据的出售，从法律上讲，由于包含大量患者个人信息，是否要经过患者进一步同意授权，也是未来医疗大数据研发所必须要面对的问题。因为，在科研中，知情同意是最基本的原则。

因为以上这些问题，建议卫生行政部门以及其他相关部门，应联合对互联网医疗出台相应的管理办法，明确其行为属性和人员属性，并做到明确权责、规范管理和落实监管等，以便于在大数据无序竞争、快速扩张的时候，相关的互联网医疗公司能够准确地找到自己的定位与市场方向，如此则能更有利于互联网医疗做大做强。

关于电子处方合法实践的思考与建议

樊　荣

2015 年 12 月 10 日，医疗圈的媒体纷纷被一则消息刷屏——《乌镇互联网医院开出了全国首张电子处方》。被禁锢了许久了的互联网医疗领域一下子悸动了起来。电子处方的松绑，在很大程度上代表了其下游的网购处方药开始试水。

那么到底什么是电子处方？为什么之前电子处方被禁锢？有什么政策限制？又应该如何去突破和进行探索？

一、电子处方的定义

首先，处方和病历之间在定义上存在交叉。在医院管理中，常常习惯性地把处方认为是门（急）诊处方，病历则是住院病历。但根据《处方管理办法》第二条规定："处方，是指由注册的执业医师和执业助理医师（以下简称医师）在诊疗活动中为患者开具的、由取得药学专业技术职务任职资格的药学专业技术人员（以下简称药师）审核、调配、核对，并作为患者用药凭证的医疗文书。处方包括医疗机构病区用药医嘱单"。而《医疗机构病历管理规定（2013 年版）》第二条规定："病历是指医务人员在医疗活动过程中形成的文字、符号、图表、影像、切片等资料的总和，包括门（急）诊病历和住院病历。"《病历书写基本规范》第十六条规定："住院病历内容包括住院病案首页、入院记录、病程记录、手术同意书、麻醉同意书、输血治疗知情同意书、特殊检查（特殊治疗）同意书、病危（重）通知书、医嘱单、辅助检查报告单、体温单、医学影像检查资料、病理资料等。”由上可见，医嘱单既属于处方，也属于病历的一部分。而且，在国家卫计委发布的《电子病历基本数据集》中，对“门（急）诊处方”作为第3部分内容进行了专门规定。可见，门（急）诊处方也是归于电子病历的一部分。

通过分析可见，处方与医嘱单类似，均是执业医师进行药物治疗记录的一种载体。而病历书写则是指医务人员通过问诊、查体、辅助检查、诊断、治疗和护理等医疗活动获得有关资料，并进行归纳、分析和整理形成医疗活动记录的行为。因此，从定义上看，处方的开具也属于病历中治疗资料的书写。在大的概念上，处方和病历均应归于医疗文书。

当前，报道中较为常见的称谓包括“电子处方”“在线处方”和“网络处方”。电子处方更侧重于基本表现形式，而在线处方和网络处方更侧重于传输使用介质。无论将来通过什么介质或方式传输和应用，其核心还是数字化的处方。因此，相比较而言，采用“电子处方”称谓更为合适。

参照《电子病历基本规范（试行）》中对电子病历的定义，电子处方的定义就应当为：由医师在诊疗活动中使用信息系统为患者开具的并能实现存储、管理、传输和重现，由药师进行审核、调配、核对，可作为患者用药凭证的数字化医疗文书。电子处方可通过网络、移动通信和数据存储设备等方式在医疗机构、患者、药品零售机构和保险机构等之间进行存储、传输、管理和重现。

构成真正意义上的电子病历，需要具备三个方面的条件：可靠的数字签名、可信的时间戳和规范的使用管理。对于电子处方而言，同样如此。有的医疗机构通过医院管理信息化（HIS）实现数字化、无纸化的处方开具、传输和打印等优化门诊就诊流程，但其处方并非真正意义上的电子处方。而且，由于电子处方不仅限于院内使用，还会常用于零售药店。其使用范围比电子病历更为广泛，对存储、管理、传输和重现的要求更高。

二、电子处方的实践问题

关于电子处方的管理，目前没有专门的法律法规，相关性最强的为《处方管理办法》。但根据《处方管理办法》及其他法律法规，有几个政策上的问题是需要进行突破的。

1. 处方外购问题 《处方管理办法》第四十二条规定："除麻醉药品、精神药品、医疗用毒性药品和儿科处方外，医疗机构不得限制门诊就诊人员持处方到药品零售企业购药。"《处方药与非处方药分类管理办法（试行）》第二条规定："处方药必须凭执业医师或执业助理医师处方才可调配、购买和使用；非处方药不需要凭执业医师或执业助理医师处方即可自行判断、购买和使用。"虽然在国家层面上，政策为患者开放了药品外购的选择性，但在医疗机构内，由于政府对医疗机构投入的不足以及药品价格加成政策的作用，大多数医疗机构在以"药养医"的实践中是通过各种理由阻止处方外流的，尤其是对于必须凭借处方才能购买的处方药。例如，广为流传的第一张电子处方的最下端就有一行小字："注意：处方限于本院配送，自行下载配药不具有处方效力。"也就是说，该电子处方依旧让药品零售机构空欢喜一场。对于药品零售机构来说，在本身药品价格就存在优势的情况下，如何刺激医疗机构的处方外购才是行业发展的原动力。甚至可以说，正是由于药品零售机构对于处方的极大需求，才不断推动着传统纸质处方的电子化进程，以便捷处方外购。与纸质处方不同，电子处方不需要医疗机构的外购盖章手续，因此使处方外购更加便捷。

2016年2月6日，北京市政府颁布了《北京市城市公立医院综合改革实施方案》，其中再次强调了大力推进医药分开改革，并提出探索患者可自主选择在医院门诊药房或凭处方到零售药店购药的途径，以破除以药补医机制。在全面推行医药分开政策后，医疗机构取消了药品加成政策，失去了限制处方外购的动力，同时，医疗机构内的药剂部门反而会增加医疗机构的成本。因此，医药分开政策的推行将会刺激医疗机构开放处方，缩减药剂人员和药剂部门，会逐步推进医疗机构完成就诊后凭处方至药品零售机构购药的流程再造。而且，作为北京医保信息系统支持的首信公司，在近期已经制订了外配处方的工作流程。相信在不远的将来，凭医疗机构的处方至医保定点药店购药并实时结算将成为现实。而电子处方的出现及发展无疑是该流程再造中的重大环节改进。

2．签字留样问题 《处方管理办法》第六条中规定："处方医师的签名式样和专用签章应当与院内药学部门留样备查的式样相一致，不得任意改动，否则应当重新登记留样备案。"第十条规定："医师应当在注册的医疗机构签名留样或者专用签章备案后，方可开具处方。"第二十八条规定，"医师利用计算机开具、传递普通处方时，应当同时打印出纸质处方，其格式与手写处方一致；打印的纸质处方经签名或者加盖签章后有效。药师核发药品时，应当核对打印的纸质处方，无误后发给药品，并将打印的纸质处方与计算机传递处方同时收存备查。"关于文件中所要求的签字签章以及留样备案，其目的一方面在于医师对处方信息的确认，另一方面在于便于药师核实处方开具的真实性。但在电子处方中，为了确保处方开具的真实性，就必须将电子病历中应用的电子签名移植到电子处方的开具中，并且要将电子签名的应用范围从医疗机构进一步拓展到药品零售机构。例如，在乌镇互联网医院的首张电子处方上的第一行就可见注明信息："本处方由王建安电子签名"。另外，《处方管理办法》第三十八条规定："药师在完成处方调剂后，应当在处方上签名或者加盖专用签章。"不仅医疗机构的医师需要电子签名，药品零售机构的药师也同样需要电子签名。这就对电子签名的便捷性和适配性提出了更高的要求。

3．药品目录问题 《处方管理办法》第十六条规定："医疗机构应当按照经药品监督管理部门批准并公布的药品通用名称购进药品。同一通用名称药品的品种，注射剂型和口服剂型各不得超过 2 种，处方组成类同的复方制剂 1 ～ 2 种。因特殊诊疗需要使用其他剂型和剂量规格药品的情况除外。"该规定对医疗机构的药品供应目录进行了限制，根据医疗机构的性质、功能和任务制订药品处方集。而对于电子处方来说，由于处方外购的便捷性提升，会使至药品零售药店的可选择性加强，上述药品目录的限制则形同虚设。

4．处方退改问题 《处方管理办法》第三十六条规定："药师经处方审核后，认为存在用药不适宜时，应当告知处方医师，请其确认或者重新开具处方。"在传统处方的开具和取药中，医师与药师均在医疗机构内，该规定可以妥善实施。若处方在药品零售机构的药师审核中发现用药不适宜，则需要医疗机构的医师确认或重新开具处方。这对于纸质处方而言，就需要患者持处方在医疗机构和药店之间来回奔波，但对于电子处方而言，由于其数字化的存储和传输优势，就可以极为便捷地传送至医师终端进行修改并返回药店。

5．处方传递问题 对于纸质处方来说，处方的传递靠的是患者的携带递送，不存在争议。

但对于电子处方来说，由于处方信息是数字化的形式，因此在传递上就存在多种可能的方式。按照数字传输的载体区分，可分为由实体的移动数字存储设备和无实体的信息网络两种，按照数字信息的表现形式区分，可分为原始数字信息、数字照片和二维码等形式。按照传输流程区分，可分为医疗机构→药品零售机构、医疗机构→患者→药品零售机构等方式。按照数据的开放程度区分，可分为采用同一平台或工具进行系统内数据传输和采用不同平台或工具进行系统间标准数据传输等形式。

6．数据安全问题　电子处方作为数字化信息的形式，必然会存在数据安全问题。数据安全既要求信息不能被随意读取和复制，也要求信息不能被随意修改或删除。

根据《处方管理办法》第六条，处方的内容中包括患者的一般情况和诊断等信息。该信息属于患者隐私。在纸质处方的递送中，由于处方是由患者持有，因此个人隐私由个人保护。但对于电子处方来说，处方信息是通过数字化的形式进行传输的，尤其是通过网络进行传输和存储。在这个过程中就会存在隐私泄露和数据安全的风险问题。而且，处方有其单向流通性和不可复制性。根据《处方管理办法》和《处方药与非处方药流通管理暂行规定》，处方是从医疗机构至药房或药店单向流通的，并且在完成药品调剂后，应在处方上签字盖章并将处方留存。纸质处方有医师的签字和盖章，不可复制，否则则会存在患者持相同的处方在不同的药店反复购药的风险。但电子处方作为数字化的表现形式，更容易被复制，因此，需要在数据的安全性上采取更为严格的方法管控。

7．医保报销问题　2014 年统计数据显示，参加城镇职工医保、城镇居民医保和新型农村合作医疗的人数共有 13.36 亿人，占 2014 年末我国总人数 13.68 亿的 97.7%。参保人员比例进一步提升。在目前的医疗保险报销体系下，以北京为例，患者至医疗机构就诊时实施实时结算，患者只需要交纳自付的部分金额。医保管理部门会对医疗机构的诊疗行为进行监督，如发现违规行为则会对医疗机构拒付。对于药品外购的费用，患者则需要凭外购处方和医保定点药店的发票手工报销，从费用报销上也增加了患者的流程和难度。若推行电子处方，患者直接至药品零售机构进行实时结算。处方上为药品通用名称，患者自行选择不同价格的药品品牌。药师对处方进行审核和调剂。医保管理部门一旦审核发现违规行为，将对药品零售机构拒付。而且，对于医院管理而言，由于无法掌控最终的处方金额，会导致为了控制医疗费用不合理增长而进行药占比考核无法落实。

8．法律责任问题 《中华人民共和国侵权责任法》第五十九条:“因药品、消毒药剂、医疗器械的缺陷，或者输入不合格的血液造成患者损害的，患者可以向生产者或者血液提供机构请求赔偿，也可以向医疗机构请求赔偿。患者向医疗机构请求赔偿的，医疗机构赔偿后，有权向负有责任的生产者或者血液提供机构追偿。”这条法律条文源自于《中华人民共和国产品质量法》中的相关规定。在法律制定过程中，对是否应该把药品作为医疗机构的产品，法律界存在争议。部分人认为药品是医疗机构进行诊疗活动的必要工具，而不是产品。另一部分人认为医疗机构凭借药品加成政策靠出售药品进行获益，以药养医，说明药品具有产品特性。但随着医药分开政策的推进，电子处方的发展和普及，未来医疗机构不存在药品获益政策，甚至医疗机构将不出售药品了，则该法条的存在还是否具备合理性将受到再次质疑。届时药品则更单纯地成为诊疗工具，并且患者均是在药品零售机构选购药品了。那么如果由于药品质量问题，患者受到损害向医疗机构请求赔偿的，将失去法理依据。医疗机构没有义务承担无过错责任。

当然，除了以上问题外，还有关于互联网在线诊疗、远程诊疗的合法性以及药品配送问题等。由于已经超出了电子处方本身，本文不做讨论。

三、电子处方的探索途径

目前国内在电子处方的探索实践上，有四个已正式开通运行的案例，分别是广东省网络医院、乌镇互联网医院、阿里健康网络医院和“手机看病”APP。

(1) 广东省网络医院实际上是将远程医疗的端口设在了药品零售机构，或者说是把医院药房设在了药店。医师在线诊断，开具电子处方，在药店的终端自动打印处方。药店的药师对处方进行调剂。患者缴费购药。

（2）乌镇互联网医院是将远程医疗的端口直接设在了患者家中。患者相当于在家中通过网络完成了就诊、缴费和购药。电子处方仅限于院内使用和调剂。处方经调剂后，医疗机构通过与药品企业的协作，将药品配送到患者家中。

（3）阿里健康网络医院则更是将远程医疗的端口拓展到患者的电脑端甚至是移动终端，并且患者凭电子处方可以在线上任意选择网上药店进行选购配送，也可自行到网上药店的线下实体药店进行选购。电子处方在阿里健康网络医疗平台内有效，实现了药品零售机构到患者的“O2O”模式。

（4）“手机看病”APP 是由中华医院集团开发的，由医院为患者提供远程医疗服务，远程医疗的端口设在 APP。再由集团内的药品物流公司或协作药店提供药品配送。

在以上四种探索实践中广东省网络医院的做法更接近传统就诊流程，而阿里健康网络医院则更为创新，更符合电子处方的发展方向。无论是采用何种方式，网络化、便捷化电子签名技术的广泛使用才是电子处方发展与应用的基石，也是电子处方运行的法律保障。因此，如何将现有的在电脑上使用 U-key 的电子签名方式尽快革新为更加便捷，甚至能够在移动终端上就可进行在线电子签名的工具，将成为关键核心。据目前所知，“医网签”等电子签名厂商已经在这条道路上迈出了坚实的一步。

因此，总体上看，较为可行的电子处方实施途径为：在统一的信息平台上，或者使用统一的系统，使医疗机构与药品零售机构对接，从而实现医疗机构在线电子签名的电子处方网络传输，患者在线选择药品零售机构进行药品选购缴费，药师在线审核电子处方并电子签名，最终完成药品的调剂配送以及医保的在线实时结算。